VON   Sebastian Haffner

# BISMARCK
## ZU HITLER

# VON Sebastian Haffner
# BISMARCK
# ZU HITLER

NIKOL
VERLAG

*Über den Autor:*
Sebastian Haffner, geboren 1907 in Berlin, gestorben 1999, emigrierte 1938 nach England und arbeitete dort als Journalist. 1954 kehrte er als Auslandskorrespondent des Observer nach Deutschland zurück, war dann ab 1961 politischer Kolumnist, erst für die Welt, später für den Stern. Sebastian Haffner ist Autor mehrerer historischer Bestseller und gilt als einer der bedeutendsten Zeitzeugen der deutschen Nachkriegsgeschichte.

Genehmigte Lizenzausgabe für
Nikol Verlagsgesellschaft mbH & Co. KG
Hamburg, 2009

© 1987 by Kindler Verlag GmbH, München
Veröffentlicht mit freundlicher Genehmigung
der Rowohlt Verlag GmbH,
Reinbek bei Hamburg

Covergestaltung: André Nikol, Hamburg
Titelabbildung: Bildarchiv Preußischer Kulturbesitz
Printed in the Czech Republic

ISBN: 978-3-86820-038-6

**www.nikol-verlag.de**

# Inhalt

Einleitung . . . . . . . . . . . . . . . . . . . . 7

Entstehung des Deutschen Reiches . . . . . . . 19

Bismarckzeit . . . . . . . . . . . . . . . . . . 49

Kaiserzeit . . . . . . . . . . . . . . . . . . . 81

Erster Weltkrieg . . . . . . . . . . . . . . . . 111

1918 . . . . . . . . . . . . . . . . . . . . . . 137

Weimar und Versailles . . . . . . . . . . . . . 175

Hindenburgzeit . . . . . . . . . . . . . . . . . 201

Hitlerzeit . . . . . . . . . . . . . . . . . . . 231

Zweiter Weltkrieg . . . . . . . . . . . . . . . . 277

Nachgeschichte des Deutschen Reiches . . . . 303

Nachbemerkung und Danksagung . . . . . . . 327

Nachwort 1990 . . . . . . . . . . . . . . . . . 331

# Einleitung

Wenn man die Geschichte des Deutschen Reichs gewissermaßen durch ein Fernrohr betrachtet, dann fallen sofort drei Sonderbarkeiten auf.

Die erste davon ist die kurze Lebensdauer dieses Reichs. Es hat ja als handlungsfähige Einheit nur 74 Jahre bestanden: von 1871 bis 1945. Selbst wenn man großzügig ist und sein Vorstadium, den Norddeutschen Bund, dazurechnet und hinten die kurze Zeit addiert, in der die vier Siegermächte des Zweiten Weltkrieges Deutschland noch als Einheit verwalten wollten, kommt man im ganzen nur auf 80 oder 81 Jahre, 1867 bis 1948 – die Dauer eines Menschenlebens. Für die Dauer eines Staatslebens ist das ungeheuer wenig. Ich wüßte eigentlich kaum einen anderen Staat zu nennen, der so kurze Zeit existiert hat.

Zum zweiten fällt auf, daß während dieser sehr kurzen Lebensdauer das Deutsche Reich mindestens zweimal, 1918 und 1933, aber eigentlich dreimal, nämlich auch schon 1890, seinen inneren Charakter und die Richtung seiner Außenpolitik vollkommen geändert hat. Innerhalb dieser 80 Jahre also vier Perioden, die sich ganz deutlich voneinander unterscheiden und in denen, wenn man so will, Deutschland jedesmal ein anderes Deutschland wurde.

Die dritte Auffälligkeit schließlich besteht darin, daß diese so kurze Geschichte mit drei Kriegen begann und mit zwei ungeheuren Kriegen, Weltkriegen, endete, von denen sich der zweite aus dem ersten mehr oder weniger ergab. So ist die Geschichte des Deutschen Reiches fast eine Kriegsgeschichte, und man könnte versucht sein, das Deutsche Reich ein Kriegsreich zu nennen.

Man fragt sich natürlich, woran das alles liegt. Waren die Deutschen denn kriegerischer als andere Völker? Das würde ich nicht sagen wollen. Wenn man ihre Geschichte als Ganzes nimmt, also doch etwas über tausend Jahre, dann haben sie eigentlich bis zu Bismarcks Zeit sehr wenig Kriege und kaum Angriffskriege geführt. Deutschland lag seit Beginn der Neuzeit in der Mitte Europas als eine Art große, vielgestaltige Pufferzone, in die andere oft hineinwirkten, in der es auch große innere Auseinandersetzungen gab: den Schmalkaldischen Krieg, den Dreißigjährigen Krieg, den Siebenjährigen Krieg... Doch diese internen Streitigkeiten haben nicht aggressiv nach außen gewirkt, wie es das Deutsche Reich jedenfalls in unserem Jahrhundert zweimal getan hat und woran es zugrunde gegangen ist.

Woran ist es denn eigentlich zugrunde gegangen? Warum wurde es, was von seinem Gründer Bismarck nicht beabsichtigt war, ein ausgreifender, aggressiver Staat? Darüber gibt es verschiedene Theorien. Ich finde sie alle nicht sehr überzeugend.

Eine davon schiebt alles auf Preußen. Das Deutsche Reich wurde ja durch Preußen gegründet. Und gemeint war es, jedenfalls von seinem Gründer, durchaus als eine Art Groß-Preußen, als Vorherrschaft Preußens in Deutschland. Wobei ja gleichzeitig auch schon die erste deutsche Teilung stattfand: Österreich wurde aus Deutschland ausgestoßen. Ist Preußen also an allem schuld? Wäre alles besser gegangen, wenn Deutschland 1848 in der Frankfurter Paulskirche auf demokratischer Basis gegründet worden wäre?

Merkwürdigerweise nicht. Das Paulskirchen-Parlament war keineswegs in seiner äußeren Politik friedlich gesinnt – obwohl viele das glauben. In Wirklichkeit hat die Paulskirche sogar gleich mehrere Kriege ins Auge gefaßt: die Linke einen großen Krieg gegen Rußland zur Befreiung Polens; der zentrale und »rechte« Teil der Paulskirche einen Krieg gegen Dänemark um Schleswig-Holstein, der als Auftragskrieg von Preußen 1848 auch eine Weile geführt und dann abgebrochen worden ist. Darüber hinaus gibt es viele Äußerungen prominenter Paulskirchen-Politiker, liberaler Demokraten, die ganz offen sagen: Das Allerwichtigste, was wir für Deutschland erstreben, ist Macht. »Die deutsche Nation ist der Prinzipien und Doktrinen, der literarischen Größe und der theoretischen Existenz satt. Was sie verlangt, ist Macht, Macht, Macht! Und wer ihr Macht gibt, dem wird sie Ehre geben, mehr Ehre, als er sich ausdenken kann.« Das sind Worte Julius Fröbels, eines heute vergessenen, aber damals prominenten großdeutschen Paulskirchen-Politikers.

Der Wunsch, aus dem passiven Dasein herauszukommen, das die Deutschen viele hundert Jahre lang in der Mitte Europas geführt hatten, war in der gesamten Paulskirche sehr ausgeprägt. Man wollte eben auch einmal, wie die Randmächte Europas schon lange, Machtpolitik und Expansionspolitik betreiben können. Bei Bismarck selbst waren solche Wünsche viel weniger stark; Bismarck sprach nach 1871 vom Deutschen Reich immer als von einem saturierten Staat. Und daran war so viel richtig: *Preußen* war in diesem Reich saturiert und mehr als saturiert. Es war vielleicht sogar schon ein bißchen über seine natürlichen Einflußgrenzen nach Süddeutschland hinausgewachsen. Erst *nach* Bismarck erwies sich Deutschland als durchaus nicht saturiert – und zwar gerade in dem Maße, wie es immer weniger ein Groß-Preußen und immer mehr ein Nationalstaat wurde. Mit Preußens Schuld also kann man die Schuld des Deutschen Reiches nicht erklären, wenn man schon von Schuld sprechen will. Im Gegenteil: Preußen fungierte, solange seine Vorherrschaft währte, als Bremse, nicht als Motor im Deutschen Reich.

Nun – es gibt noch mancherlei Erklärungen für Expansionismus und Untergang des Deutschen Reiches. So zum Beispiel die Theorie, daß die Hauptursache in der Industrialisierung zu suchen sei, die das Reich in sehr kurzer Zeit zur führenden Wirtschaftsmacht des Kontinents werden ließ: daß diese rapide Industrialisierung eine gesellschaftliche Dynamik in Gang setzte, die schließlich zur Explosion führte.

Gegen solche Überlegungen spricht die Tatsache, daß die Industrialisierung ja kein speziell deutscher Vorgang war. Die industrielle Revolution erfaßte im neunzehnten Jahrhundert phasenweise den ganzen europäischen Kontinent. Frankreich schon etwas früher als Deutschland, auch die westeuropäischen kleinen Mächte, Holland, Belgien. Dann kam Deutschland; Österreich etwas später, Rußland noch später. Es war ein gesamteuropäischer Prozeß. Gewiß hat Deutschland sich besonders stark und besonders tüchtig industrialisiert, aber doch im großen und ganzen in einer Art Gleichschritt mit dem übrigen Europa. Wenn also die Industrialisierung daran schuld wäre, daß das Deutsche Reich seine unheimliche Dynamik und Expansivität entwickelte, dann stellt sich natürlich die Frage: warum gerade Deutschland? Ob da nicht ein Zweig der heute modernen Geschichtsschreibung versucht, Wirtschaft und Politik enger zusammenzubringen, als sie zusammengehören?

Einigen Erklärungsmodellen merkt man nämlich an, daß sie von einem bestimmten ideologisch-politischen Standpunkt herrühren und eigentlich ausgedacht sind, um diesen Standpunkt zu beweisen. Wenn man zum Beispiel mit Lenin meint, daß der Imperialismus die höchste Form des Kapitalismus sei, dann muß natürlich der Kapitalismus daran schuld sein, daß das Deutsche Reich imperialistisch wurde und deshalb zuletzt zerbrach.

Das hat mich nie überzeugt; vielleicht weil ich kein Marxist bin. Aber selbst wenn ich mich in den marxistischen Standpunkt hineinzudenken versuche, fällt doch auf, daß es viele kapitalistische Staaten gegeben hat, die nie imperialistisch geworden sind – zum Beispiel die hochkapitalistische Schweiz. Warum nicht? Diese Frage führt zu einem ganz anderen Erklärungsmuster, das mir viel einleuchtender zu sein scheint.

Die Schweiz ist ein Kleinstaat. Kleinstaaten und Großmächte leben nach unterschiedlichen außenpolitischen Lebensgesetzen. Der Kleinstaat sucht Anlehnung oder Neutralität. Er kann nie versuchen, durch eigene Machtpolitik sein Los zu verbessern. Den Großmächten jedoch liegt das sehr nahe. Wo sie freie Räume finden, neigen sie dazu, sich dorthin auszudehnen, um ihre Macht, die ja ihre staatliche Lebensgrundlage ist, zu festigen und zu erweitern. Das Deutsche Reich – im Gegensatz zu den vorherigen deutschen Staatsbildungen – war eine Großmacht. Das war das eigentlich Neue an ihm. Aber es fand sehr wenig Freiräume, in die es vorstoßen konnte, um sich zu erweitern.

Ein jüngerer amerikanischer Historiker, David Calleo, hat gesagt: »Das Deutsche Reich wurde eingekreist geboren.« Daran ist so viel richtig, daß es von Anfang an von anderen Großmächten umgeben war. Es grenzte im Westen an Frankreich und England, im Süden und Südosten an Österreich-Ungarn, das damals noch eine Großmacht darstellte, und im Osten an das gewaltige russische Reich.

Das Deutsche Reich war also in geographischer Hinsicht ziemlich schlecht dran. Es hatte keine Freiräume, in die es vorstoßen konnte – wie England, Frankreich, sogar Belgien, Holland, Spanien, Portugal über das Meer hinweg oder wie Rußland nach Osten ins Asiatische hinein. Andererseits war das Reich nun einmal Großmacht und hatte deshalb auch den Großmachtinstinkt, noch größer zu werden. Der war ihm sozusagen in seine Großmacht-Wiege gelegt worden. Und dazu kam noch ein zweites: Das Reich besaß eine ungeschickte Größe. Es war, das hatte sich bereits in den Gründungskriegen herausgestellt, wahrscheinlich stärker als jede andere einzelne europäische Großmacht. Es war aber selbstverständlich schwächer als eine Koalition mehrerer oder gar aller jener Großmächte, die es umgaben. Genau aus diesem Grunde hatte es solche Koalitionen immer zu fürchten. Denn gerade *weil* zum Beispiel Frankreich, zum Beispiel Österreich, zum Beispiel Italien und vielleicht sogar Rußland sich schwächer fühlten als das Deutsche Reich, neigten diese Länder dazu, Bündnisse zu suchen, Koalitionen einzugehen. Und wiederum *weil* sie dazu neigten, war das Deutsche Reich immer versucht, solche Koalitionen zu verhindern, ein Glied herauszusprengen, wenn es konnte – und zwar notfalls mit Gewalt, mit Krieg. Vergessen wir nicht: Krieg war damals noch für alle Mächte die ultima ratio, das letzte und ernsteste Mittel der Politik. Aus dieser Situation hat es sich ergeben, daß die Deutschen – ich sage das noch einmal und werde es später etwas ausführlicher begründen: gegen den Willen des Reichsgründers – dazu neigten, die Reichsgründung für unvollkommen zu halten; für keinen Abschluß ihrer Nationalgeschichte, sondern für ein Sprungbrett zu einer nie genau definierten Ausdehnung.

Warum hat man eigentlich den deutschen Nationalstaat, der 1871 in Versailles gegründet wurde, »Deutsches Reich« getauft und nicht einfach »Deutschland«? Doch wohl deswegen, weil er eben von Anfang an mehr – und auch wieder weniger – war als ein Nationalstaat »Deutschland«. Weniger: denn er schloß ja viele Deutsche aus, er war »kleindeutsch«, Nationalstaat nur insoweit, wie es in Preußens Kräften stand, ihn zu gründen, und wie es sich mit preußischer Vorherrschaft vereinbaren ließ; sozusagen: Preußens deutsches Reich.

Aber indem die Titulatur »Deutsches Reich« dieses Weniger verhüllte, deutete sie zugleich ein Mehr an: nämlich den europäischen, übernationalen Universalitätsanspruch des mittelalterlichen Heiligen Römischen Reichs Deutscher Nation.

»Deutsches Reich«: das konnte entweder heißen: soviel Deutschland, wie Preußen beherrschen kann; oder: soviel Europa und soviel Welt, wie Deutschland beherrschen kann. Das erste war die Auslegung Bismarcks; das zweite die Hitlers. Der Weg von Bismarck zu Hitler ist die Geschichte des Deutschen Reiches, zugleich schon die Geschichte seines Untergangs.

Denn das ist das Unheimliche an dieser Geschichte,

daß das Deutsche Reich fast von Anfang an seine eigene Zerstörung betrieben zu haben scheint. Mit seiner immer größeren und immer weniger berechenbaren Machtentfaltung schuf es sich die Welt von Feinden, an der es zerbrochen ist – und zwischen denen es schließlich geteilt wurde. Mit der Teilung aber hörten wie mit einem Zauberschlag diese Feinde auf, Feinde zu sein. Von den beiden deutschen Staaten, die seit 1949 die Stelle des Bismarckreichs einnehmen, hatte von Anfang an die Bundesrepublik im Westen, die DDR im Osten keinen Feind mehr. Und heute leben wir in einer Epoche, in der allmählich auch der Osten an der fortdauernden Existenz der Bundesrepublik, der Westen an der der DDR ein positives Interesse zu gewinnen scheint. Ein Ende dieser beiden nun schon fast vier Jahrzehnte alten deutschen Staaten ist jedenfalls nicht abzusehen. Und gerade das befähigt uns, die Epoche des Deutschen Reichs, was früher nicht möglich war, von weitem wie durch ein Fernrohr zu betrachten.

# Entstehung
## des
## Deutschen Reiches

Man sagt immer, das Deutsche Reich wurde 1870/71 gegründet. Aber eigentlich ist das eine irreführende Vorstellung. Das Deutsche Reich ist nicht auf einmal aus heiterem Himmel »gegründet« worden, sondern es hatte eine ziemlich lange, eine mehr als zwanzigjährige Entstehungsgeschichte: von 1848 bis 1871.

Hervorgegangen ist es aus einem merkwürdig schiefen Bündnis zwischen preußischer Politik in Deutschland auf der einen und der deutschen Nationalbewegung auf der anderen Seite. Dieses Bündnis war schief nicht nur, weil Bismarck es etwas übergewichtig zur preußischen Seite hin angelegt hatte, sondern auch, weil es von vornherein ein sehr paradoxes, nicht vorhersehbares Bündnis zwischen ganz entgegengesetzten Kräften war.

Preußen und die deutsche Nationalbewegung – das waren beides sehr junge Erscheinungen in der deutschen Geschichte. Preußen gab es als Staat erst seit 1701, als Großmacht seit dem Siebenjährigen Krieg 1756 bis 1763 und als *deutsche* Großmacht eigentlich erst seit der Wiener Kongreßakte von 1815. Vorher tendierte Preußen immer stark nach Polen, und zehn

Jahre lang, von 1796 bis 1806, war es geradezu ein binationaler, teils deutscher, teils polnischer Staat. Warschau gehörte damals zu Preußen.

Erst 1815 wurde Preußen sozusagen nach Westen umgedreht, nach Deutschland hineingestoßen. Seine polnischen Besitzungen verlor es zum großen Teil (nicht vollständig), dafür gewann es aber einen ganz massiven westdeutschen Zuwachs, die Rheinprovinz, der mit dem preußischen Hauptgebiet im Osten allerdings überhaupt nicht verbunden war. So wurde Preußen ein geographisch unvollständiger Staat, der irgendwie danach streben mußte, sich zu arrondieren, und zwar in Deutschland. Und gleichzeitig wurde es zur zweiten deutschen Großmacht nach Österreich. So seltsam es klingt: Preußen hat in der Form, in der es im neunzehnten Jahrhundert deutsche Politik machte, eigentlich erst seit 1815 bestanden.

Die deutsche Nationalbewegung war auch nicht viel älter; ihre Entstehung fällt in die napoleonische Epoche. Einen deutschen Nationalstaat, das muß man sich klarmachen, hat es vor dem neunzehnten Jahrhundert nie gegeben. Das alte Heilige Römische Reich war nie ein Nationalstaat gewesen, und seit dem dreizehnten Jahrhundert löste es sich immer mehr in Partikularstaaten auf. Man kann nicht sagen, daß die zeitgenössischen Deutschen das als etwas besonders Unnatürliches empfunden hätten. So konnte zum Beispiel Wieland noch am Ende des achtzehnten Jahrhunderts in seiner Einleitung zu Schillers »Geschichte des Dreißigjährigen Krieges« »mit gutem Grunde behaupten, daß . . . die Vorteile, welche aus dieser Zerteilung im ganzen für uns entspringen, das Nachteilige bei weitem überwiegen; oder vielmehr, daß *sie* es gerade ist, der wir diese Vorteile zu verdanken haben«. Da war noch keine Rede davon, daß Deutschland nun unbedingt ein zusammenhängendes Machtgebilde, ein Staat, und zwar ein Nationalstaat, werden müsse – wie Frankreich.

Die Nationalbewegung und Preußen als überwiegend deutsche Großmacht treten also erst zu Beginn des neunzehnten Jahrhunderts in die deutsche Geschichte ein. Und zwar zunächst keineswegs als Verbündete, sondern als Feinde. Für diese Feindschaft gab es zwei gute Gründe. Der erste: Preußen war, um es einmal einfach mit modernen allgemein-politischen Begriffen zu bezeichnen, »rechts«: ein immer noch weitgehend feudalistischer Agrarstaat mit einer ungebrochenen Adelsherrschaft auf dem Lande, der mit einer modernen absolutistischen Bürokratie ausgerüstet war. Beides würden wir heute als ausgesprochen »rechts« einstufen.

Die deutsche Nationalbewegung dagegen war eine »linke« Bewegung. Sie war von vornherein auf eine Nachahmung des revolutionären Frankreich gerichtet – daher auch ihre ursprüngliche Verbindung mit freiheitlichen, liberal-demokratischen Bewegungen. Stark wurde sie aber erst durch Napoleon. Napoleon rief bei den Deutschen, zunächst den deutschen Politikern und Intellektuellen, dann mehr und mehr auch im breiteren Publikum, zwei unterschiedliche Reaktionen hervor. »Das soll uns nie wieder passieren dürfen!« war die eine, während die andere etwa lautete: »Das wollen wir auch einmal machen können!« Das napoleonische Frankreich war das Vorbild der deutschen Nationalbewegung und Napoleon ihr illegitimer Vater.

Gleichzeitig war die deutsche Nationalbewegung aber auch eine anti-französische Bewegung, denn die Franzosen kamen ja nicht nur als Vorbilder und Modernisierer, sondern auch als Eroberer, Unterwerfer und Ausbeuter nach Deutschland. Besonders als militärische Ausbeuter; die Deutschen haben schwer geblutet in Napoleons Kriegen, in denen sie gezwungenermaßen mitfechten mußten.

So durchmischten sich ganz gegensätzliche Gefühle: zum einen ein ausgeprägter Franzosenhaß (»Das soll uns nie wieder passieren dürfen!«) – aber andererseits ein bewundernder Wunsch, es den Franzosen gleichzutun (»Das wollen wir auch einmal können!«). Was Napoleon vollbracht hatte, verdankte er offensichtlich der Nationalisierung und der Durchpolitisierung Frankreichs in der Revolution, die er ererbt und keineswegs rückgängig gemacht hatte. Schon vor Napoleon schwärmte man in manchen deutschen Kreisen für die neue französische Freiheit und Gleichheit, die nationale Demokratie. Nicht viel anders hielten es die preußischen Militärs in den Befreiungskriegen – man denke an Scharnhorst oder Gneisenau. Da hieß es dann: Wir müssen von Frankreich lernen, wir müssen das, was uns die Franzosen vorexerziert haben, nachahmen; nicht zuletzt freilich, um ihnen mit gleicher Münze zurückzuzahlen. So mischten sich Haß und Bewunderung.

Man idealisiert die deutsche Nationalbewegung gern ein bißchen, auch heute noch. Die deutschen Frühnationalisten, besonders der Freiherr vom Stein, der bedeutendste von ihnen, gelten immer noch als vorbildliche deutsche Staatsmänner. Doch da empfiehlt sich Vorsicht. Wenn man sich die Ablehnung dieser Nationalbewegung durch Goethe vergegenwärtigt, wenn man sich des weiteren Thomas Manns Darstellung dieser Ablehnung in »Lotte in Weimar« anschaut, dann wird man doch sehr nachdenklich. Es fehlt nämlich dieser Frühnationalbewegung keineswegs an Vorklängen des Nationalsozialismus: zum Beispiel eine ungeheure Selbstüberhebung und Selbstanbetung; die Deutschen, das »Urvolk«, das eigentliche Volk, das wirkliche und wahre und beste Volk Europas – und dann gleichzeitig dieser furchtbare Haß, etwa bei Kleist: »Schlagt sie tot! Das Weltgericht / fragt euch nach den Gründen nicht.« Auch bei Ernst Moritz Arndt finden wir dieses bedenkliche Amalgam aus Frankreich-Nachahmung und Franzosenfresserei, schlimmer noch, weil stärker rationalisiert, bei Johann Gottlieb Fichte.

Diese Strömungen sind deshalb von so großer Bedeutung, weil sich die deutsche Nationalbewegung auf die Dauer als der stärkere Partner in jenem schiefen preußisch-nationalen Bündnis erweisen sollte, aus dem das Deutsche Reich entstand – trotz allem, was Bismarck zunächst scheinbar Gegenteiliges erreicht hatte. Sie hat letzten Endes weit mehr als das preußische Element zu den Übersteigerungen des deutschen Nationalismus und Expansionismus beigetragen, die ihren Höhepunkt schließlich unter Hitler erreichen sollten. Freilich war der »Rechts«-»links«-Gegensatz nur einer der beiden Gründe für die Feindschaft zwischen Preußen und der Nationalbewegung. Der ursprüngliche zweite hängt mit dem Gegensatz zwischen Österreich und Preußen zusammen: Die Nationalbewegung war großdeutsch, während preußische Deutschlandpolitik bestenfalls nur eine kleindeutsche sein konnte. Das stellte sich allerdings erst nach 1848 heraus.

In den Jahren von 1815 bis 1848 arbeiteten Preußen und Österreich Hand in Hand, und zwar gerade bei der Unterdrückung der deutschen Nationalbewegung. Ihr gemeinsames Instrument dabei war der Deutsche Bund.

Auf dem Wiener Kongreß war die revolutionäre Idee eines deutschen Nationalstaats ja ausdrücklich verworfen worden, ebenso die Wiederherstellung des alten, 1806 aufgelösten Heiligen Römischen Reichs. Der Deutsche Bund, eine sehr lose Vereinigung von 38 Staaten und Stadtstaaten, die nun an die Stelle des alten Reichs trat, hatte von vornherein gerade auch den Zweck, die Machtkonzentration eines Nationalstaats in Mitteleuropa zu verhindern.

Er war sehr ungleich zusammengesetzt: zwei Großmächte, Österreich und Preußen; vier mittelgroße

Königreiche, Bayern, Württemberg, Sachsen und Hannover; der Rest kleinere Staaten und freie Städte. Diese interne Machtverteilung läßt im kleinen an diejenige denken, die heute bei den Vereinten Nationen im großen herrscht. Und so wie der Spiritus rector der Vereinten Nationen, der amerikanische Präsident Roosevelt, immer überzeugt war, daß das Funktionieren der Vereinten Nationen eine ständige Vorverständigung zwischen den beiden Großmächten USA und USSR verlangte, war der Vater des Deutschen Bundes, der österreichische Staatskanzler Metternich, überzeugt, daß der Deutsche Bund nur funktionieren würde, wenn Österreich, die Präsidialmacht, mit der anderen Großmacht Preußen rücksichtsvoll zusammenarbeitete. So waren zum Beispiel die »Karlsbader Beschlüsse« von 1819, mit denen die berüchtigten »Demagogenverfolgungen« eingeleitet wurden, in Karlsbad von Österreich mit Preußen abgestimmt worden, ehe sie in Frankfurt vom Deutschen Bund ins Werk gesetzt wurden. Obwohl die Idee dazu von Österreich ausging, tat sich bei ihrer Durchführung übrigens Preußen besonders hervor.

Die Unterdrückungsmaßnahmen trafen hauptsächlich Universitäten, Literatur und Presse, aber sie galten inhaltlich der Nationalbewegung, die zwischen 1815 und 1848 ja nur in diesen »Medien« (wie wir heute sagen würden) lebendig und greifbar blieb. Und so war denn auch die Revolution von 1848 nicht nur eine Antwort auf Unterdrückung und Verfolgung als solche, sondern sie war zugleich eine nationale Revolution, der Versuch, die Deutschlandregelung von 1815 rückgängig zu machen, an die Stelle des Deutschen Bundes ein Deutsches Reich zu setzen, und zwar ein großdeutsches Reich.

Dieses erste Deutsche Reich hat tatsächlich ein knappes Jahr lang, vom Sommer 1848 bis zum Frühjahr 1849, bestanden, mit einem Staatsoberhaupt, einem Ministerium und einem Parlament in Gestalt der Frankfurter Paulskirchen-Versammlung; es war sogar von den Vereinigten Staaten anerkannt worden. Freilich fehlte ihm eine wirkliche Machtgrundlage.

Denn die Machtgrundlage dieses ersten Deutschen Reiches war einzig die Märzrevolution in den deutschen Staaten gewesen, und diese Revolution hatte keinen langen Atem. Bereits im Sommer fing sie an zu ermüden; im Herbst wurde sie in den beiden deutschen Großstaaten niedergeworfen; in Österreich blutig, in Preußen unblutig; und die Nationalversammlung in der Paulskirche begann zu merken, daß ihrem Staat das fehlte, was einen Staat erst ausmacht, Heer und Verwaltung. Sie mußten es irgendwie anschaffen. Aber wie? Das merkwürdige Resultat dieser Überlegung war, sich diese Institutionen sozusagen zu borgen – und zwar von Preußen.

Als das neue Deutsche Reich von 1848 einen Krieg mit Dänemark um Schleswig-Holstein führen wollte, beauftragte es die preußische Armee damit, zunächst noch erfolgreich (es war im Frühsommer 1848, und auch Preußen selber hatte noch eine Revolutionsregierung). Als dann Preußen, einer Mächteintervention weichend, sich im September aus diesem Krieg zurückzog und in Frankfurt Unruhen ausbrachen, wurde wieder die preußische Armee zur Hilfe gerufen. Und ganz zum Schluß, im Frühjahr 1849, beendete die Paulskirchen-Versammlung ihr Reichsgründungswerk damit, daß sie den preußischen König, allerdings mit knapper Mehrheit, zum erblichen deutschen Kaiser wählte, was er bekanntlich ablehnte. Er wollte mit der Revolution nichts mehr zu tun haben.

Das war eine böse Überraschung für die Männer der Paulskirche. Aber viel überraschender (zunächst sogar für sie selbst) war es, daß sie das Angebot der deutschen Kaiserkrone an den König von Preußen überhaupt gemacht hatten. Die deutsche Nationalbewegung war doch immer großdeutsch gewesen, und auch die Frankfurter Nationalversammlung war ganz überwiegend großdeutsch gesinnt; der Reichsverweser, den sie bestellt hatte, war ein habsburgischer Erzherzog; in der Reichsregierung waren Österreicher sehr stark vertreten; die Österreicher hatten auch mitgewählt. Wie kam es, daß man jetzt plötzlich auf Preußen zurückfiel? Nun, es war eine Notlösung, ein Rückzug, eine Kapitulation vor der Tatsache, daß der österreichische Kaiserstaat nicht, wie anfangs erwartet, zerfallen, sondern im vollen Zuge seiner Restauration war und gar nicht mehr daran dachte, seine Deutschen in ein neugebackenes großdeutsches Reich zu entlassen. Also beschränkte man sich notgedrungen auf ein Kleindeutschland unter preußischer Führung. Das war ein Stück Realpolitik von seiten der

Nationalrevolutionäre, ein schmerzliches Opfer, und nun obendrein auch noch ein verweigertes Opfer. Immerhin: Es war das erste Mal, daß sich der deutsche Nationalismus auf eine preußisch-kleindeutsche Lösung einließ, wenn auch nur als eine Ersatzlösung. Lange vor Bismarck hatte also die deutsche Nationalbewegung selbst schon einmal solch ein Notbündnis ins Auge gefaßt.

Eine solche preußisch-deutsche Vereinbarung ist vor Bismarck sogar noch ein zweites Mal für einen Augenblick Wirklichkeit gewesen, und zwar unmittelbar nach 1848. Diesmal ging die Initiative von Preußen aus. Preußen hatte die deutsche Kaiserkrone der Revolution zwar abgelehnt. Aber der Gedanke einer kleindeutschen Einheit unter preußischer Führung war in Berlin durchaus nicht nur auf taube Ohren gestoßen. Man stellte sich einen Fürstenbund vor, locker zwar, aber doch schon bundesstaatlich, auch mit einem Parlament – und natürlich ohne Revolution. So gründete Preußen unter Friedrich Wilhelm IV. im Jahre 1849 die Deutsche Union, eine Union von 28 deutschen Staaten, die allerdings nicht ganz den Umfang des späteren Deutschen Reiches hatte, weil Bayern und Württemberg von vornherein nicht mitmachten. Auch die beiden Königreiche Hannover und Sachsen fielen später wieder ab.

Das Bemerkenswerte besteht nun darin, daß der Rumpf der Frankfurter Nationalversammlung sich in Gotha versammelte und den Beschluß faßte, bei der Deutschen Union mitzumachen. Der »Zweck«, den man in Frankfurt habe erreichen wollen – also eine deutsche, notfalls auch kleindeutsche Einheit –, sei wichtiger als die Form, wurde erklärt. An den demokratischen Nationalisten also ist die Deutsche Union nicht gescheitert. Ihr Mißerfolg hatte außenpolitische Gründe. Österreich, unterstützt von Rußland, wandte sich ganz stark, zum Schluß unter Kriegsdrohung, gegen das Vorhaben und verlangte die Wiederherstellung des alten Deutschen Bundes. Und Preußen gab nach, wobei übrigens Bismarck die entscheidende Rede im preußischen Abgeordnetenhaus hielt. Bismarck war damals noch gegen das Bündnis mit dem deutschen Nationalismus, für die Wiederherstellung des alten Bundes, für die Wiederherstellung eines guten Verhältnisses Preußens mit Österreich, und gerade deswegen wurde er ja auch im Juli 1851 als preußischer Gesandter nach Frankfurt zum wiederhergestellten Deutschen Bund geschickt. Er blieb dort bis Anfang März 1859. Erst in dieser Periode entwickelte sich dann bei Bismarck der Entschluß, ein Bündnis Preußens mit der deutschen Nationalbewegung zu suchen.

Es muß nun im folgenden sehr viel von Bismarck die Rede sein. Aber ehe wir uns der Geschichte Bismarcks zuwenden, tun wie gut daran, uns klarzumachen, daß das paradoxe Bündnis Preußens mit der deutschen Nationalbewegung, das er 1866 und 1870 zum Erfolg führte, schon vor ihm einmal für einen kurzen Augenblick vollzogen worden war.

Die Deutsche Union von 1849/50 war in der Absicht bereits das Deutsche Reich von 1870/71 gewesen, in der Realität etwas Ähnliches wie Bismarcks Norddeutscher Bund von 1867: die Zusammenfassung wenn nicht ganz Deutschlands, so doch ganz Norddeutschlands als Fürstenbund unter preußischer Führung, unter Ausschluß Österreichs, aber mit ausdrücklicher Zustimmung und Mitwirkung der deutschen Nationalisten und Parlamentarier. Selbst die Frage, wer in diesem Bündnis Preußens mit der nationalen Revolution Roß und wer Reiter sein sollte, war hier schon ganz im späteren Bismarckschen Sinne entschieden: 1848/49 hatte die Revolution sich noch Preußens bedienen wollen, und das war abgelehnt worden. 1849/50 hatte sich Preußen für eine preußische Deutschlandpolitik der Revolution bedient, und so herum war das Bündnis in Gotha angenommen worden. Gescheitert war das Ganze an mangelnder außenpolitischer Absicherung und mangelnder Kriegsbereitschaft. Beides sollte Bismarck 1866 und 1870 nachliefern. Darin, und im Grunde genommen *nur* darin, liegt sein persönlicher Beitrag zur Reichsgründung. Die Konzeption selbst war schon vor ihm dagewesen, und er mußte erst nachträglich für sie gewonnen, ja zu ihr bekehrt werden.

Das nun geschah in seiner Frankfurter Zeit, in den fünfziger Jahren, und was ihn bekehrte, war die Erfahrung der österreichischen Politik beim wiederhergestellten Bund. 1855 schrieb er in einem Bericht nach Berlin: »Ich war gewiß kein prinzipieller Gegner Österreichs, als ich herkam vor vier Jahren, aber ich hätte jeden Tropfen preußischen Bluts verleugnen müssen, wenn ich mir eine auch nur mäßige Vorliebe für das Österreich, wie seine gegenwärtigen Machthaber es verstehen, hätte bewahren wollen.«

Erinnern wir uns: Der Deutsche Bund war in den Jahren von 1815 bis 1848 stets durch eine Art Kondominium von Österreich und Preußen gelenkt worden. Österreich war zweifelsohne die größere Macht im Deutschen Bund, es war auch die ständige Präsidialmacht – aber Preußen war eben die andere Großmacht. Mit dieser anderen Großmacht war Österreich unter Metternich nach 1815 entschlossen gewesen zusammenzuarbeiten. Das war nach 1848 nicht mehr der Fall. Schon die Wiederherstellung des Deutschen Bundes war ja von Österreich gegen den Willen Preußens erzwungen worden, die beiden traten in den neuen Deutschen Bund als Konkurrenten, als Rivalen, als Gegner ein – und Österreich als der zunächst überlegene Gegner.

Bis 1848 war die deutsche Nationalbewegung unterdrückt worden. Nach 1848 war sie nicht mehr ganz unterdrückbar. Denn die Deutschen hatten inzwischen, wenn auch nur für einen historischen Augenblick, die Realisierbarkeit eines Deutschen Reiches erfahren, und diese Erfahrung vergaßen sie nicht. Die deutsche Nationalbewegung blieb also, auch ohne Macht zu haben, weiterhin ein politischer Faktor, mit dem man immer zu rechnen hatte und den die eine oder andere Großmacht für sich einspannen mußte. Es gab seit 1848/49, was es bis 1848 nicht gegeben hatte: eine deutsche Frage.

Und in dieser deutschen Frage waren Österreich und Preußen Rivalen. Das ist es, was Bismarck in seiner Frankfurter Zeit als preußischer Bundestagsgesandter entdeckte.

Nicht nur Preußen, auch Österreich mußte nach 1848 eine Deutschlandpolitik entwickeln, und das tat es, auf seine Weise. Wenn Preußen sich durch die Natur der Sache in seiner Deutschlandpolitik immer auf ein »Kleindeutschland«, manchmal sogar auf eine bloßes Norddeutschland, zurückverwiesen fand, mußte Österreich nunmehr, wenn es der Vielvölkerstaat bleiben wollte, der es war, und trotzdem Vormacht eines irgendwie geeinigten Deutschland werden wollte, auf eine Art Supergroßdeutschland zielen: ein »Reich der [damals] 70 Millionen«, wie es Fürst Schwarzenberg, ein österreichischer Bismarck, 1850 tatsächlich anstrebte. Schwarzenberg starb unerwartet 1852, aber seine Denkweise starb nicht mit ihm, am wenigsten seine Tendenz, Preußen fortan als einen Rivalen zu betrachten, den man im Kampf um Deutschland schwächen, womöglich zerstören mußte; und Bismarck, ein sehr reizbarer Mann, empfand das sehr stark, auch wenn die österreichische Deutschlandpolitik in seiner Frankfurter Zeit weniger direkt aggressive Formen annahm. Das Folgende sind Zitate aus einer als »Prachtbericht« berühmt gewordenen Denkschrift Bismarcks von 1856:

»Nach der Wiener Politik ist Deutschland einmal zu eng für uns beide; solange ein ehrliches Arrangement über den Einfluß eines jeden in Deutschland nicht getroffen und ausgeführt wird, pflügen wir beide denselben streitigen Acker, und solange bleibt Österreich der einzige Staat, an den wir nachhaltig verlieren und von dem wir nachhaltig gewinnen können.« In demselben »Prachtbericht« ist an anderer Stelle auch bereits von der Möglichkeit die Rede, »daß wir in nicht zu langer Zeit für unsere Existenz gegen Österreich werden fechten müssen und daß es nicht in unserer Macht liegt, dem vorzubeugen, weil der Gang der Dinge in Deutschland keinen anderen Ausweg hat«

Es ist nicht uncharakteristisch, daß in dem, was man Bismarcks Bekehrungsprozeß nennen könnte und woraus so viel deutsche Geschichte entsprang, die Feindschaft mit Österreich das erste war. Der Gedanke des preußischen Bündnisses mit der deutschnationalen Revolution kam später. Freilich ergab er sich mit einer gewissen Unausweichlichkeit aus der neuen preußisch-österreichischen Gegnerschaft. In einer langen Denkschrift aus dem Jahre 1858 (damals in Berliner Regierungskreisen spöttisch »Das kleine Buch des Herrn von Bismarck« genannt) lesen wir: »Die preußischen Interessen fallen mit denen der meisten Bundes*länder*, außer Österreich, vollständig zusammen, aber nicht mit denen der Bundes*regierungen*, und es gibt nichts Deutscheres als gerade die Entwicklung richtig verstandener preußischer Partikularinteressen.« Und wenn das noch etwas gewunden klingt, wird Bismarck ein Jahr später ganz deutlich: »Der alleinige zuverlässige, ausdauernde Alliierte, welchen Preußen haben kann, wenn es sich danach benimmt, ist das deutsche Volk.« Noch ein Jahr später, 1860, sieht er nicht mehr ein, »warum wir von der Idee einer Volksvertretung, sei es im Bunde, sei es in einem Zollvereinsparlament, so zurückschrecken.« (Zehn Jahre zuvor hatte er noch »die preußische Ehre« darin gesehen, »daß Preußen vor allem sich von jeder schmachvollen Verbindung mit der Demokratie entfernt halte«.) Und im Januar 1863 verlas der preußische Gesandte beim Frankfurter Bundestag eine Grundsatzerklärung zugunsten einer aus direkten, geheimen und gleichen Wahlen hervorgehenden Volksvertretung. Damals war Bismarck seit drei Monaten preußischer Ministerpräsident und Außenminister.

Die dramatische Geschichte des preußischen Verfassungskonflikts, dem er seine Ernennung verdankte, braucht hier nicht nacherzählt zu werden. Es ist nur daran zu erinnern, daß es auch in Preußen eine – sehr starke – liberal-nationale Bewegung gab. Bismarck machte sich bei dieser Bewegung durch seine Politik als Konfliktminister zunächst unmöglich. Aber er behielt immer die Idee im Hinterkopf, daß er die preußischen wie die außerpreußischen Liberalen eines Tages als Partner gewinnen und versöhnen würde, müßte, könnte, und zwar indem er ihnen ihre nationalen Wünsche erfüllte. In seiner berühmten ersten Rede als Ministerpräsident sagte Bismarck: »Nicht auf Preußens Liberalismus sieht Deutschland, sondern auf seine Macht« und: »Nicht durch Reden und Majoritätsbeschlüsse werden die großen Fragen der Zeit entschieden, sondern durch Eisen und Blut.« Wie es ja dann auch geschehen ist.

Man hat sich aus dieser Rede immer nur den provokativen Ausdruck »Eisen und Blut« gemerkt. Übersehen hat man, daß hier bereits ein stark angedeutetes Friedensangebot an die Liberalen ausgesprochen wurde. Der Ministerpräsident signalisierte den Abgeordneten, daß die Regierung das gegen ihren Willen vermehrte Heer brauche, um eines Tages mit Gewalt das durchzusetzen, was ja auch sie anstrebten, nämlich den deutschen Nationalstaat – ein mit Preußen verbundenes, durch Preußen geführtes, allerdings kleindeutsches, vielleicht sogar nur norddeutsches Reich. Das war von vornherein Bismarcks Idee. Man übertreibt nur wenig, wenn man sagt, daß der Krieg von 1866 und der Friede, der ihm folgte, in Bismarcks Kopf schon fertig waren, als er 1862 preußischer Ministerpräsident und Außenminister wurde. Freilich, ein wenig übertreibt man. Bismarck sprach wohl die Wahrheit über sich, als er 1890, kurz nach seiner Entlassung, in einem Interview sagte: »Der Staatsmann gleicht einem Wanderer im Walde, der die Richtung seines Marsches kennt, aber nicht den Punkt, an dem er aus dem Forste heraustreten wird... Ich hätte jede Lösung mit Freuden ergriffen, welche uns ohne Krieg der Vergrößerung Preußens und der Einheit Deutschlands zuführte. Viele Wege führten zu meinem Ziel. Ich mußte der Reihe nach einen nach dem anderen einschlagen, den gefährlichsten zuletzt. Einförmigkeit war nicht meine Sache.«

Immerhin, das Ziel stand fest: die Vergrößerung Preußens und so viel deutsche Einheit, wie damit vereinbar war. Und ziemlich fest stand auch von vornherein, daß dieses Ziel nur gegen den Willen Österreichs zu erreichen war und daß der gefährlichste Weg zum Ziel, der kriegerische, zuletzt wohl doch beschritten werden müßte. Darin unterscheidet sich der Krieg von 1866 von den beiden anderen Kriegen Bismarcks, auch dem von 1864, der ihm zeitlich vorausging: Dieser gemeinsam mit Österreich geführte Krieg gegen Dänemark um Schleswig-Holstein war nur einer der Umwege, die zum kriegerischen Austrag des preußisch-österreichischen Konflikts um Deutschland führten, indem er mit der zunächst gemeinsamen, dann geteilten Verwaltung Schleswig-Holsteins einen neuen Zankapfel zwischen den beiden deutschen Großmächten schuf. Im übrigen war er eine Improvisation; sein Anlaß war nicht vorauszusehen gewesen, und die schleswig-holsteinische Frage hatte, ehe sie plötzlich akut wurde, Bismarck kaum beschäftigt.

Dasselbe läßt sich, so erstaunlich es klingen mag, von dem letzten und größten der Bismarckschen Kriege sagen, dem Deutsch-Französischen von 1870/71, aus dem dann das Deutsche Reich hervorging und auf dem, weit mehr als auf dem deutschen »Bruderkrieg« von 1866, Bismarcks Nachruhm und seine postume Popularität in Deutschland beruhte.

Bleiben wir aber noch einen Augenblick bei diesem Bruderkrieg, der ja weit mehr als der Krieg von 1870/

71 die deutschen Verhältnisse revolutionierte. Seine Ergebnisse entsprachen genau – weit genauer als die des späteren Deutsch-Französischen Krieges – dem Ziel, das Bismarck so lange auf so vielen Wegen angestrebt hatte. Es waren vier:

Erstens eine gewaltige Vergrößerung Preußens. Ein ganzes Königreich – Hannover –, außerdem Schleswig-Holstein, Kurhessen, Nassau wurden einfach preußische Provinzen, und die alte Freie Reichsstadt Frankfurt, bisher Sitz des Deutschen Bundes, wurde eine preußische Provinzstadt. Preußen erreichte zugleich seine letzte und äußerste Ausdehnung und, zum ersten Mal in seiner Geschichte, einen vollkommen zusammenhängenden deutschen Gebietskörper. Man tut Bismarck wahrscheinlich kein Unrecht, wenn man annimmt, daß für ihn als preußischen Staatsmann dies das wichtigste aller Ergebnisse des Krieges war.

Zweitens eine Neuschöpfung, der Norddeutsche Bund. Unter diesem harmlos klingenden Namen verbarg sich in Wahrheit der erste deutsche Bundesstaat, der zur Keimzelle des späteren Deutschen Reiches werden konnte – vielleicht auch sollte – und jedenfalls vier Jahre später tatsächlich wurde. Das Gewicht seiner 23 Mitglieder war sehr ungleich: Preußen allein hatte nach den Annexionen von 1866 24 Millionen Einwohner, alle übrigen 22 Mitglieder des Norddeutschen Bundes zusammen sechs. Immerhin besaß der Norddeutsche Bund einen nach allgemeinem gleichen Wahlrecht gewählten »Reichstag«, einen »Reichskanzler« und ein Bundesheer, von dem die preußische Armee nur noch ein Bestandteil, allerdings der weitaus größte war. Von Bismarck aus gesehen, war der Norddeutsche Bund seine Abschlagszahlung an die deutsche Nationalbewegung, einschließlich ihrer demokratisch-parlamentarischen Bestrebungen. Es ist nicht sicher, daß Bismarck je mehr als diese Abschlagszahlung leisten wollte.

Drittens vier zum ersten Mal in ihrer Geschichte vollkommen freistehende, souveräne süddeutsche Staaten, die mit Preußen durch Militärbündnisse und Zollunion verbunden waren: Bayern, Württemberg, Baden und Hessen-Darmstadt. Ihr Anschluß an den Norddeutschen Bund war die einzige innerdeutsche Veränderung, die der Krieg von 1870/71 bewirkte; im Grunde keine gewaltige Veränderung. Dennoch wurde im deutschen Nationalbewußtsein erst er die wirkliche Reichsgründung. Jedenfalls ermöglichte er die Umtaufe des Norddeutschen Bundes in »Deutsches Reich« und seines preußischen Präsidiums in »Deutscher Kaiser«.

Viertens ein Österreich, das zum ersten Mal in einer tausendjährigen Geschichte mit dem übrigen Deutschland keinerlei staatliche Verbindung mehr hatte und sich dadurch übrigens auch zu einer großen inneren Umgestaltung, dem »Ausgleich« mit Ungarn, genötigt sah, der aus dem österreichischen Kaiserreich die kaiserlich-königliche Doppelmonarchie machte. Der Friede mit Österreich vermied indessen sorgfältig jede überflüssige Beleidigung durch Gebietsabtretung oder Kriegsentschädigung und hielt dadurch die Möglichkeit eines künftigen Bündnisses offen.

Mit Bismarcks preußischen Augen gesehen, war dies alles zusammen eigentlich der deutsche Idealzustand. In den Augen deutscher – selbst kleindeutscher – Nationalisten konnte es nur ein Zwischenzustand sein. Aber es waren nicht die deutschen Nationalisten, es war Bismarck, der die praktische Politik machte. Und hier muß man nun fragen: Zielte Bismarck in den Jahren 1867 bis 1870 wirklich auf den nationalen Vervollständigungskrieg? Der Bismarck der neunziger Jahre, der Memoirenschreiber Bismarck, der an seiner eigenen Legende arbeitete, hat diesen Eindruck zu erwecken gewußt. Doch wenn man die authentischen Äußerungen Bismarcks aus der Zeit zwischen 1866 und 1870 liest, und besonders wenn man sie mit seinen Äußerungen vor 1866 vergleicht, gewinnt man ein anderes Bild. Der Gegensatz ist frappant: Vor 1866 unbeirrbare, das Äußerste nicht scheuende Zielstrebigkeit. Vor 1870 eher etwas Abwartendes und zugleich Beschwichtigendes oder Vertröstendes. Der Bismarck dieser Jahre bleibt immer noch der Verbündete der deutschen Nationalbewegung, aber weit stärker als vor 1866 spürt man Vorbehalte.

Am stärksten in der Krise von 1866 selbst. Im Juli, nach der Schlacht bei Königgrätz und vor dem Vorfrieden von Nikolsburg, instruiert Bismarck den preußischen Botschafter in Paris wie folgt:

»Unser preußisches Bedürfnis beschränkt sich auf die Disposition über die Kräfte Norddeutschlands in irgendeiner Form... Ich spreche das Wort Norddeutscher Bund unbedenklich aus, weil ich es, wenn die nötige Konsolidierung des Bundes gewonnen werden soll, für unmöglich halte, das süddeutsch-katholisch-bayerische Element hinzuzuziehen. Letzteres wird sich von Berlin aus noch für lange Zeit nicht gutwillig regieren lassen.« In dieser Zeit fällt sogar noch einmal – in einem Telegramm an den Oberkommandierenden der preußischen Mainarmee – das harte, bis 1851 von Bismarck oft gebrauchte, aber für den Bismarck von 1866 eigentlich nicht mehr zulässige Wort vom »nationalen Schwindel«.

Dieses Wort kommt später nicht mehr vor. Der Bundeskanzler des Norddeutschen Bundes ist sorgfältig darauf bedacht, keinen Zweifel an seiner deutschnationalen Gesinnung zu lassen; aber auch darauf, nichts zu versprechen. Zum Beispiel so (März 1867, wieder an seinen Pariser Botschafter): »Man hat die Mainlinie als eine Mauer zwischen uns und Süddeutschland aufrichten wollen, und wir haben sie akzeptiert, weil sie unserem Bedürfnis und unserem Interesse entsprach; aber sollte man sich darüber getäuscht haben, daß sie nicht eine wirkliche Mauer, sondern . . . gewissermaßen ein Gitter ist, durch welches der nationale Strom seinen Weg findet?« Oder, noch hinhaltender, im Mai 1868:

»Wir tragen alle die nationale Einigung im Herzen, aber für den rechnenden Politiker kommt zuerst das Notwendige und dann das Wünschenswerte, also zuerst der Ausbau des Hauses und dann dessen Erweiterung. Erreicht Deutschland sein nationales Ziel noch im 19. Jahrhundert, so erscheint mir das als etwas Großes, und wäre es in zehn oder gar fünf Jahren, so wäre das etwas Außerordentliches, ein unverhofftes Gnadengeschenk von Gott.«

Schließlich, vielleicht die meistzitierte dieser Bismarckschen Abmahnungen an die deutschnationale Adresse, in einem Erlaß an den norddeutschen Gesandten in München vom 26. Februar 1869:

»Daß die deutsche Einheit durch gewaltsame Ereignisse gefördert werden würde, halte auch ich für wahrscheinlich. Aber eine ganz andere Frage ist der Beruf, eine gewaltsame Katastrophe herbeizuführen, und die Verantwortlichkeit für die Wahl des Zeitpunktes. Ein willkürliches, nur nach subjektiven Gründen bestimmtes Eingreifen in die Entwicklung der Geschichte hat immer nur das Abschlagen unreifer Früchte zur Folge gehabt; und daß die deutsche Einheit in diesem Augenblick keine reife Frucht ist, fällt meines Erachtens in die Augen.«

Mir scheint, diese Zeugnisse machen die Auffassung hinfällig, Bismarck habe den Krieg von 1870 wie den von 1866 bewußt gesucht, um den deutschen Einigungsprozeß zu vollenden und aus dem Norddeutschen Bund das Deutsche Reich zu machen, auch wenn diese Auffassung lange Zeit in Deutschland Allgemeingut gewesen und von Bismarck selbst nachträglich genährt worden ist. Bismarck hatte es mit der »Erweiterung seines Hauses« nicht eilig, und er wurde von der Julikrise 1870, die in wenigen Tagen zum

Kriegsausbruch führte, selber überrascht. Seine berühmte »Emser Depesche«, die Frankreichs Kriegserklärung provozierte, war ihrerseits die Antwort auf eine französische Überreaktion auf die – im übrigen bereits zurückgezogene – spanische Thronkandidatur einer Nebenlinie der Hohenzollern. Die freilich hatte Bismarck eingeleitet, aber hatte er es wirklich getan, um einen Krieg mit Frankreich herbeizuführen? War es nicht eher eine Art Test, vielleicht sogar, mit Bismarcks damaligem Ausdruck, eine »Friedensfontanelle«? Denn wenn es zwischen 1866 und 1870 zwischen Frankreich und Preußen böses Blut gab, dann eher in Frankreich als in Preußen. Frankreich fühlte sich durch die Ergebnisse des Krieges von 1866 irgendwie zu kurz gekommen, ja hereingelegt.

Bismarck hatte ja 1866 durchaus Hand in Hand mit dem Frankreich des Dritten Napoleon gearbeitet. Napoleon III. verfolgte seinerseits eine Politik des Bündnisses mit allen europäischen Nationalbewegungen – erst in Italien, dann in Deutschland und übrigens auch, erfolglos, in Polen. Natürlich sollte sich das Ganze sozusagen unter französischer Regie abspielen, und natürlich wollte Paris sich für eine solche Politik territorial belohnen lassen. Diese Kompensationen waren der eigentliche Streitpunkt zwischen Frankreich und dem Norddeutschen Bund in den vier Jahren zwischen 1866 und 1870. Italien hatte Frankreich die Einigungshilfe (die freilich auch weiter gegangen war als im preußisch-deutschen Falle) durch die Abtretung Nizzas und Savoyens fair vergolten. Auch

Bismarck hatte Frankreich Hoffnungen auf irgendwelche Kompensationen gemacht, einmal, 1867 im Falle Luxemburg, auch schon ansatzweise Bereitschaft zu einer bescheidenen Kompensation gezeigt, dann aber wieder zurückgezuckt. Daher in Frankreich die sich ausbreitende Mißstimmung, die Parole »Revanche für Königgrätz«, das Entstehen einer Art Kriegspartei. Wenn nun, auf Betreiben Bismarcks, ein Verwandter des preußischen Königshauses als spanischer Thronkandidat auftrat, konnte das entweder aufreizend oder ablenkend und mäßigend gemeint sein. Welche Wirkung Bismarck im innersten beabsichtigte, werden wir nie wissen. Eins ist sicher: Mit der deutschen nationalen Frage hatte der französisch-deutsche Ehrenhandel, der den Krieg von 1870 verursachte, nichts zu tun.

Und doch wurde der Krieg gegen Frankreich dann der erste wirkliche deutsche Nationalkrieg, und die Erweiterung des Norddeutschen Bundes, die in diesem Kriege erfolgte, im nationalen Bewußtsein erst die eigentliche »Reichsgründung«. 1870 knüpfte die deutsche Nationalbewegung an ihre Ursprünge in napoleonischen Zeiten an: Es ging wieder gegen Frankreich, es ging wieder gegen einen Kaiser Napoleon, und viele deutsche Nationalisten in Preußen, in Norddeutschland, aber auch in Süddeutschland, empfanden 1870 als eine Revanche für die napoleonischen Eroberungskriege in den ersten 10 Jahren des neunzehnten Jahrhunderts. Der Nationalstolz und Franzosenhaß von damals, das war alles plötzlich wieder da – und diesmal waren die Deutschen die Stärkeren! Das war wundervoll, dabei mußte es bleiben, und Deutschland mußte jetzt als Staat endgültig auf die Füße gestellt und konsolidiert werden. So sah die Stimmung aus, der Bismarck nachgab.

Merkwürdigerweise gab er nicht ganz nach. Dieser Mann, der vor 1866 rücksichtslos norddeutsche Staaten annektiert, ihre Monarchen abgesetzt, die kleineren Partner im Norddeutschen Bund streng an die Kandare genommen hatte, verfuhr nun plötzlich wie ein Staatsmann der Metternichzeit. Er verhandelte geduldig und langwierig mit dem König von Bayern und mit dem König von Württemberg, dem Großherzog von Baden und dem Herzog von Hessen-Darmstadt, und er machte ihnen bedeutende Zugeständnisse. Alle behielten ein gewisses Maß eigener Souveränität, Bayern sogar eine reale Eigenstaatlichkeit: ein sehr weitgehendes eigenes Steuersystem, eigene Post, eigene Eisenbahn, ein eigenes Heer (das nur in Kriegszeiten unter das Kommando des deutschen Kaisers treten mußte) und, was das Unerhörteste war, das Recht, eigene Gesandtschaften, eigene Diplomatie im Ausland zu unterhalten! Der englische Historiker Taylor hat Bismarck gelegentlich nicht als Reichsgründer, sondern als »Reichsverhinderer« bezeichnet, als den Mann, der gerade nur so viel nationale Einheit zugestand, wie er unbedingt mußte. Und in der Tat hatte das Deutsche Reich Bismarcks, weit mehr als der Norddeutsche Bund, einen eher staatenbündlerischen als bundesstaatlichen Charakter.

Denn obwohl Bismarck bei der »Reichsgründung« immer noch bereit war, mit der nationalen Bewegung zu paktieren und ihre emotionalen Bedürfnisse zu befriedigen, verfolgte er keineswegs ihr Ziel, Deutschland zur führenden und herrschenden Macht in Europa zu machen. Das wird man in der Zeit seiner Herrschaft im neugegründeten Deutschen Reich noch deutlich erkennen. Auch lag ihm immer noch daran, daß Preußen in Deutschland Vormacht blieb; und das war im Reich schon nicht mehr so selbstverständlich, wie es im Norddeutschen Bund gewesen war. Im Gegenteil: Nachdem alle kleindeutschen Wünsche erfüllt waren, war das nächste sozusagen natürliche Nationalziel Großdeutschland.

Wenn man bedenkt, daß die Geschichte des Deutschen Reiches dazu geführt hat, daß in seiner letzten und ausgreifendsten Periode ein Österreicher Reichskanzler war, daß dieser letzte Reichskanzler aus dem Kleindeutschland Bismarcks bald ein Großdeutschland machte und daß dieses Großdeutschland dann eine aggressive und expansive Politik betrieb, die der Bismarcks diametral entgegengesetzt war, dies alles begleitet von einer so begeisterten Stimmung, wie sie Bismarck in Kleindeutschland nie, nicht einmal 1870, entgegengeschlagen war – dann möchte man fast sagen, daß der höchste Triumph Bismarcks schon die Wurzeln seines Scheiterns enthielt und die Gründung des Deutschen Reiches schon den Keim seines Untergangs.

# Bismarckzeit

Die 43 Jahre Reichsgeschichte zwischen dem Krieg von 1870/71 und dem Ersten Weltkrieg sind äußerlich betrachtet eine Einheit. Weder an den deutschen Grenzen noch an der deutschen Verfassung änderte sich in dieser Zeitspanne irgend etwas, es gab weder Krieg noch Revolution, und in der Geschichte des Deutschen Reiches bilden diese 43 Jahre nicht nur die längste Periode, sondern auch die stabilste. Aber bei näherem Hinsehen zerfallen diese 43 Jahre doch in zwei deutlich geschiedene Abschnitte: die Bismarckzeit bis 1890 und die Wilhelminische Zeit oder Kaiserzeit nach 1890. Wenn man es grob sagen will, war in der ersten Periode, in der Bismarckzeit, die Innenpolitik größtenteils unglücklich und zerrissen und die Außenpolitik sehr besonnen und friedlich. In der Wilhelminischen Zeit war es genau umgekehrt. Innenpolitisch war sie fast eine Epoche nachgeholter Einigung, außenpolitisch jedoch wurde ein abenteuerlicher Kurs gesteuert, der dann ja auch in die Katastrophe führte. Freilich muß man zugeben, daß gerade die Außenpolitik der Wilhelminischen Zeit von großer nationaler Zustimmung begleitet war.

Die Bismarckzeit war stimmungsmäßig in Deutschland, nachdem der erste Sieges- und Gründerrausch verflogen war, eine unglückliche Zeit. Die Wilhelminische Zeit dagegen war bis in den Ersten Weltkrieg hinein eine glückliche Zeit. Zum Teil hatte das ganz einfach wirtschaftliche Ursachen. Seit dem Gründerkrach von 1873 und sogar noch über Bismarcks Zeit hinaus, bis 1895, herrschte europaweit und auch in Deutschland wirtschaftlich Stagnation oder Rezession, während die Zeit von 1895 bis 1914 eine Zeit fast ständiger Hochkonjunktur war. Wir erleben ja auch heute noch, daß die politische Stimmung im Lande eigentlich fast mehr von der Wirtschaft als von der Politik abhängt, obwohl in nicht-sozialistischen Ländern die Politik keineswegs die Wirtschaft macht. Aber Bismarck hatte eben das Pech, daß fast seine ganze Zeit eine Zeit wirtschaftlicher Flaute war; Wilhelm II. hatte das Glück, daß seine Zeit bis zum Kriege – und in gewisser Weise auch im Kriege – eine Zeit des Aufschwungs war. Damit hängt übrigens noch etwas anderes zusammen. In Bismarcks Zeit gab es noch den Zug nach Westen, die ständige Abwanderung aus den agrarischen altpreußischen Gebieten in die westlichen Industriegebiete. Darüber hinaus sind in den zwanzig Bismarckjahren immer noch mehr als eine Million Deutsche nach Amerika ausgewandert. Nach seiner Kanzlerschaft ging die deutsche Auswanderung zurück und hörte schließlich fast völlig auf. Die Deutschen fanden jetzt auch zu Hause Vollbeschäftigung, und ihre Arbeit wurde besser bezahlt.

Aber alle diese Dinge, die dazugehören und erwähnt werden müssen, scheinen mir nicht mein eigentliches Thema zu sein, denn das Deutsche Reich (das vom Augenblick seiner Geburt an todkrank war, wie der Historiker Arthur Rosenberg einmal geschrieben hat) ist nicht an seinen wirtschaftlichen Zuständen und Umständen, nicht einmal an seiner Innenpolitik zugrunde gegangen, sondern an seiner äußeren Lage und an seiner Außenpolitik.

Trotzdem müssen an dieser Stelle einige Bemerkungen zur Innenpolitik der Bismarckzeit folgen, die, wie gesagt, viel Unglück schuf. Bismarck hatte seine Reichsgründung innenpolitisch auf einen Kompromiß der Konservativen mit den Liberalen, die gleichzeitig die Nationalen waren, aufgebaut. Zwar hatte sein »Krisenministerium« in Preußen mit einem schweren Konflikt zwischen der Regierung und den Liberalen begonnen; aber Bismarck hatte von Anfang an eine Übereinkunft mit seinen Gegnern im Sinn und glaubte, mit ihnen zu einem ehrlichen Frieden gelangen zu können. Dieser sollte auf einer doppelten Grundlage ruhen, indem er erstens die nationalen Aspirationen der Liberalen befriedigte und sie zweitens nach der Versöhnung an der inneren Politik des Reiches beteiligte. Bismarck war persönlich ein konservativer Monarchist. Aber der Verfassungskompromiß, auf dem sein Reich beruhte, sah eine halbparlamentarische Monarchie vor, und der politische Kompromiß, den er bei der Reichsgründung wollte, war eine Dauerkoalition von Konservativen und Nationalliberalen. Der »eiserne Kanzler« hat von 1867 bis 1879 im großen und ganzen von einer konservativen Grundlage aus liberale Politik mit den Liberalen betrieben; am Ende war er sogar so weit, daß er einen der Ihren, den Hannoveraner Bennigsen, in die preußische Regierung aufnehmen wollte, eventuell sogar als Vize-Ministerpräsidenten. Das scheiterte. Trotzdem: Bismarck hat seine liberale Periode ehrlich durchgehalten. Was er nicht vorausgesehen hatte, war, daß der Kompromiß mit den Nationalliberalen nach 1871 zu einer inneren Befriedung nicht mehr ausreichte.

Ungefähr zum Zeitpunkt der Reichsgründung sah sich Bismarck nämlich plötzlich zwei ganz neuen politischen Parteien und Kräften gegenüber, mit denen er nichts Besseres anzufangen wußte, als einen Vernichtungskrieg gegen sie zu führen, den er verlor. Das waren das Zentrum und die Sozialdemokraten. Beide wurden etwa zur selben Zeit wie das Reich gegründet, waren also die eigentlichen Reichsparteien. Bismarck nannte sie Reichsfeinde, zu Unrecht.

Er gründete seine Theorie der Reichsfeindschaft dieser Parteien auf ihre internationalen Verbindungen. Das Zentrum war die Partei der deutschen Katholiken, und die katholische Kirche war und ist ja unleugbar eine übernationale Einrichtung. Das Zentrum seinerseits war gerade in der damaligen Zeit stark nach Rom orientiert – man schimpfte es ultramontan, weil es sozusagen über die Berge hinweg auf Rom schaute. Das Interessanteste am Zentrum war aber auf die Dauer etwas ganz anderes. Alle anderen deutschen

Parteien waren Klassenparteien, die Konservativen die Partei des Adels, die Liberalen die Partei des damals mächtig aufstrebenden Bürgertums, die Sozialdemokraten, die nun dazukamen, zunächst eine reine Arbeiterpartei. Das Zentrum dagegen war an keine Klasse gebunden, es war klassenumfassend: Es gab durchaus einen katholischen Adel, sogar Hochadel, es gab ein starkes katholisches Bürgertum, und natürlich gab es katholische Arbeiter. Das Zentrum versuchte, alle diese Klassen in sich zu integrieren und ihre Konflikte intern auszutragen. Das war neu. Dieses Zentrum war ein Typus von Partei, wie es ihn bis dahin in Deutschland und auch in Europa noch nicht gegeben hatte: eine Volkspartei. Das ist deswegen so interessant, weil wir heute fast nur noch von solchen Parteien regiert werden. Insbesondere das Zentrum ist ohne Zweifel der historische Vorläufer der heutigen christlichen Unionsparteien.

Gerade dieser Charakter des Zentrums, seine klassenüberwölbende Struktur, war Bismarck unheimlich. Er wußte mit Klassen umzugehen und war selbst ganz bewußt ein Angehöriger seiner Klasse, der preußischen Junker. Mit anderen Klassen und Klassenparteien Kompromisse zu machen war ihm nicht unnatürlich. Aber eine Partei, die keine Klasse vertrat, schien ihm ein Staat im Staate zu sein, ein »Reichsfeind«; und er hat in den siebziger Jahren versucht, das Zentrum – anders als vorher die Liberalen in den sechziger Jahren – nicht durch Kampf zum Frieden zu führen, sondern es zu vernichten, zu zertrümmern.

Das ist ihm nie gelungen. Das Zentrum war von Anbeginn eine starke Partei, und es ist in den siebziger Jahren, der Zeit des sogenannten Kulturkampfes (wie Bismarcks Vernichtungsfeldzug gegen das Zentrum genannt wurde), noch stärker geworden.

Bei den Sozialdemokraten fehlte dieser Gesichtspunkt. Die Sozialdemokraten bildeten eine Klassenpartei, und Bismarck hatte an sich durchaus einen Sinn dafür, daß auch die Arbeiterklasse, der vierte Stand, sich politisch formieren, mitreden, Interessen wahrnehmen wollte. Er hatte in den sechziger Jahren mit Lassalle, einem der Gründungsväter der Sozialdemokratie, freundschaftlich verkehrt, sogar gewisse politische Pläne verfolgt, aus denen dann allerdings nichts geworden war. Was Bismarck der Sozialdemokratie übelnahm, war nicht ihr Klassencharakter, sondern erstens ihre internationale Einstellung und zweitens, noch wichtiger, ihre damals noch revolutionäre Haltung.

Die Sozialdemokraten waren in ihrer Gründungszeit eine revolutionäre Partei, die den »großen Kladderadatsch« im Munde führte und offen verkündete, daß sie eine ganz andere Gesellschaft, einen ganz anderen Staat wollte. Reichsfeinde waren sie deshalb nicht. Sie wollten ihre Revolution durchaus im Rahmen des Deutschen Reichs veranstalten. Aber Bismarck hatte eine tiefe Abneigung gegen die Revolution, die er von 1848 her mitgebracht hatte und die er lebenslänglich nicht verlor. Er wollte eine Klassengesellschaft, er wollte eine Gesellschaft, in der seine Klasse – kompromißweise zusammen mit dem liberalen Bürgertum – führend war. Vielleicht wäre er gegebenenfalls bereit gewesen, auch die Arbeiterklasse in einen staatstragenden Kompromiß einzubeziehen. Revolution aber fürchtete und haßte er.

Und so führte Bismarck von 1878 an einen erbarmungslosen Kampf gegen die Sozialdemokraten. Das »Gesetz gegen die gemeingefährlichen Bestrebungen der Sozialdemokratie« sah schreckliche Dinge vor: Ausweisung ihrer Führer – nicht aus Deutschland, aber aus ihren jeweiligen Wohnsitzen –, Verbot sozialdemokratischer Vereine, von Versammlungen, Druckschriften, Zeitungen. Die Sozialdemokratie existierte in der zweiten Hälfte der Bismarckzeit höchstens noch halb legal. Sie war wirklich verfolgt. Zwar durfte sie sich um Reichstagssitze bewerben, durfte Wahlkämpfe führen und auch im Reichstag vertreten sein. An diese verfassungsmäßigen Rechte rührte Bismarck nicht. Alles andere aber blieb der SPD verboten. Und doch: Auf eine merkwürdig unaufhaltsame Weise wurde die Sozialdemokratie während dieser Verfolgungszeit von Wahl zu Wahl stärker. Das war eine der schweren politischen Wolken, die über der Bismarckzeit hingen. Bismarck ist mit der SPD nicht fertig geworden, hat aber nie aufgehört, sie zu bekämpfen und ganz zum Schluß den Kampf sogar noch bis zum völligen Verbot und zur Ausweisung von sozialdemokratischen Führern auch aus dem Reich verschärfen wollen. Daraus ist dann nichts mehr geworden.

Allerdings hat er die Sozialdemokraten auch mit konstruktiven Mitteln zu bekämpfen versucht. In den achtziger Jahren, den Jahren der Sozialistenverfolgung, liegen die Anfänge der deutschen Sozialversicherungspolitik: 1883 die Krankenversicherung, 1884 die Unfallversicherung, 1889 die Invalidenversicherung. Das war damals eine ungeheuer kühne und neue Politik. Nirgends außer in Deutschland gab es etwas Derartiges. Man hat Bismarck deshalb gerühmt als den Vater des modernen deutschen Sozialstaates, und tatsächlich war Deutschland in der Sozialpolitik in der ganzen Zeit bis zum Ende des Reiches – und ist es noch heute – anderen Ländern voraus. Bismarck verstand diese Politik aber als einen Teil seines Kampfes gegen die Sozialdemokratie. Er hoffte die Arbeiter von der Sozialdemokratie wegzuziehen, indem er ihre soziale Lage von Staats wegen verbesserte. Das ist ihm nicht gelungen. Die Arbeiter nahmen die sozialpolitischen Wohltaten hin, aber sie ließen sich nicht bestechen, sie blieben Sozialdemokraten.

Man kann hier noch etwas anderes anschließen, nämlich daß Bismarck überhaupt in der zweiten Hälfte seiner Regierungszeit, seit 1879, versuchte, die wirtschaftlichen Interessen der verschiedenen deutschen Klassen politisch direkt anzusprechen. Im Jahre 1879 gründete er sein »Kartell der schaffenden Stände«, also ein Bündnis zwischen Landwirtschaft und Großindustrie; mit der Einführung von Schutzzöllen tat er beiden Gruppen einen Gefallen. Man könnte sagen, daß er – fast ein wenig marxistisch – das Reich nicht nur politisch, sondern auch sozialpolitisch, »ständisch«, als Einheit zu gestalten versuchte.

Dieses Reich wies bereits in der späten Bismarckzeit eine innenpolitische Doppelnatur auf, die ebenfalls bis in unsere Zeit in der Bundesrepublik weiterwirkt. Neben die Parteien traten die Verbände. Der Bund der Landwirte allerdings entstand erst nach Bismarcks Abgang, 1893, als Organisation der hauptsächlich ostelbischen Landwirtschaft, ein internes Bündnis übrigens zwischen Großagrariern und Kleinbauern; aber schon vorher gab es den Zentralverband deutscher Industrieller, den Bund der Schwerindustrie; den Hansabund der exportorientierten Leichtindustrie, bei dem auch Finanzwelt und Banken stark beteiligt waren; schließlich die Gewerkschaften, die ja ganz unabhängig von der sozialdemokratischen Partei die Lage der Arbeiterschaft auf wirtschaftlichem Gebiet direkt zu verbessern suchten, nicht durch politische Revolution, sondern durch gemeinsamen Kampf um bessere Arbeits- und Lebensbedingungen, vor allem um höhere Löhne. Auch dies alles gehört zu dem, was Bismarck innenpolitisch bewirkt hat.

Bei alledem blieb die innenpolitische Stimmung in der ganzen Bismarckzeit unglücklich und gereizt, und das nicht nur wegen der Wirtschaftsflaute, sondern eben auch wegen Bismarcks Politik, und vielleicht noch mehr wegen des *Stils* der Bismarckschen Politik. Bismarck war nie ein Politiker der konzilianten, diplomatisch-geschmeidigen Art gewesen, er hat selten durch Liebenswürdigkeit triumphiert, und die Verbitterung, die am Ende seines Lebens, nach seiner Entlassung, gänzlich Herr über ihn wurde, machte sich schon in der Stunde seines größten Triumphs, im Januar 1871, scharf bemerkbar (»Ich hatte mehrmals das dringende Bedürfnis, eine Bombe zu sein und zu platzen, daß der ganze Bau in Trümmer gegangen wäre«, schrieb er drei Tage nach der Kaiserproklamation aus Versailles an seine Frau). Man ist versucht zu spekulieren, daß Bismarck schon damals das Gefühl hatte, über sein eigentliches Ziel, das er 1867 erreicht hatte, hinausgeschossen, von seinem Bündnis mit dem Nationalismus zu weit getragen worden zu sein und etwas erreicht zu haben, das nicht funktionieren konnte und wahrscheinlich auf die Dauer nicht zu halten war. Der tiefe Pessimismus, mit dem der Bismarck der Nachreichsgründungsperiode auf sein Werk blickt, ist unverkennbar, und er bezieht sich sowohl auf die innere wie auf die äußere Lage des Reichs.

Innenpolitisch verbitterten ihn seine Dauerkämpfe mit den Parteien und dem Reichstag. 1867 hatte er dem (damals noch nur norddeutschen) Reichstag mit einem gewissen Übermut zugerufen: »Setzen wir Deutschland, sozusagen, in den Sattel! Reiten wird es schon können.« 1883 nahm er das, traurig sich selbst zitierend, ausdrücklich zurück: »Dies Volk kann nicht reiten!... Ich sage dies ohne Bitterkeit und ganz ruhig: Ich sehe schwarz in Deutschlands Zukunft« (Brief an Roon). Die Briefstelle bezieht sich auf das Innere, nicht das Äußere. Nach außen aber plagte ihn die ganze Zeit der »Albdruck der Koalitionen« – »daß Millionen Bajonette ihre polare Richtung doch im ganzen in der Hauptsache nach dem Zentrum Europas haben, daß wir im Zentrum Europas stehen und schon infolge unserer geographischen Lage, außerdem infolge der ganzen europäischen Geschichte den Koalitionen anderer Mächte vorzugsweise ausgesetzt sind« (Reichstagsrede 1882). Jemand sagte ihm: »Sie haben den Albdruck der Koalitionen!« Er antwortete: »Diese Art Alb wird für einen deutschen Minister noch lange, *und vielleicht immer*, ein sehr berechtigter bleiben.«

Es ist aber zweifelhaft, ob Bismarcks berechtigte Furcht vor feindlichen Koalitionen wirklich nur geographische und historische Gründe hatte. Eher waren es außenpolitische. Machen wir uns klar, worin die große Veränderung bestand, die Bismarck mit der Reichsgründung 1870/71 bewirkt hatte und die der spätere englische Premierminister Disraeli schon damals »die deutsche Revolution« nannte. Bis dahin war die von Deutschen bewohnte europäische Mitte immer ein Gebiet vieler kleiner und mittlerer und zweier großer Staaten gewesen, die lose miteinander (und mit anderen europäischen Mächten) verbunden waren und von denen ihre Nachbarn alles in allem nichts zu fürchten hatten. Man kann nicht sagen, daß der Deutsche Bund des Halbjahrhunderts von 1815 bis 1866 jemals der Gefahr überlegener Koalitionen der europäischen Groß- und Flügelmächte ausgesetzt gewesen wäre. Jetzt aber stand an seiner Stelle plötzlich ein geschlossener, großer, sehr starker, sehr militärischer Staat. An die Stelle eines großen Schwammes oder einer großen, vielfältigen Kunststoffschicht, die Mitteleuropa weich gegen die äußeren Mächte abfederte, war gewissermaßen ein Betonklotz getreten – ein furchteinflößender Betonklotz, aus dem sehr viele Kanonenrohre herausragten. Und diese Verwandlung – begeisternd für die deutschen Nationalisten, aber bedenklich für das übrige Europa – hatte sich in einem Krieg vollzogen, in dem die neue deutsche Großmacht sowohl gewaltige Kraft wie auch unverkennbar eine gewisse rohe Härte an den Tag gelegt hatte. Der Deutsch-Französische Krieg von 1870/71 war ja nicht mit der sachlichen Mäßigung geführt und beendet worden wie der preußisch-österreichische von 1866. Besonders mit der Annexion Elsaß-Lothringens hatte Bismarck dem neuen Deutschen Reich die »Erbfeindschaft« mit Frankreich sozusagen in die Wiege gelegt. Bismarck selbst hat sehr früh etwas sehr Bemerkenswertes dazu gesagt, was wenig bekannt ist. Schon im August 1871 eröffnete er nämlich dem damaligen französischen Geschäftsträger in Berlin, der es sofort in Paris aktenkundig machte: »Einen Fehler haben wir begangen, indem wir euch Elsaß-Lothringen wegnahmen, wenn der Friede dauerhaft sein sollte. Denn für uns sind diese Provinzen eine Verlegenheit, ein Polen mit Frankreich dahinter.« Er wußte also, was er tat. Warum hat er es trotzdem getan? Darüber wird heute noch von den Historikern gerätselt. Der deutschnationale Wunsch, das altdeutsche, erst vor 200 Jahren von Frankreich annektierte Elsaß »heim ins Reich« zu holen, war schwerlich Bismarcks Motiv. Bismarck hat sein neues Deutsches Reich nie mit dem alten Reich, das sein Zentrum ja nicht in Preußen hatte, identifiziert.

Stärker war das militärische Argument. Die Festungen Straßburg und Metz waren für die Militärs der Schlüssel zu dem neuen süddeutschen Gebiet des Deutschen Reiches. Bismarck pflegte sich sonst aber militärischen Argumenten durchaus nicht zu beugen. Wenn er es diesmal tat, dann wahrscheinlich deswegen, weil er einen französischen Revanchekrieg auf jeden Fall erwartete – »Was sie uns nie verzeihen werden, ist unser Sieg«, sagte er 1871 mehrmals – und weil unter dem Gesichtspunkt der Kriegserwartung militärisches Denken auch für ihn an Gewicht gewann. Man könnte sagen, daß in den ersten Jahren nach 1871 Bismarcks Albdruck weniger der der Koalitionen als der der drohenden französischen Revanche war. Das zeigte sich bei der ersten außenpolitischen Krise des Bismarckreichs. Im Jahre 1875 vermehrte Frankreich, das sich sehr schnell von Krieg und Kriegsentschädigung erholt hatte, seine Armeen in beträchtlichem Maße. Daraufhin nahm das Deutsche Reich sofort, wenn auch zunächst nur inoffiziell, Drohstellung ein. Eine Berliner Zeitung erschien mit dem Leitartikel »Ist der Krieg in Sicht?«.

Bismarck hat immer geleugnet, daß er wirklich einen zweiten, einen Präventivkrieg gegen das wiedererstarkende Frankreich gewollt hat. Das ist durchaus glaubhaft. Es ging ihm eher um Vorbeugung gegen den befürchteten französischen Revanchekrieg, um Einschüchterung. Aber nun geschah etwas Unerwartetes. England und Rußland, die im Krieg des Jahres 1870 ja keineswegs eingeschritten waren – Rußland hatte damals sogar eine sehr wohlwollende Neutralität gegenüber Preußen und dem werdenden Deutschen Reich eingenommen –, England und Rußland also intervenierten jetzt in Berlin. Sie erklärten, daß sie einer weiteren Schwächung Frankreichs nicht untätig zusehen würden. Zum erstenmal zeigte sich so etwas wie ein Vorschatten des Ersten Weltkrieges: jene mögliche Koalition zwischen Frankreich, England und Rußland, der das Deutsche Reich trotz all seiner Stärke nach menschlichem Ermessen nicht gewachsen sein konnte und der es sich aussetzte, wenn es über das 1871 Erreichte hinausging.

Bismarck war tief gekränkt: Er hatte sich bei seinen Drohgebärden in der Abwehr, nicht im Angriff gefühlt, und er reagierte mit tiefer, auch persönlicher Verbitterung gegenüber den damals regierenden englischen und russischen Staatsmännern, insbesondere dem russischen Kanzler Gortschakoff. Wichtiger ist etwas anderes: Erst seit der »Krieg-in-Sicht-Krise« des Jahres 1875 ersetzte der »Albdruck« der Koalitionen für Bismarck den »Albdruck« der französischen Revanche. Und erst seit diesem Zeitpunkt kann man von einer aktiven Friedenspolitik Bismarcks reden – einer Politik, die das Interesse des Deutschen Reiches mit der Verhinderung eines Krieges zwischen europäischen Großmächten gleichsetzte. Es ist diese Politik, die heute den Ruhm Bismarcks ausmacht. Aber es ist tief bedenkenswert, daß es auch ihm nicht gelungen ist, das Deutsche Reich vor gefährlichen Verstrickungen zu bewahren.

Bismarck hat die Grundsätze seiner Friedenspolitik in dem berühmten Kissinger Diktat von 1877 niedergelegt, dessen Kernsatz lautet: »Das Bild, welches mir vorschwebt: nicht das irgendeines Ländererwerbs, sondern das einer politischen Gesamtsituation, in welcher alle Mächte außer Frankreich unserer bedürfen und von Koalitionen gegen uns durch ihre Beziehungen zueinander nach Möglichkeit abgehalten werden.« Dazu zunächst eine Fußnote. Sie bezieht sich auf die zwei Worte »außer Frankreich«. 1860 hatte Bismarck noch in einem Brief an seinen damaligen Mentor Leopold von Gerlach geschrieben, er müsse sich die Möglichkeit eines Zusammengehens auch mit Frankreich trotz aller Bedenken offenhalten, »weil man nicht Schach spielen kann, wenn einem 16 Felder von 64 von Hause aus verboten sind«. Jetzt nahm er diese Einschränkung als unvermeidlich hin. Ein furchtbares Handikap, wenn man es bedenkt.

Im übrigen bedeutete Bismarcks Politik viel strengen Verzicht. Sie läßt sich in fünf Punkten zusammenfassen:

1. Verzicht auf jede territoriale Vergrößerung in Europa.
2. Im Zusammenhang damit Niederhaltung aller ex-

pansionistischen Bestrebungen in Deutschland, insbesondere aller großdeutschen Bestrebungen.

3. Ständige Entmutigung aller Anschlußwünsche der »unerlösten« Deutschen, die von der Reichsgründung ausgeschlossen geblieben waren, insbesondere der österreichischen und baltischen Deutschen.

4. Strikte Nichtbeteiligung an der überseeischen Kolonialpolitik der übrigen europäischen Mächte. Die sollte im Gegenteil gerade dazu dienen, diese Mächte nach außen, »an die Peripherie« abzulenken und von Koalitionen gegen die europäische Mitte abzuhalten.

5. Wenn nötig, aktive Verhinderung innereuropäischer Kriege, auch wenn das Deutsche Reich nicht unmittelbar beteiligt oder betroffen war. Das Deutsche Reich sollte »das Bleigewicht am Stehaufmännchen Europa« sein. Dies in der Erkenntnis, daß europäische Kriege eine innewohnende Tendenz zur Ausbreitung hatten und haben.

Im ganzen eine äußerst respektable Friedenspolitik, und eine, die im nachbismarckschen Deutschen Reich niemals eine Nachfolge gefunden hat. Man kann übrigens nicht sagen, daß sie zu ihrer Zeit in Deutschland populär gewesen wäre. Die »weltpolitische« Dynamik des Wilhelminischen Deutschland, der Revisionismus der Weimarer Republik und die Eroberungspolitik Hitlers erregten eine ganz andere Begeisterung. Das wirklich Außerordentliche ist nun aber, daß es auch Bismarck selbst, bei bestem Willen und größter politischer Kunstfertigkeit, nicht gelungen ist, sein Deutsches Reich aus gefährlichen Verstrikkungen herauszuhalten. Insofern legt gerade die Geschichte der Bismarckzeit den Gedanken nahe, daß sein Reich von Hause aus eine unglückliche, möglicherweise eine nicht zu rettende Gründung war. Allen Nachfolgern Bismarcks kann man bestimmte vermeidbare Fehler nachweisen. Aber besser als Bismarck nach 1871 konnte man es eigentlich kaum anstellen, wenn man das Deutsche Reich erhalten, konsolidieren und seinen Nachbarn als festen Bestandteil des europäischen Staatensystems annehmbar, ja möglicherweise unentbehrlich machen wollte. Wenn es auch ihm schließlich mißlungen ist – vielleicht lag der Fehler in der Sache selbst?

Die ersten drei Punkte seines oben präzisierten außenpolitischen Programms hat Bismarck, gegen manche murrenden Widerstände, eisern durchgehalten. Von dem vierten – koloniale Enthaltsamkeit – ist er selbst in den Jahren 1884/85 vorübergehend abgewichen. Aber nicht das hat so verhängnisvolle Folgen gehabt wie der größte Triumph seines fünften Programmpunkts – Kriegsverhinderung durch Krisenmanagement – auf dem Berliner Kongreß von 1878. Mit ihm beginnt, wie man im Rückblick deutlich erkennen kann, der Weg des Deutschen Reiches in den Ersten Weltkrieg.

Wir beschäftigen uns mit Bismarcks programmwidriger Kolonialpolitik zuerst, obwohl sie zeitlich später liegt, weil sie schneller abzutun ist: eine seltsame Episode ohne nachweisbare Langzeitfolgen.

In den Jahren 1884 und 1885 wurden vier große afrikanische Gebiete, in denen es schon vorher private Handelskolonien deutscher Unternehmungen gegeben hatte, von Bismarck offiziell zu Schutzgebieten des Deutschen Reiches erklärt: Togo, Kamerun, Deutsch-Ostafrika und Deutsch-Südwestafrika. Die Tatsache als solche steht fest. Über Bismarcks Gründe dagegen sind sich die Historiker nie einig geworden. Hans-Ulrich Wehler, der die umfassendste Studie darüber vorgelegt hat, hat sie unter dem Stichwort »Sozialimperialismus« zusammengefaßt. Dabei kann er sich insofern auf Bismarck selbst berufen, als Bismarck dem deutschen Botschafter in London (der wegen der deutsch-englischen Reibungen, die die neue Kolonialpolitik mit sich brachte, alles andere als angetan von ihr war) im Januar 1885 schrieb, die Kolonialfrage sei »aus Gründen der inneren Politik« eine Lebensfrage geworden. Aber das ersetzt eigentlich nur ein Rätsel durch ein anderes: Was waren diese »Gründe der inneren Politik«? Wehler legt ein ganzes Bündel von möglichen innenpolitischen Motiven vor: die sich gerade seit 1882 besonders verschärfende wirtschaftliche Depression, den »Kolonialrausch« der öffentlichen Meinung als vermeintlichen Ausweg, eine gewisse Torschlußpanik angesichts des Schrumpfens unverteilter afrikanischer Gebiete, auch den Wahlkampf von 1884, schließlich die auffallende Gleichzeitigkeit der Kolonialpolitik mit der ebenso neuartigen Sozialversicherungspolitik, alles in allem das Bedürfnis, bei Abklingen der Triumphgefühle über die mehr als zehn Jahre zurückliegende Reichsgründung einen neuen nationalen Integrationsfaktor zu schaffen.

Mich hat ein anderer Grund stärker überzeugt, den Wehler nur als einen »Nebenaspekt« anführt. Danach waren die Reibungen mit England, die die plötzliche Wendung zur Kolonialpolitik mit sich brachte, von Bismarck in den Jahren 1884/85 geradezu absichtlich gesucht, und zwar aus einem ausgesprochen innenpolitischen, ja persönlichen Grunde, nämlich im Hinblick auf ein drohendes liberales »Kabinett Gladstone« unter einem Kaiser Friedrich III. Dem späteren Reichskanzler Bülow soll Bismarcks Sohn Herbert laut Bülows Zeugnis folgendes anvertraut haben: »Als wir in die Kolonialpolitik hineingingen, war der Kronprinz noch nicht krank, und wir mußten auf eine lange Regierungszeit gefaßt sein, während welcher der englische Einfluß dominieren würde. Um diesem vorzubeugen, mußte die Kolonialpolitik eingeleitet werden, welche jeden Augenblick Konflikte mit England herbeiführen konnte.« Es gibt auch eine noch deutlichere – allerdings noch weniger direkt bezeugte – Äußerung Bismarcks selbst in diesem Sinne. Wenn diese Erklärung zutrifft, dann sind die »inneren Gründe« für Bismarcks plötzliche Wendung zur Kolonialpolitik sonnenklar: Mit ihr kämpfte Bismarck vorbeugend um seine eigene Stellung. Ehe man ihn deshalb tadelt, muß man bedenken, daß er den Kolonialärger mit England – wie sich zeigte, mit Recht – für kontrollierbar hielt, sich selbst aber – auch wohl mit einem gewissen Recht – für unersetzlich.

Vergessen wir nicht: Bismarck war nie ein Diktator, nie ein verfassungsmäßiger Herrscher, er war immer ein entlaßbarer preußischer Ministerpräsident und deutscher Reichskanzler. Daß es am Anfang des Kaiserreichs eine fast zwanzigjährige »Bismarckzeit« gab, war eine konstitutionelle Anomalie, erklärlich nur durch die unvorhersehbare Langlebigkeit Kaiser Wilhelms I. Bismarck hing in seiner eigenen Stellung immer davon ab, daß er den Kaiser, sei es freiwillig, sei es unter Druck, auf seiner Seite behielt – wie sich zum Schluß, nach der Thronbesteigung Wilhelms II., nur zu deutlich gezeigt hat. Nun war Kaiser Wilhelm I. 1884 bereits sehr alt. Man mußte jederzeit mit seinem natürlichen Ableben rechnen. Der Kronprinz Friedrich aber, der dann Kaiser geworden wäre, war ein Liberaler, war englisch verheiratet, war von seiner Frau nicht unbeeinflußt und erklärte immer ganz offen, daß er im Inneren eine weiter liberalisierende Politik, nach außen eine Politik der Anlehnung an England betreiben wolle. Um dem entgegenzuwirken, um es dem Kaiser schwerzumachen, ihn, Bismarck, durch einen ganz anders gesinnten Reichskanzler zu ersetzen, brauchte Bismarck eine antienglische Stimmung im Lande und hat sie, scheint mir, durch die Kolonialpolitik absichtlich angeheizt. Für diese Auslegung spricht auch, daß Bismarck in den späten achtziger Jahren die Kolonialpolitik wie eine heiße Kartoffel fallen ließ, als nämlich der alte Kaiser wider Erwarten noch bis fast zu seinem 92. Geburtstag weiterlebte, während der Kronprinz tödlich erkrankte. Damit war die Drohung eines deutschen »Kabinetts Gladstone« gebannt, Bismarcks Stellung gesichert – und sein Interesse an deutschen Kolonien so schnell wieder erloschen, wie es aufgeflammt war. Bismarcks berühmtester Ausspruch gegen Kolonialpolitik stammt aus dem Jahre 1888. Da sagte er einem Kolonialenthusiasten, der ihn besuchte, eine große Afrika-Karte vor ihm ausbreitete und darauf hinwies, was dort alles für Schätze lagen: »Ihre Karte von Afrika ist ja sehr schön, aber meine Karte von Afrika liegt in Europa. Hier liegt Rußland und hier liegt Frankreich, und wir sind in der Mitte. Das ist meine Karte von Afrika.«

Die »sozialimperialistischen« Weltmachtwünsche in Deutschland bestanden durchaus fort und sind sogar erst nach Bismarcks Abgang voll zum Tragen gekommen. Bismarck selbst aber ist im ganzen, so wird man ihm wohl trotz seines Ausrutschers von 1884/85 zugute halten können, ein Mann der kolonialen Zurückhaltung geblieben, der immer wieder betont hat: Der Wettlauf um Kolonien und um Weltmacht ist nichts für Deutschland, das können wir uns nicht leisten, Deutschland muß zufrieden sein, wenn es seine innereuropäische Stellung wahren und sichern kann.

Dennoch ist das Deutschland Bismarcks auch innereuropäisch schon sehr bald nach dem Kissinger Diktat von 1877 ins Gedränge gekommen, und zwar durch einen Dauervorgang am südöstlichen Rande Europas, der während des ganzen 19. Jahrhunderts europäische Krisen hervorbrachte: Das war die langsame Auflö-

sung des Osmanischen Reiches und das Loslösungs-
streben seiner christlichen, größtenteils slawischen
Bevölkerungsteile auf dem Balkan.

Die Russen nahmen sich dieser anti-türkischen Befrei-
ungsbewegungen der Balkanvölker unter zwei Gesichtspunkten an: erstens einem ideologischen, nämlich der beginnenden panslawistischen Bewegung in
Rußland, zweitens einem machtpolitischen: dem
Drang zum Mittelmeer. Es mußte immer ein russisches Ziel sein, in der einen oder anderen Form die
Kontrolle über die türkischen Meerengen zu bekommen, so daß es die russische Flotte ins Mittelmeer
strömen lassen und zugleich die englische Flotte, die
damals im Mittelmeer maßgebend war, aus dem
Schwarzen Meer heraushalten konnte.

Ideologie und Machtpolitik zusammen bestimmten
den Russisch-Türkischen Krieg von 1877/78, in dem
die Russen die Türken aus dem größten Teil ihres
europäischen Reiches hinausdrängten und zum
Schluß vor den Toren Konstantinopels standen. Das
führte zu einer europäischen Krise. Sowohl Österreich, das mit Rußland stets in einer gewissen Kon-
kurrenz um die türkische Nachfolge auf dem Balkan
stand, wie auch England, das Rußland nicht ins Mittelmeer lassen wollte, drohten, die Ergebnisse des
Russisch-Türkischen Kriegs rückgängig zu machen.

Hier gerieten nun Bismarck und das Deutsche Reich
in Verlegenheit. Schon im Zusammenhang mit dem
Kissinger Diktat hatte der Reichskanzler gesagt, das
Deutsche Reich solle das Bleigewicht am Stehauf-

männchen Europa werden. Das heißt, es sollte seinen immerhin beträchtlichen Einfluß ausüben, um nicht in europäische Krisen, die an sich keine deutsche Sache waren, hineingezogen und so möglicherweise in einen neuen Krieg verwickelt zu werden. Daher fühlte sich Bismarck jetzt verpflichtet, im deutschen Interesse und im Interesse des europäischen Friedens – die er als zusammenfallend ansah – einzugreifen, um zu versuchen, den sich anbahnenden großen Krieg zwischen Rußland auf der einen und England und Österreich auf der anderen Seite zu verhindern.

In diesem Zusammenhang prägte Bismarck sein berühmtes Wort vom »ehrlichen Makler«. Es zeigt, im ganzen zitiert, die große taktvolle Zurückhaltung und auch die leichte Abneigung, mit der Bismarck sich auf eine solche europäische Vermittler- und Friedensstifterrolle einließ. Er sagte nämlich in einer Reichstagsrede 1878: »Die Vermittlung des Friedens denke ich mir nicht so, daß wir nun bei divergierenden Ansichten den Schiedsrichter spielen und sagen: So soll es sein, und dahinter steht die Macht des Deutschen Reiches, sondern ich denke sie mir bescheidener, mehr die eines ehrlichen Maklers, der das Geschäft wirklich zustande bringen will. Ich schmeichle mir, daß wir auch zwischen England und Rußland unter Umständen ebensogut Vertrauensperson sein können, als ich sicher bin, daß wir es zwischen Österreich und Rußland sind, wenn sie sich nicht selbst einigen können.«

Das war eine sehr vorsichtige Art, an eine sehr gefährliche Aufgabe heranzugehen. Man hat das Gefühl, daß sich Bismarck etwas gegen seinen Willen in diese Vermittlerrolle, die sich aus der geopolitischen Lage und der gesteigerten Macht des Deutschen Reiches beinahe zwangsläufig ergab, hineingenötigt sah, und sie hat denn auch tatsächlich verhängnisvolle Folgen gehabt. Denn der Berliner Kongreß von 1878, der zunächst den drohenden Krieg abwendete und eine allgemeine Regelung zustande brachte, bei der jeder sich ein bißchen unbefriedigt, aber auch ein bißchen befriedigt fühlte, hatte zwar eine segensreiche Wirkung für das Europa der nächsten Jahrzehnte, aber eine furchtbare Auswirkung auf das deutsch-russische Verhältnis. Wir müssen hier ein bißchen zurückdenken. Seit den polnischen Teilungen, erst recht seit den antinapoleonischen Befreiungskriegen hatte Preußen ein ähnliches Verhältnis zu Rußland gehabt wie heute die DDR zur Sowjetunion. Es war ein mit Rußland eng verbundener, auf die russische Freundschaft (die ihm auch in reichem Maße zuteil geworden war) mehr oder minder angewiesener Staat, viel kleiner, als Macht viel unbedeutender als Rußland, aber zugleich sehr nützlich für Rußland. So sah die hundertjährige, sehr enge politische Freundschaft zwischen diesen beiden Ländern aus. Dann kamen 1866 und 1870. Rußland hat damals Bismarcks Preußen die Rückendeckung gegeben, die es brauchte, um den Krieg gegen Österreich und später den Krieg gegen Frankreich riskieren und Deutschland unter preußischer Führung einigen zu können.

Die Russen glaubten dabei zweierlei. Erstens gingen sie davon aus, daß die alte preußische Freundschaft und Anhänglichkeit weiterbestehen würde, was in Anbetracht der Tatsache, daß das Deutsche Reich inzwischen von Preußen geführt wurde, natürlich nur von Vorteil für sie sein konnte. Und zweitens glaubten sie, durch ihr Verhalten 1866 und 1870 einen direkten Anspruch auf unmittelbare Dankbarkeit, auf einen Gegendienst, erworben zu haben.

Statt daß Bismarck ihnen nun diesen Gegendienst erwies, tat er genau das, was er selbst 1866 und 1870 – nicht zuletzt mit russischer Hilfe – so peinlich vermieden hatte, nämlich einen bilateralen Streit zum Gegenstand eines europäischen Kongresses zu machen. Und auf diesem Kongreß wurden Rußlands Gewinne erheblich geschmälert.

Bismarck behauptete später, er habe auf dem Berliner Kongreß beinahe die Rolle eines zusätzlichen russischen Vertreters gespielt, und sicher mußte ihm daran gelegen sein, die große Enttäuschung, die der Kongreß für Rußland bedeutete, möglichst zu mildern. Das ändert nichts daran, daß er Rußland durch den Kongreß als solchen wie auch durch dessen Regelungen in den Arm gefallen ist. Bismarck brachte ein siegreiches Rußland um einen Teil der Früchte seines Sieges und verschaffte obendrein Österreich, das gar nicht gekämpft hatte und das der ständige Rivale Rußlands auf dem Balkan war, eine unverdiente Kompensation, nämlich das Recht auf die Besetzung Bosniens und der Herzegowina. Es ist zu verstehen, daß die Russen sich tief enttäuscht und tief verärgert zeigten und daß sich in der russischen Presse und auch in der russischen Diplomatie, ja sogar im Verhältnis der Dynastien, in den Jahren 1878 und 1879 ein stark antideutscher und anti-bismarckscher Zug bemerkbar machte. Und Bismarck, gereizt, antwortete 1879 mit einem Bündnis zwischen dem Deutschen Reich und Österreich-Ungarn.

Ein ganz tiefer Einschnitt! Ja man könnte fast von der Umkehrung der Politik von 1867 sprechen. Damals hatte Bismarck Österreich, mit russischer Deckung, aus Deutschland herausgeworfen. Nun war es wieder mit Bismarcks Deutschland verbündet – gegen Rußland.

Das deutsch-österreichische Bündnis war von Bismarck vielleicht nicht als Dauereinrichtung gemeint. Es ist aber genau das geworden. Denn das deutsch-österreichische Bündnis brachte als natürliche Folge im Laufe der Zeit ein russisch-französisches Bündnis hervor. Wir wissen alles darüber seit George Kennans großer Studie von 1979: Die russisch-französische Allianz war keine Improvisation der neunziger Jahre. Sie war – man kann sagen: unaufhaltsam – im Entstehen seit dem deutsch-österreichischen Bündnis von 1879. Hier liegt ihre Wurzel. Natürlich war die Lage der beiden Bündnisse immer noch etwas schief. Rußland hatte keinen direkten Konflikt mit Deutschland, Frankreich hatte keinen direkten Konflikt mit Österreich. Aber Deutschland und Österreich waren jetzt Verbündete. Von nun an bestand sowohl in Rußland als auch in Frankreich die sich ständig verfestigende Tendenz, dem deutsch-österreichischen Bündnis ein dauerhaftes eigenes gegenüberzustellen.

Bismarck hat das, solange er regierte, mit großer Kunst hinausgeschoben. Aber mit einer Kunst, die zum Schluß schon in Akrobatik umschlug. 1881 hat er es trotz der tiefen Verstimmung zwischen Petersburg und Berlin und der Dauergegnerschaft zwischen Petersburg und Wien geschafft, noch eine Art Allianz zwischen den dreien zustande zu bringen: das Dreikaiserbündnis. Übrigens mit großer Mühe und mit etwas künstlichen Argumenten, indem er die alte monarchische Solidarität gegenüber dem liberal-demokratischen Westen noch einmal, ich möchte fast sagen: aus der Mottenkiste holte. Aber das Dreikaiserbündnis hat nur sechs Jahre gehalten. Es war gar zu künstlich, gar zu sehr dem natürlichen Lauf der Dinge zuwider. Wie denn überhaupt der Bismarckschen Bündnispolitik der achtziger Jahre oft etwas virtuosenhaft Gewolltes, fast Frivoles anhaftet.

1882 etwa brachte Bismarck noch ein anderes, nicht weniger unnatürliches Bündnis zustande, nämlich den deutsch-österreichisch-italienischen Dreibund. In beiden Fällen handelte es sich darum, daß er zwei natürliche Gegner unter der Vermittlung Deutschlands zu künstlichen Verbündeten machte. Österreich und Italien waren nämlich wegen des Trentino und Triests, die zu Österreich gehörten, von Italien aber als unerlöste italienische Gebiete betrachtet wurden, ebenso natürliche Gegner, wie es Österreich und Rußland wegen der türkischen Nachfolge auf dem Balkan waren.

Als das Dreikaiserbündnis 1886 in die Brüche ging, tat Bismarck etwas eigentlich schon Unerlaubtes. Er schloß hinter dem Rücken des verbündeten Österreich mit Rußland einen Geheimvertrag, der dem deutsch-österreichischen Bündnis direkt entgegengesetzt war: den sogenannten Rückversicherungsvertrag. Der »Rückversicherungsvertrag« gestand Rußland die Vorherrschaft in Bulgarien zu und gewährte wohlwollende Neutralität sogar für den Fall einer Eroberung Konstantinopels durch Rußland, ging also nicht nur hinter den österreichischen Bündnisvertrag von 1879 zurück, sondern sogar hinter die »ehrliche Maklerschaft« Bismarcks auf dem Berliner Kongreß. Man hat zu Bismarcks Entschuldigung gesagt, daß er seine Bündnisse der achtziger Jahre nicht auf das hin abschloß, worauf Bündnisse normalerweise zielen – nämlich einen künftigen Krieg –, sondern daß er mit der akrobatenhaften, ja widersprüchlichen Bündnispolitik dieser Jahre einen solchen Krieg gerade verhindern wollte.

Das wird man ihm zugestehen dürfen. Während die deutschen und österreichischen Generalstäbe in den späten achtziger Jahren bereits eifrig Präventivkriegspläne gegen Rußland bastelten, schrieb er an den Chef des Militärkabinetts: »Unsere Politik hat die Aufgabe, den Krieg, wenn möglich, ganz zu verhüten, und geht das nicht, ihn doch zu verschieben. An einer anderen würde ich nicht mitwirken können.«

Man könnte noch manches ähnliche, nur für den inneren Dienstgebrauch geschriebene und daher völlig glaubwürdige Bismarckwort aus den späten achtziger Jahren zitieren, um nachzuweisen, daß Bismarck wirklich das Interesse seines Deutschen Reichs mit dem Interesse des europäischen Friedens identifizierte. Das hat keiner seiner Nachfolger mit gleicher Entschiedenheit getan, und es entwertet Bismarcks Haltung nicht, daß sie von tiefem Pessimismus getragen war. (»Wenn wir nach Gottes Willen im nächsten Krieg unterliegen sollten«, heißt es in einem Brief von 1886 an den Kriegsminister, »so halte ich das für zweifellos, daß unsere siegreichen Gegner jedes Mittel anwenden würden, um zu verhindern, daß wir jemals oder doch im nächsten Menschenalter wieder auf eigene Beine kommen..., nachdem diese Mächte gesehen haben, wie stark ein einiges Deutschland ist... Nicht einmal auf das einige Zusammenhalten des jetzigen Reiches würden wir nach einem unglücklichen Feldzuge rechnen können.«) Bismarcks Politik nach der Reichsgründung war die einzige einschränkungslose Friedenspolitik, die das Deutsche Reich in der Zeit seines Bestehens gemacht hat.

Und doch hat Bismarck bei größtem staatsmännischen Geschick und bester ehrlicher Absicht das, was er erreichen wollte, in seiner Zeit nicht ganz erreicht. Er selbst hat dem Deutschen Reich bei seiner Gründung mit der Großmacht Frankreich einen nicht zu befriedigenden Dauergegner, einen sogenannten »Erbfeind« geschaffen; und er hat durch seine Politik auf und nach dem Berliner Kongreß zwischen Frankreich und Rußland ein Bündnis angebahnt. Gleichzeitig hat Bismarck sich mit Österreich in eine Intimität eingelassen, die absehbar – obwohl Bismarck das zu verhindern suchte – Konflikte in sich barg. Denn im Gegensatz zu Bismarcks Deutschland war Österreich kein befriedigtes Land. Österreich wollte, ebenso wie Rußland, die europäische Türkei beerben; dadurch war ein künftiger Konflikt zwischen Österreich und Rußland programmiert. Bereits das Deutschland Bismarcks hat sich gegen Bismarcks innerste Absicht in diesen Konflikt von 1878/79 an verwickelt und ist nicht mehr davon losgekommen. Bekanntlich hat dieser Konflikt 1914 zur unmittelbaren Auslösung des Ersten Weltkrieges gedient. Aber im Hintergrund des Ersten Weltkrieges stand ein weiterer Konflikt, den nicht Bismarck (trotz seiner anti-englischen Politik von 1884/85) hervorgebracht hatte: ein Konflikt zwischen dem Deutschen Reich und England. Der war erst das Ergebnis der Nach-Bismarck-Zeit und der Wilhelminischen »Weltpolitik«.

# Kaiserzeit

Der Abgang Bismarcks im März 1890 hatte zwei unmittelbare Folgen; eine innenpolitische: das Sozialistengesetz wurde nicht verlängert; und eine außenpolitische: der Rückversicherungsvertrag mit Rußland wurde nicht verlängert. Beides wirkte langfristig. Es war nicht so, daß sofort ein tiefes Zerwürfnis mit Rußland eingetreten wäre, es war auch nicht so, daß sich bei den Sozialdemokraten sofort etwas änderte. Aber, um auf das zweite zuerst einzugehen, langfristig änderte sich um so mehr. Die Sozialdemokraten hörten in der Folgezeit allmählich auf, eine revolutionäre Partei zu sein, und wurden eine Reformpartei.

Womit wir uns zunächst einmal der Innenpolitik des Kaiserreichs zuwenden, um die große atmosphärische Veränderung aufzuzeigen, die sich schon sehr bald nach der Entlassung Bismarcks einstellte und die bis zum Kriegsausbruch 1914 ständig deutlicher wurde.

Das Bismarckreich war, wie geschildert, innenpolitisch kein glückliches Reich gewesen: im ganzen eine Periode der Gehemmtheit und Unzufriedenheit fast aller politischen Kräfte in Deutschland – und zudem eine ewige Wirtschaftsflaute, die übrigens noch ein paar Jahre über Bismarck hinaus andauerte. Der große wirtschaftliche Umschwung und Aufschwung kam 1895. Die Hochkonjunkturwelle, die in diesem Jahr einsetzte, hielt dann fast ungebrochen bis zum Ersten Weltkrieg an. Nur in den Jahren 1901 und 1908 gab es zwei kleine Rezessionen, im großen und ganzen aber war die Kaiserzeit eine Periode wirtschaftlicher Blüte und allgemeiner Prosperität, die auch die Arbeiterklasse erfaßte. Woran das lag, daran rätselt man heute immer noch herum – was allerdings kein Wunder ist, denn man kann langzeitige Wirtschaftsprognosen ja auch in unseren Tagen noch nicht stellen.

Es gibt aber immerhin eine einleuchtende Theorie, die man gerade hier bestätigt findet. Das ist die Theorie von Schumpeter und Kondratjew, daß der Aufschwung der Wirtschaft mit großen Innovationen zusammenhängt. Die Wirtschaft beginnt zu stagnieren und unter Umständen sogar zurückzugehen, wenn keine technischen oder wissenschaftlichen Innovationen bereitstehen. Das war in der ganzen Bismarckzeit so gewesen. Davor hatte die industrielle Revolution gelegen, die Zeit der Dampfmaschinen und Eisenbahnen, die Epoche von Stahl und Eisen. Die klassischen Manufakturen hatten sich in der Mitte des 19. Jahrhunderts in mechanisierte Fabriken verwandelt – und dann kam in den siebziger und achtziger Jahren eigentlich lange Zeit nichts Neues. Das Vorhandene ging natürlich weiter: Es wurden weiter Eisenbahnen gebaut, Arbeiter in bestehenden Industrien weiter beschäftigt, die Industrien dehnten sich mäßig aus; im ganzen aber war die Wirtschaftsepoche eine Zeit fehlender Antriebe. Eine solche herrschte von 1873 bis 1895. In den neunziger Jahren kamen dann gleich mehrere große Innovationen auf einmal, vor allen Dingen die allgemeine Elektrifizierung, daneben auch schon die Anfänge der Motorisierung, die Anfänge des Funkwesens. Und die Neuerungen brachten auch in das Alte wieder neuen Schwung.

Dieser wirtschaftliche Prozeß hat sich zunächst sozial ausgewirkt und dann im nächsten Schritt auch politisch. Sozial insofern, als der Klassenkampf allmählich an Schärfe verlor. Zwar hatte man damals noch nicht die große Entdeckung späterer Zeiten gemacht, daß die Arbeiter nicht nur einen Kostenfaktor darstellen, sondern auch eine Konsumentenmasse, und daß es daher im Interesse der Industrie liegt, nach einigen Scheinkämpfen mit den Gewerkschaften immer wieder höhere Löhne zuzugestehen. Wohl aber war es so, daß Arbeitskräfte knapper wurden, daß die Gewerkschaften anfingen, eine gewisse Rolle zu spielen, und daß die Arbeitgeber von dem alten »ehernen Lohngesetz«, so niedrige Löhne wie möglich zu zahlen, langsam abkamen oder abgebracht wurden. Das bedeutete einen gewissen sozialen Frieden, und dieser soziale Friede wirkte sich eben auch politisch aus, und zwar hauptsächlich in der Entwicklung der deutschen Sozialdemokratie.

Die deutsche Sozialdemokratie war ja bei ihrer Gründung eine revolutionäre Partei gewesen, die die Gesellschaft völlig umgestalten wollte. Unter dem Einfluß der Ersten Internationale nahm diese Tendenz noch zu. Die SPD wurde die Partei der Weltrevolution – theoretisch, denn die Revolution lag immer ein bißchen in der Zukunft. Aber sie war und blieb die Vision der Sozialdemokraten bis tief in die neunziger Jahre hinein. Dann entwickelte sich in der Sozialdemokratie eine Richtung, die unter dem Namen »Revisionismus« bekannt wurde. Die Revisionisten sagten: Wir brauchen keine Revolution; wir müssen in die Gesellschaft und in den Staat, wie wir ihn vorfinden, allmählich hineinwachsen, um ihn eines Tages übernehmen zu können.

Diese Entwicklung setzte sich zunächst in der Partei offiziell nicht durch; in den ewigen Revisionismusdebatten der Parteitage unterlagen die Revisionisten regelmäßig. Unter der Hand wurden sie aber trotzdem immer stärker, was sich dann schlagartig 1914 herausstellte, als die Sozialdemokraten den Krieg mitmachten, und noch mehr 1918, als sie bereit waren, nach dem verlorenen Krieg »in die Bresche zu springen«, wie ihr Parteivorsitzender Ebert es ausdrückte. Das sind zwar alles Zukunftsentwicklungen; man kann an den Ereignissen von 1914 und 1918 aber erkennen, wie sich die innenpolitische Atmosphäre in der Kaiserzeit, ohne daß das programmatisch erklärt worden wäre, vorher entspannt hatte. Es gab im Kaiserreich nie mehr so etwas wie den preußischen Verfassungskonflikt, keinen Kulturkampf, keine Sozialistenverfolgung. Der Reichstag mit seinen Parteien wurde innenpolitisch immer wichtiger für die Regierungen, weil sie ständig neue Gesetzesvorlagen durchbringen mußten, für die der Reichstag zuständig war. (Die Kaiserzeit war eine Periode großer Gesetzkodifizierungen. Vor allem das Bürgerliche Gesetzbuch von 1900 war im genauen Sinne ein Jahrhundertwerk, das mit Ausnahme seines Familienrechts noch heute in der Bundesrepublik unverändert in Kraft ist.) Aber auch sonst fand in dieser Periode, ich will nicht sagen eine Demokratisierung, das wäre übertrieben, aber eine Massenpolitisierung statt, die einer künftigen Demokratisierung stillschweigend vorarbeitete.

Ich erwähne das hauptsächlich deswegen, weil ich damit gegen eine immer noch starke Richtung in der deutschen Historiographie Stellung nehme. Diese Schule vertritt die Auffassung, daß die äußere Expansionspolitik des Deutschen Reiches in der Wilhelminischen Zeit innenpolitisch bedingt war. Innere Spannungen, so sagt diese Theorie, sollten nach außen abgelenkt werden – mußten es vielleicht sogar. Das scheint mir nicht zutreffend zu sein. Die sozialen und politischen inneren Spannungen wurden während der 24 Jahre von 1890 bis 1914 im Deutschen Reiche nicht stärker, sondern schwächer. Auch scheint mir ein Vergleich mit anderen Ländern gegen diese Theorie zu sprechen. Es ist ja so, daß die innenpolitischen Spannungen in den meisten anderen Ländern in dieser Periode viel stärker waren als in Deutschland. Frankreich mit seiner Dreyfus-Affäre, England mit seinen auch damals schon bürgerkriegsdrohenden irischen Problemen, Rußland mit seiner Revolution von 1905,

Österreich mit seinem Nationalitätenproblem: zu alledem gibt es im damaligen Deutschen Reich nichts Vergleichbares.

Die Wilhelminische Zeit war im Gegenteil innenpolitisch eine gesunde, sie war sogar eine glückliche Zeit – die glücklichste, die das Deutsche Reich in seiner kurzen Lebenszeit gehabt hat. Nicht innenpolitisches Unglück und innenpolitische Gefahr trieben das Deutsche Reich in dieser Zeit auf einen neuen – und wie sich zeigen sollte, sehr gefährlichen – außenpolitischen Kurs, sondern im Gegenteil das übermäßige Kraft- und auch Harmoniegefühl, das sich in dieser Zeit entwickelte. Allen Klassen ging es ständig besser. Und damit ging eine Art Charakterwandel der Deutschen einher – der nun freilich kein Wandel zum Besseren genannt werden kann. Die Deutschen der Zeit vor 1848 und auch noch der Bismarckzeit waren eine im Grunde bescheidene Nation gewesen. Ihr höchstes Ziel bestand darin, unter einem Dach vereint zu sein, und das hatten sie erreicht.

Aber seit Bismarcks Abgang bildete sich so etwas wie ein Großmachtgefühl heraus. Sehr viele Deutsche der Wilhelminischen Zeit, und zwar Deutsche aus allen möglichen Schichten, erblickten plötzlich eine große nationale Vision, ein nationales Ziel vor sich: Wir werden Weltmacht, wir breiten uns in der ganzen Welt aus, Deutschland in der Welt voran! Zugleich gewann ihr Patriotismus einen anderen Charakter als früher. Was die Deutschen dieser Zeit erhob und beschwingte, ihr »Nationalismus«, war jetzt weniger ein Gefühl der Zusammengehörigkeit als das Bewußtsein, etwas ganz Besonderes, die Macht der Zukunft zu sein.

Diese Veränderung hing auch mit der großen Verschönerung des äußeren Lebens durch die technischindustrielle Entwicklung zusammen. Man konnte jetzt telefonieren, man konnte elektrisches Licht anknipsen, man konnte sich, wenn man sehr fortschrittlich war, schon eine Art Funkanlage bauen – man strebte in ungeahnte neue Welten, und zwar als Deutscher. Die Deutschen waren auf vielen Gebieten damals die führende Macht Europas. Während es in England nur noch langsam, in Frankreich noch langsamer vorwärtsging und Rußland noch ganz in den Anfängen der Industrialisierung steckte, wurde Deutschland in technisch-industrieller Hinsicht in reißendem Tempo modernisiert und war darauf auch ungeheuer stolz. Leider setzte sich das alles oft in eine bramarbasierende, übermäßig selbstbewußte, selbstliebende Haltung um, die einem heute, wenn man die damaligen Äußerungen liest, etwas auf die Nerven fällt.

Natürlich war das Deutsche Reich wie alle europäischen Staaten jener Zeit eine Klassengesellschaft und ein Klassenstaat. Und es ist richtig, daß innerhalb der Oberklassen seit dem Bismarckschen Kompromiß von 1879, der die Schutzzölle einführte und das »Kartell der schaffenden Stände« gründete, eine Art Ausgleich zwischen Großlandwirtschaft und Großindustrie stattgefunden hatte, bei dem die Agrarier etwas über ihr wirkliches Vermögen hinaus mitzusprechen hatten. Insofern kann man sicherlich auch von einer gewissen Rückständigkeit in Deutschland sprechen.

Aber das Bündnis zwischen Großgrundbesitz und Großindustrie änderte in der Kaiserzeit seinen inneren Charakter; die wirklich maßgebende Macht innerhalb dieses Kartells war jetzt immer weniger die Landwirtschaft, immer mehr die Industrie. Deutschland war schon unter Bismarck sehr weitgehend aus einem Agrarstaat zu einem Industriestaat geworden; aber erst in der Wilhelminischen Zeit entwickelte sich die Industrie in einem Maße wie in kaum einem anderen Land außer dem fernen Amerika. Und indem sie die Mittel dazu bereitstellte, forderte sie zu einer expansionistischen Machtpolitik, einer imperialistischen Politik, geradezu heraus. Eine gewisse Verflechtung deutscher Außenpolitik und deutschen industriellen und kommerziellen Expansionismus in der Welt läßt sich nicht verkennen. Trotzdem glaube ich, daß auch dort nicht die eigentlichen Ursachen der außenpolitischen Wende zu finden sind. Sie lagen vielmehr, wobei das wachsende Kraftgefühl gewiß mitspielte, in einer Neueinschätzung – wie man heute sagen muß: einer Fehleinschätzung – der kommenden Entwicklung der europäischen Mächte.

Bismarck hatte 1888 noch gesagt – ich habe das schon im vorigen Abschnitt zitiert –: »Meine Karte von Afrika liegt in Europa. Hier liegt Rußland und hier liegt Frankreich, und wir sind in der Mitte. Das ist meine Karte von Afrika.« Womit er sagen wollte,

Deutschland sei in Europa hinlänglich beschäftigt und hinlänglich eingeengt, um auf Abenteuer in anderen Erdteilen verzichten zu müssen und verzichten zu können. Diese Meinung, die selbst zu Bismarcks Zeiten schon nicht mehr die allgemeine gewesen war, änderte sich jetzt grundsätzlich.

Das späte neunzehnte Jahrhundert und auch noch das frühe zwanzigste waren in Europa ein Zeitalter des Kolonialimperialismus. Alle größeren Staaten versuchten, sich über Europa hinaus und außerhalb Europas auszudehnen, »Weltpolitik« zu treiben, »Weltmächte« zu werden. Am frühesten damit angefangen und am weitesten dabei gebracht hatte es England; das britische Empire war damals, wenigstens dem Anschein nach, eine ungeheuer starke Weltmacht. Aber auch Frankreich regierte ein großes Kolonialreich in Asien und noch mehr in Afrika. Rußland dehnte sich in großem Stil nach Osten aus; selbst kleinere Staaten, wie Holland und Belgien, später auch ein wenig Italien, von alters her Spanien und Portugal hatten ihre Kolonialreiche. In ganz Europa entwickelte sich ein damals unwiderstehlich plausibel erscheinender Gedanke: daß die Zeit des rein europäischen Mächtesystems und Gleichgewichts im Begriff sei, einem Weltmächtesystem Platz zu machen; einem System, in dem die europäischen Mächte, die nach wie vor den Vorrang in der Welt beanspruchten, große Kolonialreiche gründen und das europäische Gleichgewicht in ein um Europa zentriertes Weltgleichgewicht überführen würden.

Wenn man so dachte – und auch in Deutschland dachten jetzt viele maßgebende Männer so –, dann war das Deutsche Reich allerdings im Verhältnis zu seiner industriellen Macht weit zurückgeblieben. Gewiß hatte Bismarck einmal ein paar afrikanische Kolonien gegründet (um sie alsbald wieder zu vernachlässigen), aber von einem deutschen Weltreich konnte nicht die Rede sein. Deutschland war immer noch eine europäische Großmacht, keine Weltmacht. Jetzt aber wollte es Weltmacht werden. Das Motto für das Wilhelminische Zeitalter hatte Max Weber geliefert, der 1895 sagte: »Wir müssen begreifen, daß die Einigung Deutschlands ein Jugendstreich war, den die Nation auf ihre alten Tage beging und seiner Kostspieligkeit halber besser unterlassen hätte, wenn sie der Abschluß und nicht der Ausgangspunkt einer deutschen Weltmachtpolitik sein sollte.«

Mit deutscher Weltpolitik legte sich nun aber das Reich notwendigerweise mit der vorherrschenden Weltmacht England an. Die Deutschen wollten nicht das britische Empire zerstören, so weit gingen sie damals – und übrigens auch später – nie. Es schwebte ihnen aber vor, daß das europäische Gleichgewicht, das von England gesteuert wurde, durch ein Weltgleichgewicht ersetzt werden müßte, in dem Deutschland zusammen mit den älteren Kolonialmächten eine Weltmacht unter anderen war, während England gleichfalls auf den Status einer Weltmacht unter anderen reduziert werden mußte. Der spätere Reichskanzler Bülow faßte das in der Formel zusammen:

»Wir wollen niemanden in den Schatten stellen, aber wir wollen auch einen Platz an der Sonne.«

Das Merkwürdige ist nun, daß die Deutschen im Wilhelminischen Zeitalter gar nicht sehr viel neue Überseegebiete gewonnen haben. In den neunziger Jahren gewannen sie, sehr weit draußen, das chinesische Pachtgebiet von Kiautschaou (der Pachtvertrag wäre übrigens in diesem Jahr, 1987, ausgelaufen), damit außerordentlich vorgreifend, denn die scheinbar kommende Aufteilung Chinas unter den europäischen Großmächten war damals zwar ständig im Gespräch, wurde aber bekanntlich nie Wirklichkeit. Außerdem erwarben sie eine Anzahl von Inseln in der Südsee, ebenfalls sehr weit weg und sehr schwer zu halten, wenn es einmal ernst werden sollte. Sonst gab es keine bedeutenden Erweiterungen des deutschen Kolonialreichs, auch später nicht. Es blieb immer Zukunftsmusik.

Aber die Deutschen, methodisch, wie sie nun einmal sind, sagten sich, daß eine deutsche Weltmachtstellung mit dem Bau einer deutschen Flotte, mit deutscher »Seegeltung«, beginnen müßte. Was ja logisch schien. Wenn man eine Weltmacht werden wollte, wenn man bei dem kolonialen Wettlauf mithalten und vorankommen wollte, dann brauchte man zunächst einmal das Instrument dazu, nämlich eine bedeutende Flotte, die die Übersee-Erwerbungen erst ermöglichen und später verteidigen würde. Nicht weniger logisch war aber, daß man sich mit dieser Flottenpolitik unvermeidlich in eine neue Gegnerschaft zu England begab, denn England mußte sich durch den Bau einer großen, konkurrenzfähigen deutschen Flotte unmittelbar herausgefordert fühlen. Das wog insofern doppelt schwer, als man auf dem Kontinent ja ohnehin schon einer französisch-russischen Allianz gegenüberstand, mit der Aussicht, daß jeder europäische Krieg für Deutschland ein Zweifrontenkrieg werden würde. In dieser Situation wäre es eigentlich das Gegebene gewesen, eine Annäherung an England zu suchen, die auch nicht ganz unmöglich schien.

Ich sprach vorhin schon einmal kurz davon, daß der Übergang von Bismarck zur Wilhelminischen Zeit in der Außenpolitik fließend war. Die Flottenpolitik wurde erst 1898 beschlossen und begonnen. Dazwischen liegen 8 Jahre, in denen Deutschland Versuche machte, seinen Dreibund mit Österreich-Ungarn und Italien durch eine englische Allianz oder mindestens durch eine Entente – wenngleich es diesen Ausdruck damals noch nicht gab –, durch ein Einverständnis mit England zu erweitern und zu festigen. Diese Möglichkeit hatte schon in den letzten Bismarckjahren in der Luft gelegen. Damals bestand zwischen England und Rußland ein Dauergegensatz, der immer auch die Möglichkeit eines Zusammenstoßes in sich trug. Und schon auf dem Berliner Kongreß 1878, wir erinnern uns, hatte Bismarck in erster Linie einen englisch-russischen Krieg zu verhindern gesucht. 1887 lebte dieser Gegensatz wieder stark auf, und es bildete sich eine sogenannte Mittelmeer-Allianz, eine Übereinkunft zwischen Österreich, Italien und England, den

Russen entgegenzutreten, falls diese sich wieder in Richtung Konstantinopel in Marsch setzen sollten.

Es hätte damals nahegelegen, daß Deutschland sich dieser Verbindung anschloß. Damit hätte sich dann eine Dauerkombination ergeben zwischen Deutschland, Österreich, Italien und England auf der einen und Rußland und Frankreich auf der anderen Seite. Auch in dieser Konstellation hätte Deutschland zwar möglicherweise einen Zweifrontenkrieg zu bestehen gehabt – aber mit englischer Rückendeckung, die ihn womöglich gewinnbar, jedenfalls aussichtsreicher gemacht hätte, als er dann später wurde.

Bismarck hatte das vermieden. Er hatte die deutsche Option zwischen England und Rußland immer aufrechtzuerhalten versucht, vielleicht sogar mit dem Hintergedanken, im schlimmsten Fall Österreich fallenzulassen und die alte deutsch-russische Gemeinschaft wiederherzustellen. Der Mittelmeerallianz, die er förderte, hat er sich selbst nicht angeschlossen, sondern war im Gegenteil an das nun etwas isoliert dastehende Rußland freundlich herangetreten und hatte den problematischen »Rückversicherungsvertrag« abgeschlossen. Aber dieser Rückversicherungsvertrag wurde bei Bismarcks Abgang, als er gerade zur Erneuerung anstand, sofort fallengelassen, und damit fiel das letzte schwache Hindernis der russischen Allianz mit Frankreich weg, die seit 1878/79 im Entstehen war. 1894 wurde sie offiziell abgeschlossen. Um so näher lag es jetzt für Deutschland, nun doch auf die alte, noch immer bestehende Mittelmeerallianz zurückzugreifen und sich enger an England anzuschließen.

Bismarcks Nachfolger Caprivi versuchte das. Man erinnert sich heute kaum mehr an den bald nach seinem Amtsantritt abgeschlossenen deutsch-englischen Tauschvertag, durch den England Sansibar und Deutschland Helgoland bekam; er sollte der Anfang einer größeren Annäherung sein. Solange Caprivi regierte, und noch etwas darüber hinaus, hielten solche Annäherungsversuche an. Das Verhältnis zwischen Deutschland und seinen Verbündeten einerseits und England andererseits war in den Jahren bis 1897, in den Jahren des sogenannten neuen Kurses, durchaus nicht schlecht. Von einer englisch-deutschen Feindschaft konnte damals noch gar keine Rede sein. Selbst als 1897 der Entschluß zum Flottenbau gefaßt wurde und Tirpitz, der Architekt der deutschen Hochseeflotte, eine gewaltige Flottenprogaganda in Deutschland entfachte – die naturgemäß eine anti-englische Spitze haben mußte –, gab es als unmittelbare Folge noch keine deutsch-englische Entfremdung. Im Gegenteil unternahm eine Gruppe in der englischen Regierung den Versuch, Deutschland seine Flotten- und Weltmachtpläne sozusagen noch im guten auszureden und sich seinerseits auf dem Festland mit einer deutschen Bündniskombination abzusichern. Es gab englisch-deutsche Bündnissondierungen – von wirklichen Verhandlungen kann man nicht sprechen – immer wieder einmal in den Jahren 1898 bis 1901. Sie scheiterten schließlich. Und zwar hauptsächlich daran, daß die Deutschen glaubten: England ist uns sowieso sicher; wenn England jetzt schon »kommt«, da unsere Flotte noch großenteils auf dem Papier steht, wird es erst recht bündnisbereit werden, wenn wir zur See noch stärker geworden sind. ` `

Eine Argumentation, die merkwürdig an viel spätere Zeiten erinnert, nämlich an die Deutschlandpolitik Konrad Adenauers. Als Rußland im Jahre 1952 auf den bevorstehenden deutschen Beitritt zum westlichen Bündnis hin das Angebot einer Wiedervereinigung im Austausch gegen Neutralität machte, argumentierte Adenauer damit, daß die Russen, wenn sie jetzt schon solche Angebote machten, später noch viel bessere machen würden, wenn man erst stärker geworden sei. Es handelt sich hier offenbar um eine wiederkehrende Neigung deutschen außenpolitischen Denkens, den Augenblick beginnender oder auch nur bevorstehender Stärke zu überschätzen und zu glauben, es werde immer geradeaus weitergehen. Nie bedenken sie, es könne auch einen Umschlag geben, wenn das zunächst nur Drohende Wirklichkeit würde: Vorbeugende Konzilianz könne dann in Feindschaft umschlagen.

Dieser Umschlag erfolgte in der englischen Politik verhältnismäßig spät, nämlich erst 1904, was die Annäherung an Frankreich, und erst 1907, was die Annäherung an Rußland betraf. 1904 legte England seine Kolonialkonflikte mit Frankreich im wesentlichen bei, die sich gegen Ende des neunzehnten Jahrhunderts noch einmal gefährlich zugespitzt hatten. Kernstück der englisch-französischen Kolonialverständigung war, daß die Franzosen auf Ägypten verzichteten und die Engländer ihnen dafür freie Hand im damals noch nicht kolonisierten Marokko zugestanden. Gerade hier versuchten nun die Deutschen den Franzosen und den Engländern die Freude an dieser neuen Entente cordiale zu vergällen, indem sie sich ihrerseits – ihr erstes aktives Eingreifen in einer Kolonialfrage – gegen Frankreich in Marokko engagierten. Es kam zur ersten wirklichen Krise in der langen Friedenszeit zwischen 1890 und 1914, der Ersten Marokko-Krise von 1905, die damit begann, daß die Deutschen den Kaiser nach Tanger schickten und ihn dort eine Art Garantie der marokkanischen Selbständigkeit gegen Frankreich verkünden ließen.

Diese Krise zeigte sehr deutlich den Mangel an Koordination in der deutschen Außenpolitik. 1905 war Rußland in einen Krieg mit Japan verwickelt, der für Rußland schlecht ausging; Rußland erlebte eine erste Revolution, es fiel in Europa als Macht vorübergehend nahezu aus. Im deutschen Generalstab, der damals von Alfred von Schlieffen geführt wurde, einer sehr wichtigen Figur der deutschen Politik dieser Zeit, bildete sich darauf der Gedanke eines Präventivkrieges gegen Frankreich aus. Die russisch-französische Allianz schien momentan lahmgelegt, Rußland handlungsunfähig, Frankreich hatte sich statt dessen durch den Kolonialausgleich mit England auf Annäherung an England festgelegt: Jetzt schien Schlieffen eine Gelegenheit gegeben, indem er Marokko als Vorwand benutzte, mit Frankreich »abzurechnen«. Er sah die Gelegenheit gekommen, Frankreich in einem einseitigen Krieg, in dem Rußland nicht wirklich eingreifen, England auf dem Festland kaum eine Rolle spielen konnte, so zu schwächen, daß es für künftige Großmachtkombinationen auf lange Zeit nicht mehr in Frage kam.

Diese vom Generalstab ausgehende Planung wurde vom damals einflußreichsten Mann im Auswärtigen Amt, dem Vortragenden Rat Holstein, gutgeheißen, und er überredete den Reichskanzler und Außenminister Bülow, sich dieser Politik anzuschließen. Bülow wollte aber keinen Krieg, er wollte einen rein diplomatischen Triumph, der den Franzosen beibrachte, daß ihnen weder die russische Allianz noch die Entente mit England im Ernstfall etwas nützte, und der es unter Umständen für künftige deutsche Kombinationen wieder zugänglich machen sollte.

Der Kaiser schließlich wollte überhaupt keine Krise und schon gar keinen Krieg. Im Gegensatz zu manchen unschön auftrumpfenden Äußerungen, die er gelegentlich von sich gab, war Wilhelm II. im Grunde genommen eine sensible, nervöse und friedliebende Natur. Er ließ sich sehr widerwillig nach Tanger schicken und ist später in der sich daraus entwickelnden Krise stets vor weiteren Schritten zurückgeschreckt.

Bülow bekam trotzdem seinen Prestigeerfolg. Der französische Außenminister demissionierte, und Bülow wurde – wie Bismarck nach dem siegreichen Krieg von 1870/71 – in den Fürstenstand erhoben. Alles schien bestens geregelt, zumal man mit einer europäischen Mächtekonferenz schließlich noch den Glanzpunkt hinzufügte, daß Deutschland wieder einmal wie auf dem Berliner Kongreß eine internationale Krise im allgemeinen Einvernehmen beilegte; diesmal allerdings eine Krise, die es selbst hervorgerufen hatte. Doch diese Rechnung ging nicht auf. Die Marokko-Konferenz im spanischen Algeciras wuchs sich zu einer Blamage und einer Warnung für die deutsche Politik aus. Es zeigte sich nämlich, daß außer Österreich keine der Großmächte gegen Frankreich Stellung bezog, so daß Frankreich schließlich eine sehr weitgehende Vorherrschaft, ja man kann sagen Kolonialherrschaft über Marokko zugebilligt bekam, gemildert nur durch ein paar Detailkompromisse, die es den Deutschen erlauben sollten, einigermaßen ihr Gesicht zu wahren.

Schon die Krise von 1905, die erste der drei ernsten Vorkriegskrisen des Kaiserreichs, zeigte also deutlich, daß Deutschland sich übernommen hatte. Tatsächlich war es im Begriff, eine Kombination England-Frankreich-Rußland zuwege zu bringen – also das Gegenteil dessen, was es erstreben mußte. Statt der geplanten Weltpolitik näherzukommen, fand es sich rüde daran erinnert, daß es in Europa keineswegs sicher dastand – daß ein unvorsichtiger Schritt jederzeit Bismarcks Albtraum der Koalitionen Wirklichkeit werden lassen konnte.

Drei Jahre später folgte eine ganz anders geartete

Krise, die sich schließlich als Vorspiel zum Ersten Weltkrieg erweisen sollte. Im Oktober 1908 versuchte Rußland im Einvernehmen mit Österreich, ein politisches Manöver durchzuführen, das ihm freie Durchfahrt durch die türkischen Meerengen ermöglichen sollte. Österreich, so lautete die geheime Abmachung zwischen Petersburg und Wien, würde keinen Einspruch erheben, wenn Rußland die freie Durchfahrt durch die Meerengen fordern sollte; dafür würde Rußland, wenn es damit Erfolg hätte, Österreich die formelle Annexion Bosniens und der Herzegowina gestatten, die ja schon seit 1878 von Österreich als besetztes Gebiet verwaltet wurden. Nun gehörte aber zur freien Durchfahrt durch die türkischen Meerengen nicht nur die Zustimmung Österreichs, sondern ebenso diejenige Englands und Frankreichs, wie der Berliner Vertrag von 1878 bestimmte. Diese Zustimmung erreichte Rußland nicht. Doch während Rußland noch darüber verhandelte, annektierte Österreich bereits Bosnien und die Herzegowina. Daraus ergab sich eine heftige Spannung zwischen Österreich und Serbien, das damals schon von Rußland protegiert wurde. Serbien drohte mit Krieg, wenn Österreich die Annexion Bosniens und der Herzegowina nicht rückgängig mache. Damit entstand im Herbst 1908 eine große Balkankrise: direkt die Drohung eines österreichisch-serbischen Krieges, indirekt – wie später 1914 – die Drohung eines Eingreifens Rußlands zugunsten Serbiens.

Hier mischte sich nun das Deutsche Reich als treuer

Verbündeter Österreichs und Schiedsrichter über diese Gegend Europas ein. Es verlangte von den Russen, daß sie Serbien zurückpfiffen und die Annexion Bosniens anerkannten. Andernfalls würde Deutschland sich mit seiner vollen Macht hinter Österreich stellen und den Dingen ihren Lauf lassen. In »schimmernder Wehr«, wie die Sprache der damaligen deutschen Publizistik es ausdrückte, war Deutschland an der Seite Österreichs gegen Rußland aufgetreten und hatte ihm eine Blamage zugefügt. Petersburg sah sich zum Nachgeben aus der einfachen Erwägung gezwungen, daß es so wenige Jahre nach dem verlorenen Krieg mit Japan und nach der Revolution von 1905 noch nicht wieder stark genug war, sich auf einen Krieg mit Deutschland und Österreich einzulassen, sei es auch mit der französischen Allianz als Stärkung und Deckung. Rußland trat den Rückzug an, und Deutschland hatte diesmal wirklich einen diplomatischen Triumph davongetragen. Doch der erwies sich auf die Dauer als ebenso nutzlos und gefährlich wie der höchstens halbe Triumph, den es 1905 über Frankreich erzielt hatte. Denn Rußland fühlte sich nunmehr genötigt, schleunigst wieder stärker zu werden. Ein zweites Mal sollte ihm so etwas wie »Bosnien« nicht wieder passieren können. Mit der bosnischen Krise von 1908/1909 war Deutschland bereits in das Vorfeld des kontinentalen Krieges getreten, der schließlich 1914 zum Ausbruch kam.

Und dann gab es 1911 eine zweite Marokko-Krise. Auf die Einzelheiten will ich nicht eingehen. Frankreich hatte möglicherweise – es ist eine Frage der Auslegung – die Bedingungen der Algeciras-Akte etwas überschritten, hatte sich weiter nach Südmarokko ausgedehnt, als dort vorgesehen war. Die Deutschen machten nun mit der Entsendung eines Kanonenbootes nach dem südmarokkanischen Agadir eine kriegsdrohende Geste, und es entstand eine neue Konfrontation mit Frankreich, die schließlich wieder friedlich beigelegt wurde, sogar wieder mit einem kleinen deutschen Erfolg: Die Franzosen fanden sich bereit, ein Stückchen Kongo an Deutschland abzutreten, als Ausgleich dafür, daß Deutschland auf jeden Einfluß in Südmarokko verzichtete. Das war übrigens die erste koloniale Ausdehnung, die Deutschland seit der Bismarckzeit in Afrika erreicht hatte. Aber diese zweite Marokko-Krise hatte eine noch fatalere Folge als die vorangehende erste und als die bosnische Krise: Jetzt trat nämlich England zum ersten Mal öffentlich fast als Verbündeter Frankreichs auf den Plan.

Vorher hatte es sich in seinen beiden Ententen, der von 1904 mit Frankreich und der von 1907 mit Rußland, von einem wirklichen Bündnis bewußt zurückgehalten. Es hatte überseeische Streitfragen mit Frankreich und dann auch mit Rußland (in Persien) beigelegt und sich dadurch die Hände freigemacht, um sich, falls es dazu kommen sollte, einer französisch-russischen Kombination anschließen zu können. Mit Frankreich hatte es auch schon geheime militärische Vorbesprechungen gegeben; eine wirkliche Allianz wurde aber damit noch nicht geschlossen.

England hatte sich noch in keiner Weise gebunden, in einem Festlandskrieg auf der Seite der französisch-russischen Allianz einzugreifen.

Trotzdem wurde jetzt zum ersten Male ein Mitglied der englischen Regierung, der Schatzmeister und spätere Kriegspremier Lloyd George, vorgeschickt, um in einer sensationellen, in Deutschland als Herausforderung empfundenen Rede zu verkünden, daß England nicht zusehen würde, wenn Frankreich bedroht würde. Außerdem begannen in diesem Jahr 1911 erneut englisch-französische Generalstabsbesprechungen, die zu konkreteren Ergebnissen führten als die vorhergehenden von 1904/05. Es wurde in Aussicht genommen, daß in einem französisch-deutschen Kriege eine englische Expeditionsstreitmacht auf dem äußersten linken französischen Flügel auftreten würde. Die Wolken verdichteten sich in einer Weise, daß man ab 1911 von einer Vorkriegsatmosphäre sprechen kann.

Und doch gab es gerade in dieser Zeit noch einmal einen großangelegten deutsch-englischen Ausgleichsversuch. Man kann nicht sagen, daß irgendeine der beteiligten Mächte schon 1911 zu einem großen Krieg wirklich entschlossen war; am wenigsten kann man das von England sagen. Nur waren alle Staaten jetzt bemüht, sich auf einen solchen Krieg einzustellen und vorzubereiten, in erster Linie natürlich auf militärischem Gebiet. In Frankreich gab es den Übergang zur dreijährigen Dienstzeit, in Deutschland 1913 eine große Heereserweiterung, der bemerkenswerterweise

auch die Sozialdemokraten zustimmten (die Heereserweiterung wurde aus einer Vermögensabgabe finanziert, was ihnen die Zustimmung erleichterte). Rußland hatte schon seit der bosnischen Krise begonnen,
außerordentlich stark aufzurüsten, insbesondere seine
strategischen Eisenbahnen in Polen auszubauen, seine
Festungen zu verstärken, eine sehr viel stärkere Artil-
lerie zu entwickeln. Das waren freilich langfristig
angelegte Anstrengungen, von denen man annahm,
daß die Russen damit erst etwa 1916/17 fertig werden
würden.

In dieser Zeit nun, in der alle anfingen, einen Krieg
zwischen den beiden großen Allianzen auf dem europäischen Kontinent als drohende Möglichkeit ins Auge zu fassen – in dieser Zeit gab es zwischen Deutschland und England einen letzten großen Versuch der
Verständigung. Für Deutschland ging es darum, England aus diesem Kriege möglichst herauszuhalten; von
England aus gesehen war das Ziel, den drohenden
englisch-deutschen Konflikt zu entschärfen. Der
deutsche Versuch zielte auf einen großzügigen kolonialen Ausgleich ähnlich denen, die zwischen England
und Frankreich 1904, zwischen England und Rußland
1907 vorausgegangen waren. Man war bereit, die
deutschen Kolonialziele im Einvernehmen mit England zu definieren und zu begrenzen. Der englische
Versuch gipfelte in der sogenannten Haldane-Mission
im Frühjahr 1912; dabei ging es für England in erster
Linie um einen Waffenstillstand beim Flottenwettrü-
sten. Das war damals ein überaus ungewohnter Ge-

danke. Heute ist uns die Idee der »Rüstungskontrolle« sehr geläufig: der Versuch also, eine Konfliktsituation auf einem bestimmten Gebiet des Wettrüstens durch gegenseitiges Einvernehmen über das Maß der Rüstung zu entschärfen. Das war schon damals das Ziel der Briten.

Das Ziel der Deutschen bei den Verhandlungen mit Haldane bestand darin, England ein Neutralitätsversprechen für den Fall eines kontinentaleuropäischen Großkrieges abzugewinnen. Beides scheiterte. Die Engländer waren nicht bereit, ein Neutralitätsversprechen abzugeben, weil sie damals schon fürchteten, daß Deutschland einen reinen Kontinentalkrieg gewinnen und dann seinen künftigen Weltmachtbestrebungen übermäßigen Nachdruck verleihen könnte. Und der deutsche Marinestaatssekretär Tirpitz war im Gegensatz zum Reichskanzler Bethmann Hollweg nicht bereit, ein Rüstungskontrollabkommen über die Seestreitmächte abzuschließen, das die deutsche Rüstungsfreiheit beschränkt hätte. Eigentlich war der Staatssekretär der Marine dem Reichskanzler untergeordnet. Aber der Kaiser, von dem neuartigen Gedanken einer Rüstungskontrolle geradezu beleidigt, entschied gegen Bethmann Hollweg für Tirpitz, und damit war der Reichskanzler mattgesetzt.

Die Haldane-Mission scheiterte demzufolge, was natürlich eine weitere Verschärfung der deutsch-englischen Spannungen bedeutete. Und trotzdem wurde auch in den Jahren 1913 und 1914 zwischen Deutschland und England weiter verhandelt, freilich weniger auffällig. Dabei ging es um einen doppelten kolonialen Ausgleich. Deutschland legte zum ersten Mal die Karten seines afrikanischen Kolonialprogramms in London auf den Tisch. Es wollte die Möglichkeit haben, die portugiesischen Kolonien, hauptsächlich Angola und Mozambique, zu erwerben; man rechnete damals mit einem portugiesischen Staatsbankrott, durch den Portugal genötigt sein würde, seine Kolonien sozusagen zu verkaufen. Darüber hinaus wollte Deutschland, falls sich die Gelegenheit dazu ergab, auch Belgien einen Teil des belgischen Kongo abkaufen und auf diese Weise eine zusammenhängende Landmasse von Deutsch-Südwest- über Angola und Kongo bis Deutsch-Ostafrika erwerben. Damit würde das Reich sich befriedigt erklären, und England könnte gewisse Kompensationen aus dem portugiesischen, eventuell auch aus dem belgischen Kolonialbesitz bekommen.

Das Interessante ist, daß diese Verhandlungen von einem ziemlich freundlichen Ton geprägt waren und schließlich zu einer Art Vorergebnis führten – im Juni 1914, am Vorabend des Kriegsausbruchs. Ein Abkommen über die zukünftige Kolonienverteilung in Mittelafrika wurde damals in London bereits paraphiert, natürlich streng geheim. So schien gerade auf dem Felde eine deutliche Entschärfung möglich, auf dem der deutsch-englische Gegensatz ursprünglich entstanden war, auf dem Felde der Kolonial- und »Weltpolitik«.

Noch auf einem anderen Gebiet dieses weiten Feldes

wurde damals zwischen England und Deutschland verhandelt, und zwar ebenfalls erfolgversprechend. Das deutsche Weltmachtstreben hatte in den Jahren seit 1900 zwei Richtungen: Es war in erster Linie auf einen großen Gebietserwerb in Afrika angelegt, daneben aber auch auf eine, allerdings in ihrer Methodik noch außerordentlich unbestimmte Ausdehnung nach Südosten. Dabei sollte aus dem deutsch-österreichischen Bündnis zusammen mit einem neuen deutschtürkischen Bündnis so etwas wie ein großes Einheitsgebilde zunächst wirtschaftlicher Art werden; die Balkanstaaten hoffte man ganz oder zum Teil in dieses System hineinzunötigen. Symbolisiert wurde es durch das grandiose Unternehmen einer Bahnverbindung zwischen Berlin und Bagdad, der berühmten »Bagdadbahn«. Das Deutsche Reich wollte sich gewissermaßen zwischen dem russischen und dem englischen Interessengebiet eine eigene große Einflußsphäre schaffen, wobei allerdings unklar blieb, wie man dort eigentlich ein wirtschaftlich-politisches Einheitsgebilde zustande bringen wollte und welche Form es annehmen sollte. Denn noch fühlte und benahm sich ja Österreich als Großmacht, und auch das Osmanische Reich war noch eine, wenn auch absinkende, eigenständige Macht. Das Deutsche Reich war damals bestrebt, ein sehr enges Verhältnis mit dem Osmanischen Reich herzustellen, das durch die »jungtürkische« Revolution von 1908 eine Verjüngung zu erleben schien. Eine deutsche Militärmission in Konstantinopel sollte die türkische Armee nach deutschen

Maßstäben ausbilden. Zugleich stellte man den Türken ein politisches Bündnis in Aussicht.

Daß hier eine deutsche Machtausdehnung beabsichtigt war, konnte niemandem entgehen – zumal auch England in den südlichen Gebieten des damaligen türkischen Reichs, dem heutigen Irak, starke Interessen hatte. Das Erdöl begann damals schon eine gewisse Rolle zu spielen. Hier ging es also ebenfalls darum, eine deutsche und eine englische Interessensphäre nach Möglichkeit freundschaftlich abzugrenzen. Und auch hier war man nicht ganz erfolglos.

Das führte dazu, daß der damalige deutsche Reichskanzler Bethmann Hollweg nun doch wieder für den Fall eines Kontinentalkrieges auf englische Neutralität zu hoffen begann. Sie war zwar nie zugesagt worden, aber England hatte auch niemals erklärt, daß es in einem eventuellen Krieg unter allen Umständen eingreifen werde. Nun war man sich auf dem Gebiet der Kolonial- und Expansionspolitik durchaus ein wenig näher gerückt, jedenfalls so weit, daß alte Gegensätze entschärft schienen. So hatte es mit der Entente zwischen England und Frankreich auch angefangen. Und später auch zwischen England und Rußland. Warum sollte sich von diesem Punkt aus nicht auch zwischen England und Deutschland trotz der fortdauernden Flottenrivalität ein gebessertes Verhältnis entwickeln lassen? Vielleicht sogar ebenfalls eine Art Entente, so daß England sich, wenn es denn zu einem europäischen Kriege kommen sollte, jedenfalls im Anfangsstadium zu einer Art schiedsrichterlicher Neutralität entschließen würde.

Das war die Spekulation, die Bethmann Hollwegs Politik in der Sommerkrise 1914 zugrunde lag. Doch durch diese Rechnung sollte die deutsche Militärplanung einen dicken Strich machen.

# Erster Weltkrieg

Über den Ausbruch des Ersten Weltkrieges hätte man noch vor 20 Jahren nicht frei sprechen können, denn damals drehte sich alles um die sogenannte Kriegsschuldfrage. In den zwanziger Jahren war fast die ganze deutsche Zeitgeschichtsschreibung damit beschäftigt, den Beweis zu versuchen, daß Deutschland am Kriegsausbruch unschuldig gewesen sei; und noch in den frühen sechziger Jahren war es eine mutige Leistung des Hamburger Historikers Fritz Fischer, diese These zu erschüttern. Heute kann man dank der »Fischer-Kontroverse« etwas freier über diese Dinge reden.

Der Begriff »Kriegsschuld« ist für die Zeit von 1914 völlig unangemessen. Krieg war damals ein legitimes Mittel der Politik; jede Großmacht rechnete jederzeit mit Kriegsmöglichkeiten, jeder Generalstab führte theoretisch ständig Krieg gegen irgendwelche gegnerischen Kombinationen, und wenn sich eine günstige Kriegsmöglichkeit ergab, galt es nicht als unmoralisch oder gar verbrecherisch, davon Gebrauch zu machen. In bezug auf den deutschen Anteil am Kriegsausbruch ist etwas ganz anderes interessant. Der mögliche Krieg von 1914 wurde nämlich von der deutschen politischen Reichsleitung, also besonders vom Reichskanzler Bethmann Hollweg, ganz anders gedacht und geplant als vom Generalstab, und dann zeigte sich auch noch, daß die Generalstabsplanung militärisch falsch gewesen war. Es lohnt sich, diese beiden Punkte näher in Augenschein zu nehmen.

Bereits in den Jahren nach 1911 war in ganz Europa eine Vorkriegsstimmung aufgekommen. Man rechnete mit einem kriegerischen Zusammenstoß, man plante ihn auf allen Seiten bereits als ziemlich wahrscheinlich ein, und für alle kam es darauf an, den Krieg so einzufädeln, daß er unter möglichst günstigen Anfangsbedingungen und mit möglichst guten Aussichten begann.

Bethmann Hollweg hatte sich die Sache so zurechtgelegt – wie aus allem hervorgeht, was man inzwischen über seine Gedankengänge in den Vorkriegsjahren weiß –, daß der Krieg wahrscheinlich kommen werde und daß es für das Deutsche Reich drei Bedingungen gab, unter denen er geführt und vielleicht sogar gewonnen werden konnte: Österreich müßte mitmachen, die Sozialdemokraten müßten mitmachen, und England müßte neutral bleiben.

Im Lichte dieser drei Bedingungen war die Lage, die sich im Jahre 1914 nach der Ermordung des österreichischen Thronfolgers in Sarajevo plötzlich herausstellte, eine denkbar günstige. Der Krieg würde in erster Linie kein deutscher, sondern ein österreichischer Krieg sein, ein österreichischer Krieg gegen

Serbien. Wenn Rußland in diesen Krieg zugunsten Serbiens eingriff, dann war es erstens sicher, daß man Österreich auf seiner Seite hatte – es war ja sogar in erster Linie ein österreichischer, nicht ein deutscher Krieg –, und zweitens war es auch so gut wie sicher, daß die deutschen Sozialdemokraten einen Krieg gegen das zaristische Rußland gutheißen würden. Drittens aber, und das war das Beste, würde England in einen solchen reinen Ostkrieg wahrscheinlich nicht eingreifen, jedenfalls nicht sofort – was eine durchaus richtige Rechnung war. England hatte sich in seiner Geschichte aus rein osteuropäischen Verwicklungen immer herausgehalten. Auch in diesem Fall waren seine Interessen nicht besonders betroffen; eine gewisse Gewichtsverschiebung zwischen Österreich und Rußland zugunsten Österreichs wäre für England durchaus annehmbar, vielleicht sogar erwünscht gewesen.

Das alles setzte aber voraus, daß der Krieg auch militärisch das blieb, was er seiner politisch-diplomatischen Entstehungsgeschichte nach eigentlich hätte sein müssen: ein osteuropäischer Krieg zwischen Deutschland und Österreich auf der einen, Rußland und Serbien auf der anderen Seite. Der Kriegsverlauf, wenigstens in der Anfangsphase, hätte so aussehen müssen: Ein durch den Mord in Sarajevo provoziertes Österreich griff Serbien an; Rußland kam seinem Schützling Serbien zu Hilfe, indem es Österreich angriff; Deutschland kam seinem Verbündeten Österreich zu Hilfe, indem es Rußland angriff. Es mußte dann zwar damit rechnen, daß im Westen Frankreich seinem Verbündeten Rußland zu Hilfe kommen würde, indem es Deutschland angriff. Dann aber würde Deutschland im Westen der angegriffene Teil sein, und wenn es sich dort rein defensiv verhielt, brauchte es mit einem Eingreifen Englands nicht unbedingt zu rechnen.

Auf dieser Vorstellung beruhte der berühmte »Blankoscheck«, den Bethmann am 6. Juli 1914 Österreich gab: Wenn es infolge einer österreichischen Aktion gegen Serbien zu einem Krieg zwischen Österreich und Rußland kommen sollte, so könne Österreich überzeugt sein, »daß S. M. im Einklang mit seinen Bündnispflichten und seiner alten Freundschaft treu an der Seite Österreich-Ungarns stehen werde«.

Merkwürdigerweise wurde mit keinem Wort näher erläutert, was dieses »an seiner Seite stehen« militärisch konkret bedeuten würde. Wörtlich genommen, hätte es eigentlich bedeuten müssen, daß Deutschland gegen Rußland offensiv werden würde, wenn Rußland gegen Österreich offensiv vorginge. Wenn man den Österreichern klar gesagt hätte, daß Deutschland sich gegen Rußland zunächst völlig defensiv verhalten und statt dessen den österreichisch-russischen Konflikt als Anlaß zu einer Offensive gegen Frankreich und Belgien benutzen werde, wäre die Entscheidung über Krieg und Frieden in Wien vielleicht anders ausgefallen, als es dann tatsächlich der Fall war.

So verhielt es sich aber. Der deutsche Generalstab hatte einen Kriegsplan, der unbedingt, wo auch immer das politische Zentrum der kriegauslösenden Krise lag, mit einem Blitzkrieg gegen Frankreich begann. Und das mit einem vorherigen Durchmarsch durch das neutrale Belgien, weil der deutsche Generalstab (militärisch wahrscheinlich zu Recht) glaubte, daß ein Krieg an der auf beiden Seiten stark befestigten deutsch-französischen Grenze keinen Blitzsieg verspräche. Der Plan (der berühmt-berüchtigte »Schlieffenplan«) war vielmehr, über Belgien den Aufmarsch der Franzosen an ihrer Ostgrenze zu umgehen, ihnen in die Flanke und in den Rücken zu fallen, sie in einer gewaltigen Schwingbewegung gegen die Schweizer Grenze zurückzudrücken und dort zu vernichten.

Dieser Plan mußte von vornherein auch England auf die feindliche Seite ziehen. Denn England hatte zwei Gründe, in einem solchen Fall einzugreifen. Der erste war, daß es eine vollkommene Entmachtung Frankreichs nicht ruhig mit ansehen konnte. Wenn die deutsche Machtsphäre, ein besiegtes Frankreich einbegreifend, bis zum Kanal und bis zum Atlantik reichte, würde England sich einer kontinentalen Übermacht gegenübersehen, die mit seiner Sicherheit unvereinbar war. Außerdem war Belgien das England unmittelbar gegenüberliegende Küstenland. Wer die belgische Küste beherrschte, bedrohte England, besonders wenn es sich um eine so starke Flottenmacht handelte, wie es Deutschland unter Wilhelm II. geworden war. Man hat immer von Antwerpen als von einer auf das Herz Englands gerichteten Pistole gesprochen: Die Engländer konnten also schon aus rein geographisch-strategi-

schen Gründen eine Besetzung Belgiens nicht hinnehmen. Darüber hinaus existierte noch ein juristischer
Gesichtspunkt, denn die europäischen Großmächte, inklusive Deutschlands, hatten seit Jahrzehnten
die Neutralität Belgiens garantiert. Das stärkste Interesse an dieser Neutralität lag bei England; es konnte nicht untätig zusehen, wie sein belgischer Puffer
zerstört wurde. Mithin verfolgte Bethmann einen
Kriegsausbruchsplan, der ihm schon im voraus von
der deutschen Generalstabsplanung aus der Hand
geschlagen war.

Ein ewiges Rätsel bleibt, daß dieses Problem bis zum
1. August 1914, dem Tag des Kriegsausbruchs, in der
Führung des Deutschen Reiches niemals diskutiert
worden ist. Denn es steht außer Zweifel, daß Bethmann, ebenso wie sein Vorgänger Bülow, über den
Schlieffen-Plan unterrichtet war. Merkwürdigerweise
scheint er ihn aber nicht ganz ernst genommen, sich
seine politischen Implikationen nicht ausgerechnet zu
haben. Offenbar ging er davon aus, daß militärische
Pläne im letzten Augenblick geändert werden können.
Was geschah nun am 1. August? Dem Kriegsausbruch
war eine hektische Woche diplomatischer Tätigkeit
vorausgegangen, in der England eine vermittelnde
Rolle gespielt hatte. Aus London waren zwei Vorschläge gekommen. Der erste regte eine Botschafter-
konferenz der vier am österreichisch-russischen Konflikt nicht unmittelbar beteiligten Mächte England,
Deutschland, Frankreich und Italien an, die an Österreich und Rußland gemeinsame Vorschläge richten

sollte. Das hatten die Deutschen abgelehnt: Sie würden Österreich nicht vor einen europäischen Areopag stellen. Der zweite Vorschlag war, daß Deutschland auf Österreich einwirken sollte, mit Rußland direkt zu verhandeln, um ein russisches Eingreifen durch Beschränkung der österreichischen Kriegsziele – etwa einen »Halt in Belgrad« – nach Möglichkeit zu verhindern. Diesen Vorschlag hatte die Reichsregierung zunächst kommentarlos nach Wien weitergegeben und später ein bißchen darauf hingewirkt, ihn vielleicht doch ernster zu nehmen. Letzten Endes ließ Deutschland jedoch auch diese Gelegenheit vorbeigehen, ohne wirklich ernsthaft mitzuspielen. Und so erklärte Österreich am 28. Juli Serbien den Krieg.

Rußland reagierte darauf zunächst mit einer Teilmobilmachung und dann einer Gesamtmobilmachung; die Deutschen erklärten ebenfalls den Zustand drohender Kriegsgefahr und ordneten die Mobilmachung an. Der Schlieffen-Plan wurde in Gang gesetzt, mit einem deutschen Massenaufmarsch im Westen, nicht im Osten. Nun kam am 1. August aus London, wo immer noch hektisch verhandelt wurde, eine Depesche des deutschen Botschafters, die dahingehend mißverstanden wurde, daß England die französische Neutralität gewährleisten würde, wenn Deutschland sich im Westen defensiv verhalte und nur im Osten angriffe. Daraufhin erklärte der Kaiser in Anwesenheit Bethmanns dem Generalstabschef, dem Neffen des berühmten Moltke von 1866 und 1870, in einer eilig zusammenberufenen Notkonferenz im Berliner

Schloß: »Also wir marschieren einfach mit der ganzen Armee im Osten auf!« Dieser Vorschlag traf auf den verzweifelten Widerstand Moltkes: Er könne den Kriegsaufmarsch, der im Westen schon angelaufen war, gar nicht mehr ändern; wenn er das täte, dann würde man im Osten kein schlagfertiges Heer, sondern einen wüsten Haufen ungeordneter bewaffneter Menschen ohne Verpflegung haben, und der Krieg würde von vornherein verloren sein. Der Kaiser antwortete ungnädig: »Ihr Oheim würde mir eine andere Antwort gegeben haben.« So ist es von Moltke überliefert worden, der über den Eingriff des Kaisers außerordentlich erschüttert, gekränkt und entrüstet war.

Aber er hatte eigentlich kein Recht, entrüstet zu sein. Ein Generalstab muß für alle möglichen politischen Situationen unterschiedliche Pläne bereithalten, und er muß auch dann, wenn er einen dieser Pläne bevorzugt, imstande sein, einen anderen an seine Stelle treten zu lassen, wenn die politische Lage es gebietet. Dafür hatte Moltke nicht gesorgt. Moltke hatte die Bearbeitung eines Ostaufmarschplanes, der routinemäßig noch lange Jahre fortgeführt worden war, im Jahre 1913 einstellen lassen. Das ist die eigentliche Pflichtversäumnis, ja das Verbrechen des deutschen Generalstabes. Er hatte sich auf eine einzige Kriegsmöglichkeit eingestellt und alle Alternativen im voraus verworfen.

Wie erwähnt, hatte man in Berlin das Telegramm des deutschen Botschafters aus London mißverstanden. Die Engländer hatten nie gesagt, daß sie Frankreich neutral halten würden. Sie hatten nur durchblikken lassen, daß sie selbst zunächst neutral bleiben würden, wenn Deutschland sich im Westen defensiv verhielte und einen reinen Ostkrieg führte. Ein solches Vorgehen wäre tatsächlich, wie sich nachher ironischerweise herausstellte, auch in militärischer Hinsicht gesünder für die Deutschen gewesen. Politisch jedenfalls war durch die Ausführung des Schlieffen-Plans festgelegt, daß auch England auf seiten der Feinde Deutschlands kämpfen würde. Damit war der deutsche politische Kriegsplan von Anfang an durchkreuzt – worüber Bethmann übrigens in Verzweiflung geriet. Er hat noch nach dem Einmarsch in Belgien und nach der Kriegserklärung an Frankreich verzweifelt versucht, die Engländer zu überreden, nicht für einen »Fetzen Papier«, wie er die Garantie der belgischen Neutralität nannte, in einen Krieg zu ziehen, der alles in Europa durcheinanderbringen müßte. Es war zu spät.

Es ist übrigens interessant anzumerken, daß der Kaiser mit seinem Tadel des jüngeren Moltke »Ihr Oheim würde mir eine andere Antwort gegeben haben« genauer recht hatte, als er vielleicht selber wußte. Solange der ältere Moltke Generalstabschef gewesen war, hatte die deutsche militärische Planung für einen Zweifrontenkrieg immer eine strategische Defensive in West und Ost vorgesehen; unter seinem Nachfolger Waldersee war eine gemeinsame deutsch-österreichische Offensive im Osten, aber immer noch eine reine

Defensive im Westen geplant. Erst dessen Nachfolger Schlieffen hatte seit 1895 den ehrgeizigen Gedanken gehabt, aus einem Zweifrontenkrieg sozusagen zwei aufeinanderfolgende Einfrontenkriege zu machen, Frankreich aus dem Krieg herauszuschlagen, ehe Rußland mit seiner langsameren Mobilmachung fertig geworden sein würde, und sich danach mit ganzer Kraft nach Osten zu wenden. Nach Schlieffens Tode hatte dann der jüngere Moltke jeden Alternativaufmarschplan fallenlassen. Man kann in dieser Entwicklung der deutschen militärischen Pläne besonders gut den geistigen Unterschied zwischen der Bismarckzeit und der Wilhelminischen Zeit erkennen: pessimistische Vorsicht damals, optimistisches Kraftgefühl jetzt.

Das Kraftgefühl war nicht ganz unbegründet, aber es verführte zum Übermut. Der Schlieffen-Plan für einen Zweifrontenkrieg war ein übermütiger Plan, und er scheiterte.

Freilich: Alle kontinentalen Großmächte begannen den Ersten Weltkrieg mit großangelegten Offensiven, von denen sie sich einen schnellen Sieg erhofften, und alle diese Offensiven scheiterten: die österreichische gegen Serbien und die russische gegen Österreich (in Galizien) und Deutschland (in Ostpreußen) nicht weniger als die französische gegen Deutschland in Lothringen und den Ardennen; schließlich aber eben auch die deutsche gegen Belgien und Frankreich. In den ersten Kriegsmonaten erwies sich bereits auf sämtlichen Kriegsschauplätzen – entgegen den Überzeugungen aller Generalstäbe! –, was für den gesamten Verlauf des Ersten Weltkrieges grundlegend wurde: daß beim Stande der damaligen Kriegstechnik die Verteidigung dem Angriff überlegen war, so daß die Offensive bestenfalls Gelände gewinnen, aber niemals eine gegnerische Großmacht, ja nicht einmal kleinere Länder wie Serbien und Belgien aus dem Kriege ausschalten konnte. Das gab dem Ersten Weltkrieg seinen bedrückenden Charakter eines Erschöpfungskrieges, eines immer wiederholten strategisch unergiebigen Gemetzels.

In einem solchen Erschöpfungskrieg aber entwickelte sich die englische Blockade zur entscheidenden Waffe. Sie war es nicht sofort, denn Deutschland hatte sich materiell auf den Krieg gut vorbereitet. Es konnte im ersten Kriegsjahr noch ohne größere Versorgungsschwierigkeiten seine gesamten Kräfte mobilisieren und einsetzen. Daß es durch England von allen Überseezufuhren abgeschnitten wurde, spielte zunächst noch keine Rolle. Andererseits war nicht daran zu rütteln, daß das wirtschaftliche und vor allen Dingen das ernährungsmäßige Durchhalten des Krieges mit jedem Kriegsjahr zu einem größeren Problem werden würde. In einem Erschöpfungskrieg arbeitete die Zeit unverkennbar gegen das Deutsche Reich. Auch zusammen mit Österreich-Ungarn war es wirtschaftlich schwächer als die feindliche Kombination, und es unterlag eben der britischen Blockade, die es von allen Überseezufuhren abschnitt. Deutschland hungerte; England und Frankreich hatten wenigstens satt zu essen. Freilich erschöpften dafür England und Frankreich, mehr als Deutschland, ihre militärischen Kräfte in immer neuen vergeblichen und dabei furchtbar opferreichen Offensiven. Nur diese verbohrte Fehlstrategie seiner Feinde gab Deutschland trotz allem eine gewisse Chance, länger durchzuhalten und auf die Dauer seine Gegner so zu ermüden, daß es schließlich zu einem Erschöpfungsfrieden, und das hieß wohl im großen und ganzen zu einem Status-quo-Frieden kommen würde. Ein Totalsieg war im Ersten Weltkrieg nicht »drin«, vielleicht für niemanden, gewiß nicht für Deutschland.

Deutschland hat im weiteren Verlauf des Krieges trotzdem zwei neue Siegespläne entwickelt, von dem der erste ihm die endgültige Niederlage eintrug, der zweite aber glückte und einen Augenblick lang tatsächlich noch einmal eine Siegesmöglichkeit herbeizuführen schien. Der erste war die Gegenblockade gegen England, der unbeschränkte U-Boot-Krieg. Der zweite war die Revolutionierung Rußlands, das Bündnis mit Lenin.

Sprechen wir zunächst vom U-Boot-Krieg.

Die deutsche Überwasserflotte, die so sehr zu den Ursachen des Krieges beigetragen hatte, hat im Krieg selbst praktisch kaum eine Rolle gespielt. Sie verblieb in den Häfen und machte nur gelegentlich Vorstöße in die Nordsee, sozusagen um die Engländer zu ärgern. Einer davon führte zu der einzigen größeren Überwasserseeschlacht des Krieges vor dem Skagerrak, bei der die Deutschen immerhin einen taktischen Erfolg verbuchen konnten. Sie versenkten mehr englische Schiffe, als sie eigene verloren, mußten aber danach schleunigst in ihre Heimathäfen zurückstreben. Strategisch änderte sich dadurch nichts. Die englische Blockade war durch die deutsche Flotte nicht zu brechen.

So kam die deutsche Marineleitung während des Krieges auf die Idee, die damals ganz neue, beinahe noch experimentelle U-Boot-Waffe dergestalt weiterzuentwickeln, daß man mit den U-Booten die englischen Überseezufuhren sperren konnte. Man hoffte, wenn man die Schwäche der U-Boot-Waffe durch äußerste Rücksichtslosigkeit bei ihrem Einsatz ausglich, genug Schiffsraum versenken zu können, um die Engländer in akute Versorgungsschwierigkeiten zu bringen, England auf diese Weise aus dem Kriege herauszudrängen und ihn damit für Deutschland zu entscheiden. Dieser »unbeschränkte« U-Boot-Krieg, von dem man sich in den Jahren 1916 und 1917 Wunderdinge versprach, scheiterte nicht nur, sondern er brachte darüber hinaus einen neuen Gegner in den Krieg, der auf die Dauer England und Frankreich so verstärken mußte, daß jede deutsche Siegesaussicht, ja selbst die Aussicht auf einen Erschöpfungsfrieden, auf lange Sicht schwand: die Vereinigten Staaten von Amerika.

Amerika hatte sich während der ersten zwei Kriegsjahre neutral verhalten. Der damalige Präsident Woodrow Wilson plante – anders als Präsident Roosevelt im Zweiten Weltkrieg – nicht, auf der Ententeseite

einzugreifen, sondern hatte die Absicht, im geeigne-
ten Augenblick als Friedensvermittler aufzutreten, als
ein Schiedsrichter mit eigenen Ideen darüber, wie in
Zukunft Kriege überhaupt verhindert werden konnten. Er hatte auch Ende 1916 ein solches Eingreifen
bereits eingeleitet. Andererseits aber war Wilson und
mit ihm Amerika nicht bereit, seine Schiffe warnungslos versenken und ihre Mannschaften ertränken zu
lassen.

Genau darauf lief jedoch der »unbeschränkte«
U-Boot-Krieg hinaus – daher der Name. Er hatte nur
dann Aussicht auf Erfolg, wenn jedes Schiff, das in die
Sperrzone geriet, warnungslos versenkt wurde; auch
neutrale Schiffe. Das war eine äußerst rücksichtslose
Art der Kriegführung. Indes: Selbst mit größter
Rücksichtslosigkeit angewandt, hätten die U-Boote
des Ersten Weltkrieges kaum erfolgreich sein können.
Sie waren ja eine sehr schwächliche, noch ganz unter-
entwickelte Waffe, eigentlich mehr Tauchboote als
Unterseeboote, sie mußten ständig wieder an die
Oberfläche kommen, um ihre Batterien aufzuladen;
und dort waren sie nicht einmal dem kleinsten Kriegs-
schiff gewachsen. Ohne näher auf die technischen
Einzelheiten einzugehen, kann man festhalten, daß sie
tatsächlich schon vor dem praktischen Eingreifen
Amerikas durch das englische Geleitzugsystem geschlagen wurden.

Zu diesem Zeitpunkt hatte der unbeschränkte
U-Boot-Krieg jedoch bereits Amerika ins Lager der
Feinde genötigt und damit die deutsche Gesamtposi-

tion bis zur Aussichtslosigkeit verschlechtert. Wobei allerdings zu bedenken ist, daß, ebenso wie England mit seiner Blockadewaffe nur auf längere Sicht Wirkung zu erzielen vermochte, auch Amerika erst auf längere Sicht seiner Kriegserklärung eine wirkliche Kriegsteilnahme folgen lassen konnte. Im Jahre 1917, als Amerika in den Krieg eintrat, besaß es noch keine richtige Armee und kaum Schiffsraum genug, um Truppen und Gerät in großem Stil nach Europa zu befördern. Selbst 1918 war erst eine verhältnismäßig kleine amerikanische Armee an den Operationen im Westen beteiligt. Der wirklich entscheidende Eingriff Amerikas in die europäische Kriegführung war erst für 1919 geplant, wozu es dann gar nicht mehr kam. Inzwischen hatte man in Deutschland jedoch noch einen zweiten neuen Siegesplan entwickelt, nämlich die Revolutionierung Rußlands. Rußland hatte sich im Ersten Weltkrieg von Anfang an viel schwächer gezeigt, als die deutsche politische und militärische Leitung erwartet hatte. Um diese Situation zu erklären, muß man sich den gesamtindustriellen Entwicklungsstand der kriegführenden Mächte klarmachen. England war eine alte, starke Industriemacht; Deutschland war neuerdings die stärkste Industriemacht; Frankreich war ebenfalls eine beachtliche Industriemacht – Rußland aber war fast noch ein Entwicklungsland. Es hatte seine Industrialisierung gerade erst, etwa seit der Jahrhundertwende, eingeleitet. Es besaß zwar eine sehr große, sehr tapfere Armee, aber das war eben eine rückständige Armee, fast ohne wirklich moderne Kriegswaffen. Die Russen erlitten deshalb in den Jahren 1914/15 schwere Niederlagen und gerieten im Jahre 1917 bereits an den Rand ihrer Kriegführungsfähigkeit. Gleichzeitig war die Total-mobilmachung selbst der beschränkten industriellen Ressourcen Rußlands außerordentlich schwierig, weil es so groß und auch verkehrsmäßig so unterentwickelt war. Die Menschen hungerten in den russischen Städten schon seit 1916, in Deutschland erst ein Jahr später. So war die russische Februarrevolution des Jahres 1917 im großen und ganzen eine Hungerrevo-lution der Städter sowie ein Aufstand der Bauernsol-daten gegen die Fortsetzung eines Krieges, der furcht-bare Blutopfer forderte und nur Niederlagen brachte. Die liberaldemokratische Regierung, die durch die Februarrevolution zunächst ans Ruder kam, beging den patriotischen Fehler, den Krieg trotz der furcht-baren Erschöpfung der russischen Kräfte fortzuset-zen. Das verschaffte den Deutschen eine Gelegenheit, die russische Revolution weiterzutreiben, indem sie Lenins Reise nach Rußland ermöglichten. Lenin war Deutschlands Wunderwaffe im Ersten Weltkrieg. Der Bolschewistenführer, der damals im schweizerischen Exil lebte und dessen Partei bei Kriegsausbruch nur eine kleine Außenseitergruppe gewesen war, hatte immer den festen Vorsatz gehabt, den Krieg und die russische Niederlage im Krieg zu benutzen, um in Rußland die totale sozialistische Revolution durchzu-führen. Dabei sollten das aufs äußerste gesteigerte Friedensbedürfnis der russischen Massen und auch der russischen Armee als Instrument eingesetzt werden. Lenins Plan deckte sich mit dem deutschen Wunsch, Rußland endgültig aus dem Kriege herauszuschlagen. Die Oktoberrevolution 1917 war Lenins Sieg; und Lenins Sieg schien der deutschen Reichsleitung auch Deutschlands Sieg – wenigstens im Osten. Daß Lenin bei der Oktoberrevolution nicht nur an Rußland dachte, sondern auch an die Weltrevolution, daß er hoffte, von Rußland aus die Initialzündung einer sozialistischen Revolution auch in Deutschland, auch in Österreich, vielleicht auch bei den Westmächten zustande zu bringen, störte die deutsche Regierung nicht; sie war zuversichtlich, diesen Teil von Lenins Plänen vereiteln zu können, und sie ging davon aus, daß zunächst einmal Rußland durch innere Umwälzungen und Kämpfe aus dem Kriege ausfallen würde. Das geschah.

Ende 1917 blieb der Krieg im Westen festgefahren und unbeweglich; allerdings drohte in etwa zwei Jahren ein starkes Übergewicht der Westmächte durch den vollen Einsatz Amerikas. Inzwischen aber schied Rußland als Gegner aus dem Kriege aus, und damit konnten die Deutschen, obwohl selbst schon am Rande der Erschöpfung, einen Einfrontenkrieg führen und eine schmale Zeitspanne gewinnen, in der sie im Westen überlegen waren. Vielleicht ließ sich so im Jahre 1918 doch noch der Plan eines Blitzsieges im Westen, der Plan von 1914, verwirklichen.

Inzwischen hatten sich jedoch durch den Krieg auch in Deutschland bedeutende innenpolitische Veränderungen abgespielt. Die erste, auf die man zurückkommen muß, fand 1914 statt. Die Sozialdemokraten machten den Krieg nicht nur mit, bewilligten nicht nur die Kriegskredite, enthielten sich nicht nur jeder Anti-Kriegstätigkeit – ganz, wie Bethmann es erhofft und berechnet hatte –, sondern sie begannen jetzt sogar ein Teil der deutschen politischen Kriegsmaschine zu werden. Man kann den innenpolitischen Umbruch des Jahres 1914 gar nicht hoch genug einschätzen. In ihm war bereits die ganze deutsche Geschichte der Zeit von 1918 bis 1933 angelegt.

Bis 1914 waren die Sozialdemokraten im Kaiserreich immer noch von der wirklichen Politik ausgesperrt geblieben. Sie waren der innere Feind, der »Reichsfeind«, sie wurden niemals als wirklich Mitwirkende akzeptiert, obwohl sie 1912 schon die stärkste Partei im Reichstag bildeten. Ich habe im vorigen Abschnitt darzulegen versucht, wie sich unter dieser Konfrontation der Sozialdemokraten mit dem offiziellen Deutschland bereits innerhalb der sozialdemokratischen Partei große Veränderungen abgespielt hatten, wie die Sozialdemokratie sich schon vor 1914 aus einer revolutionären Partei zu einer Reformpartei entwikkelte, die innerlich bereit war, in das deutsche politische System hineinzuwachsen. Das alles war bis 1914 äußerlich noch nicht sichtbar gewesen; für das deutsche Bürgertum kam der sozialdemokratische Kriegspatriotismus unverhofft. 1914 aber trat er deutlich zutage, und die Reichsleitung ging auch darauf ein. Der deutsche Krieg wurde mit Kriegsanleihen finanziert, neun im ganzen, die jedesmal vom Reichstag bewilligt werden mußten. Das heißt, der Reichskanzler mußte sich jedesmal, wenn eine neue Kriegsanleihe fällig wurde, mit den Parteien des Reichstages zusammensetzen, sich mit ihnen beraten, ihre Zustimmung gewinnen, in diesem Zusammenhang natürlich auch die allgemeine Kriegspolitik und die Kriegsaussichten mit ihnen erörtern – und dabei wurden jetzt die Sozialdemokraten, wie alle anderen Parteien, mit hinzugezogen. Und sie wirkten mit. Innerhalb der Sozialdemokratie führte das allmählich zur Spaltung.

Der linke Flügel der Sozialdemokraten hatte schon 1914 die patriotische Kriegspolitik der Partei nur widerwillig mitgemacht. Er verstärkte sich im Laufe der nächsten Jahre und spaltete sich schließlich 1917 als neue »unabhängige« sozialdemokratische Partei ab, die den Krieg ablehnte und keine Kriegsanleihen mehr bewilligte. Die USPD blieb aber relativ klein; die Mehrheitssozialisten, wie sie jetzt genannt wurden, waren nach wie vor die bei weitem größte Partei im Reichstag und wuchsen mehr und mehr in den deutschen Krieg und die deutsche Kriegsanstrengung hinein. Wobei sie auch ein Gegengewicht gegen die stark überspannten Kriegsziele bildeten, die von der deutschen Rechten propagiert und von Bethmann Hollweg mit seiner »Politik der Diagonale« halb und halb akzeptiert wurden.

In den ersten zwei Kriegsjahren hatte Bethmann die Öffentlichkeit unter dem sogenannten »Burgfrieden«

aus der Kriegszieldiskussion herausgehalten. Doch seit 1916 brach diese Auseinandersetzung mehr und mehr offen durch und bewirkte, daß sich im Reichstag schließlich zwei Parteigruppen bildeten; eine rechte, die teilweise ziemlich extreme Kriegsziele anstrebte, Eroberungen und Annexionen, ein riesiges Kolonialreich, riesige Kriegsentschädigungen verlangte; und eine Mitte-links-Gruppe, die erklärte, man müsse froh sein, wenn man mit heiler Haut aus diesem Kriege herauskäme, und deshalb jede Gelegenheit nutzen, einen Verständigungsfrieden abzuschließen, einen Frieden »ohne Annexionen und Kontributionen«.

Zu dieser Gruppe zählten nicht mehr nur die Sozialdemokraten. 1917 bildete sich eine neue Reichstagsmehrheit aus Sozialdemokraten, Linksliberalen und Zentrum, die mit der Rechten, den Rechtsliberalen, Konservativen und der außerparlamentarischen rechten Opposition, die sich jetzt in der »Deutschen Vaterlandspartei« zusammenschloß, in der Presse und in der Öffentlichkeit einen ständigen Kampf führte: die sogenannte Kriegszieldebatte. Die Kriegszieldebatte war insofern akademisch, als man den Krieg ja erst gewinnen, einen vollen Sieg erringen mußte, um die gewaltigen Kriegsziele der Rechten überhaupt verwirklichen zu können. Das konnte man aber, jedenfalls bis 1918, nicht. Um das Kriegsziel der neuen Reichstagsmehrheit zu verwirklichen, nämlich einen Verständigungsfrieden auf der Grundlage der Grenzen von 1914, bedurfte es freilich der Bereitschaft der

Gegner, einen solchen Frieden zu schließen, woran es ebenfalls fehlte.

Trotzdem – oder gerade deswegen – hat die Kriegsziel-debatte die inneren Gegensätze in Deutschland außerordentlich vertieft. Sie wurde mit so großer Erbitterung geführt, als ob man durch große Kriegsziele allein den Sieg erreichen und durch Verständigungsbereitschaft bereits einen Kompromißfrieden haben könnte. Über diese Frage entstand in Deutschland eine tiefe innere Spaltung, die sich freilich erst nach dem Krieg richtig auswirken sollte. Praktisch war es aber so, daß sich die Reichstagsmehrheit den Kriegsanstrengungen und der immer verbisseneren Fortführung des Krieges keineswegs verschloß.

In den Jahren 1916/17 fanden in Deutschland zwei große innere Veränderungen statt. Im August 1916 stürzte die 2. Oberste Heeresleitung, die bereits im November 1914 dem Reichskanzler erklärt hatte, der Krieg sei mit rein militärischen Mitteln nicht mehr zu gewinnen. Sie hatte den Krieg bis 1916 gewissermaßen buchhalterisch geführt: sparsamer Umgang mit menschlichen Reserven und materiellen Ressourcen, so daß man möglichst lange durchhalten konnte; begrenzte militärische Operationen, um den Krieg so lange hinzuhalten, bis eine Lage entstanden war, in der man mit heiler Haut aus ihm herauskommen könnte. Diese Heeresleitung wurde 1916 abgesetzt und durch die 3. OHL unter Hindenburg und Ludendorff ersetzt. Diese Männer gehörten politisch völlig der deutschen Rechten an, die einen vollständigen Sieg anstrebte, mit all den Gewinnen, die einem solchen Siege folgen sollten, und die jederzeit bereit war, für den Sieg alles auf eine Karte zu setzen. Schon der unbegrenzte U-Boot-Krieg war durch diese 3. OHL durchgesetzt worden, und auch die Revolutionierung Rußlands war unter starker Mitwirkung der 3. OHL vonstatten gegangen.

Die zweite große innenpolitische Änderung folgte im Juli 1917: der Sturz des Reichskanzlers Bethmann Hollweg, bei dem verblüffenderweise die rechte Oberste Heeresleitung und die linke Reichstagsmehrheit zusammenwirkten. Beide wollten Bethmann los sein, wenn auch aus entgegengesetzten Motiven – die Oberste Heeresleitung, weil er ihr nicht martialisch genug war, und die Reichstagsmehrheit, weil er ihr nicht friedlich genug war. Beide hatten keinen Nachfolger bereit. Nach einem Verlegenheitskandidaten, der nur wenige Monate amtierte, gab es dann (im Dezember 1917) den ersten gewissermaßen parlamentarischen Reichskanzler, den alten bayerischen Zentrumspolitiker Graf Hertling. Hertling stützte sich auf die neue Reichstagsmehrheit und machte einen ihrer Reichstagsabgeordneten zum Vizekanzler, den liberalen Parteiführer von Payer, einen heute vergessenen Mann.

Der Kaiser war währenddessen in völlige Passivität hineingeglitten; er spielte im ganzen Kriege nicht mehr die Rolle von einst. Wilhelm II. schwankte nur noch zwischen Unterwerfung unter die Oberste Heeresleitung und Unterwerfung unter die Reichstagsmehrheit. Weder als oberster Kriegsherr noch als wirklich maßgebender, in letzter Instanz entscheidender Politiker gab er noch den Ton an.

Deutschland war im Jahre 1917 in seiner Verfassung merkwürdig durcheinandergeraten. Äußerlich hatte sich an der Verfassung nichts geändert; praktisch aber funktionierte sie nicht mehr. Außenpolitisch wurde das Reich im wesentlichen von der Obersten Heeresleitung regiert, innenpolitisch im wesentlichen von der neuen Reichstagsmehrheit. In manchen Dingen arbeiteten diese beiden scharf getrennten, ja entgegengesetzten neuen Machtzentren auch zusammen; zum Beispiel hatte die neue Heeresleitung Ende 1916 eine Mobilmachung aller Kräfte durchgesetzt (das, was man später als »totalen Krieg« bezeichnete), also eine Art Arbeitspflicht für alle Deutschen von 17 bis 60, mögliche Arbeitsverpflichtung von Frauen, vollkommene Umstellung der gesamten Industrieproduktion auf Kriegsproduktion. Die Reichstagsmehrheit hatte das mitgemacht, aber in einem innenpolitisch reformerischen Sinn unterfüttert. Das sogenannte »Hilfsdienstgesetz« wurde beschlossen, mit dem zum ersten Male solche Dinge wie die künftige Tarifhoheit von Unternehmern und Gewerkschaften und innerbetriebliche Mitwirkung der Gewerkschaften durchgesetzt wurden. Diese zukunftsträchtigen Einrichtungen, die für das damalige Deutschland geradezu revolutionär waren, nahm die Oberste Heeresleitung hin, wenn auch widerwillig, um ihr militärisches Programm durchzubekommen.

Ende 1917 sah es in Deutschland also folgendermaßen aus: Innenpolitisch stand das Reich auf einer neuen Grundlage, die wirklichen Mächte waren nicht mehr der Kaiser und der Reichskanzler, sondern die Oberste Heeresleitung auf der einen Seite und die Reichstagsmehrheit auf der anderen. Beide arbeiteten bis zu einem gewissen Grade zusammen, ohne dabei wirklich zu harmonieren. Außenpolitisch lagen die Dinge so, daß der Krieg im Westen immer stationär, der U-Boot-Krieg verloren und Amerika als Gegner eingetreten war; auf der anderen Seite war aber Rußland im Begriff, als Gegner auszufallen. Das war die Lage um die Jahreswende 1917/18, die bei schon stark überanstrengten und nahezu erschöpften inneren Kräften dem Reich noch einmal für eine kurze Zeit die Möglichkeit des Sieges zu bieten schien.

1918

Das Jahr 1918 ist der Bruchpunkt in der Geschichte des Deutschen Reiches. Bis 1918 war das Reich in seiner geschriebenen Verfassung und im Bewußtsein seiner Bürger immer noch der Staat gewesen, als der es gegründet worden war, eine bundesstaatliche Monarchie mit starker preußischer Vorherrschaft und einer halbparlamentarischen Verfassung. 1918 änderte sich das alles; und seit 1918 ist das Deutsche Reich nie mehr zur Ruhe gekommen. Die Ereignisse dieses Jahres waren ungeheuer widerspruchsvoll, ungeheuer gedrängt, ungeheuer überstürzt – und sie sind bis heute im deutschen Bewußtsein niemals so recht verarbeitet worden. Ich will an dieser Stelle versuchen, wenn das möglich ist, sie einigermaßen zu klären.

Am Anfang des Jahres 1918 schien die Lage des Deutschen Reiches im Kriege äußerlich aussichtsreicher als jemals zuvor seit dem Scheitern des Schlieffen-Planes im September 1914. Das große Ereignis, mit dem dieses Jahr begann, war der Friedensschluß mit dem jetzt bolschewistischen Rußland, der Friede von Brest-Litowsk. Damit war Deutschland, wenn es wollte, den Ostkrieg los und konnte sich auf den

Westkrieg konzentrieren, konnte im Westen noch einmal, zumindest vorübergehend, militärische Überlegenheit gewinnen, und hatte außerdem im Osten seine ursprünglichen Kriegsziele fast vollständig erreicht.

In seiner Septemberdenkschrift von 1914 hatte Bethmann als Kriegsziel im Osten umrissen: Abdrängung Rußlands von den deutschen Grenzen und Befreiung der russischen Vasallenvölker. Genau das war der Inhalt des Friedens von Brest-Litowsk, eines für Rußland außerordentlich harten deutschen Siegfriedens. Ein großer Gebietsstreifen, der zu Rußland gehört hatte, die baltischen Staaten, Polen und die Ukraine, erlangten jetzt staatliche Selbständigkeit, wurden dabei aber mehr oder weniger von Deutschland abhängig und blieben auch von Deutschland besetzt. Rußland war also von den deutschen Grenzen abgedrängt, und Deutschland hatte auf Kosten Rußlands ein gewaltiges Imperium in Osteuropa gewonnen, das es direkt oder indirekt beherrschen konnte. Außerdem, und das schien für den Moment fast noch wichtiger zu sein, war die deutsche Ostarmee bis auf die wenigen notwendigen Besatzungstruppen in den neuen Ländern frei geworden.

Ich möchte an dieser Stelle vorgreifend auf einen Tatbestand hinweisen, der erst später größere Bedeutung erlangen sollte. In den Wirren des beginnenden russischen Bürgerkrieges und der Intervention der Entente-Mächte gegen die bolschewistische Regierung sahen die maßgebenden Männer des Deutschen

Reiches plötzlich eine Chance, über den Frieden von Brest-Litowsk hinaus ganz Rußland in deutsche Abhängigkeit zu bringen. Ein großer Vormarsch deutscher Truppen über die im Brest-Litowsker Vertrag festgelegten Grenzen hinaus begann. Im Sommer 1918 standen die Deutschen auf einer Linie, die von Narva im Norden über den Dnjepr bis Rostow am Don reichte. Das heißt: Sie waren fast so weit gekommen wie Hitler im Zweiten Weltkrieg, sie hatten riesige Gebiete Rußlands in ihre Gewalt gebracht, und sie begannen zu überlegen, ob sie auf den Trümmern der bolschewistischen Herrschaft auch das eigentliche Rußland zu einem deutschen Imperium machen könnten. In gewissem Sinne war also jenes Ostimperium, das später Hitler erstrebte, schon einmal in deutscher Reichweite gewesen, und das hat sich vielen Deutschen tief eingeprägt – Hitler eben auch. Aus dem Jahre 1918 blieb die Überzeugung zurück, daß Rußland besiegbar sei, daß es trotz seiner Größe, trotz seiner Bevölkerungsmassen ein schwaches Land war, das man überwinden, erobern und unterwerfen konnte. Eine ganz neue Idee, die 1914 noch weit entfernt gewesen war, begann in der deutschen Politik eine Rolle zu spielen. Sie sollte, wie gesagt, erst in der Zukunft wichtig werden, denn 1918 ist dieses deutsche Ostimperium nur eine Augenblickserscheinung geblieben. Es versank infolge der späteren Ereignisse dieses Jahres; und nur eine Vision blieb davon zurück. Von alldem ahnte, oder sagen wir genauer: wußte man zu Beginn des Jahres 1918 noch nichts. Die Lage erschien trotzdem durchaus hoffnungsvoll, weil es jetzt möglich war, einen großen Teil, den besten Teil der deutschen Ostarmee zurückzuziehen und in den Westen zu überführen. Diesen Entschluß hatte Ludendorff, unter Hindenburg der wirkliche Kopf der Obersten Heeresleitung, schon kurz nach dem Sieg der bolschewistischen Revolution im November 1917 gefaßt. Er verband damit die Hoffnung, im Westen zum ersten Mal seit 1914 ein gewisses militärisches Übergewicht zu haben, so daß man dort im Frühjahr 1918 zu einer kriegsentscheidenden Offensive ausholen konnte.

Solchen Überlegungen wäre einiges entgegenzuhalten gewesen, das informierte Zeitgenossen auch Anfang 1918 schon wissen konnten, als die großen Siegeshoffnungen in letzter Stunde noch einmal erwachten: Deutschland war bereits ein furchtbar erschöpftes Land. Nicht nur die Zivilbevölkerung der heimatlichen Städte, auch die Armee war 1918 unterernährt. Noch schlimmer sah es bei den Verbündeten aus. Österreich war eigentlich schon seit 1917 am Ende gewesen; in diesem Jahr hatte es einen ungeschickten Versuch unternommen, aus dem Kriege auszubrechen. Nur durch die Aussicht auf einen deutschen Sieg im Jahre 1918 hatte es sich schließlich doch wieder im Bündnis halten lassen. Bei den Türken und Bulgaren lagen die Dinge ähnlich. Man wollte nicht abseits stehen, wenn die Deutschen jetzt am Ende doch noch siegten. Aber zum Absprung bereit waren sie alle: für den Fall, daß die Deutschen im Frühjahr und Sommer

1918 den entscheidenden militärischen Sieg verpaß-
ten, mußten sie mit dem sofortigen Zusammenbruch
der Verbündeten rechnen.

Von der deutschen Westoffensive 1918 hing noch in
einer anderen Hinsicht alles ab. Als Amerika im Frühjahr 1917 in den Krieg eintrat, war es darauf noch in
keiner Weise vorbereitet; es hatte seine Armeen erst
einzuberufen, auszubilden und schließlich nach
Frankreich zu befördern. All das war 1917, von kleinen Vorausabteilungen einmal abgesehen, noch nicht
der Fall gewesen – aber nun, im Jahre 1918, begann die
Maschinerie zu arbeiten. Die ersten amerikanischen
Truppenteile trafen im Frühjahr in Frankreich ein und
beteiligten sich im Sommer und Herbst 1918 in noch
verhältnismäßig bescheidenem Maße am Feldzug. Sie
würden immer stärker werden und 1919 in überwältigender Zahl zur Verfügung stehen. Wenn der Krieg im
Westen bis dahin nicht militärisch gewonnen war,
dann, das lag auf der Hand, war er verloren.

Die Deutschen hatten also sozusagen einen schmalen
Korridor vor sich, den sie in großer Schnelligkeit
durcheilen mußten, wenn sie noch eine für sie günstige Entscheidung herbeiführen wollten; wenn das aber
versäumt war, dann stand wirklich die Niederlage vor
der Tür. Das war die außerordentlich dramatische
Situation am Anfang des Jahres 1918.

Ludendorff hatte alles darauf gesetzt, daß er im Frühjahr 1918, ehe die Amerikaner im großen Stil eingreifen könnten, die Front, und zwar die englische Front,
durchbrechen könne. Der Plan für die Westoffensive

1918 erinnert in vielem an den späteren Manstein-Plan, der im Jahre 1940 so erfolgreich war: es sollte alles an der Nahtstelle der englisch-französischen Front konzentriert, die englische Front an ihrem Süd-ende durchbrochen und die nördlich der Durch-bruchsstelle isolierten englischen Truppen ins Meer gedrängt werden. Wenn das geschehen war, konnte man sich ganz auf Frankreich werfen.

Alles hing davon ab, daß die erste Großoffensive wirklich den Durchbruch erzielte, daß man bis ans Meer gelangte und die englischen und französischen Armeen voneinander zu trennen vermochte. Dieser Versuch wurde in der sogenannten »Kaiserschlacht« unternommen. Es handelte sich um eine Großoffensi-ve auf einem schon mehrfach schwer durchkämpften Gebiet. Dort wurden jetzt drei deutsche Armeen in einer außerordentlich wohlvorbereiteten Aufmarsch-operation gegen zwei englische massiert; am 21. März 1918 griffen sie an. Dieser Angriff war operativ erfolg-reicher, als je eine der großen alliierten Offensiven im Westen gewesen war. Die Deutschen brachten jeden-falls einer der beiden angegriffenen englischen Ar-meen, der südlichen, eine schwere Niederlage bei, machten große Geländegewinne, drängten die Eng-länder zurück und führten ein paar Tage lang eine Krise auf der alliierten Seite herbei.

Aber diese Krise wurde gemeistert. Auch diesmal stellte sich in sehr kurzer Zeit wieder heraus, was der Erste Weltkrieg immer wieder gezeigt hatte: daß die technischen Bedingungen dieses Krieges die Möglichkeiten der Strategie radikal einschränkten. Selbst ein erfolgreicher Angriff – und der deutsche war zunächst erfolgreicher, als es je ein alliierter gewesen war – konnte nicht zum völligen Durchbruch führen, da es schneller gelang, die entstandenen Lücken zu stopfen, Reserven herbeizuführen, den Angriff wieder aufzufangen, als es möglich war, den Angriff zu nähren, voranzutreiben, mit neu herangeführten Truppen zu verstärken.

Man muß sich immer vor Augen halten, daß der Erste Weltkrieg, jedenfalls im Westen, auch noch in dieser Phase ein Infanteriekrieg war. Keine Armee konnte schneller vorrücken, als ein einzelner Soldat marschierte. Der Verteidiger hatte aber in seinem Rücken Eisenbahnen, mit denen er Reserven von anderen Fronten herbeischaffen konnte. Genauso geschah es auch diesmal. Am 21. März hatte die deutsche Offensive eingesetzt, ein paar Tage lang gab es großartige Siegesmeldungen, erhebliche Gefangenenzahlen, große Geländegewinne; dann begann die Sache langsamer zu gehen, dann zu stocken; Ende März schließlich war die deutsche Offensive strategisch gescheitert, das heißt, sie war steckengeblieben, ehe sie ihr strategisches Ziel erreichte. Wenn man es genau nimmt, war damit bereits die scheinbare oder wirkliche deutsche Siegeschance im Westen verpaßt.

Ludendorff gab trotzdem noch nicht auf. Er hat kurz darauf, im April, eine zweite, schon etwas schwächere Offensive gegen den Nordabschnitt der englischen Front unternommen. Dann kam eine Pause. Dann eine dritte Offensive an einer ganz anderen Stelle, diesmal gegen die französische Front, in deren Verlauf die Deutschen Ende Mai, Anfang Juni noch einmal zum Schicksalsfluß von 1914, zur Marne, vordrangen. Ein wenig hatte man jetzt schon den Eindruck eines wild und verzweifelt Um-sich-schlagens. Wieder verlief die Operation taktisch durchaus erfolgreich – aber auch sie traf das Schicksal der ersten. Nach großen Anfangserfolgen wurde sie durch neu herbeigeführte Reserven aufgefangen, ohne einen wirklichen Durchbruch geschafft zu haben. Schließlich fand Mitte Juli bei Reims noch eine vierte Offensive statt, die ähnlich wie die alliierten Offensiven der Vorjahre gleich im Ansatz abgeschlagen wurde. Und damit war es mit der deutschen Siegeschance 1918 vorbei.

Ich unterstreiche dies ganz besonders, weil es mir der eigentliche Schlüssel zu dem hochdramatischen weiteren Verlauf des Jahres 1918 zu sein scheint. Die deutsche Führung, die deutsche Armee und bis zu einem gewissen Grade auch das deutsche Publikum – soweit es unterrichtet war – wußte seit Mitte Juli 1918, daß der Krieg nicht mehr zu gewinnen, daß die letzte Siegeschance verpaßt war. Jetzt kamen bereits die Amerikaner und begannen sich bemerkbar zu machen, und, was niemand vorausgesehen hatte, jetzt ermannten sich auch die Franzosen und Engländer noch einmal, nachdem der Augenblick wirklicher Lebensgefahr verstrichen war, zu einer großen Gegenoffensive. Sie begann an der französischen Front unmittelbar im Anschluß an die gescheiterte letzte deutsche

Offensive am 18. Juli, an der englischen Front, die inzwischen, vorwiegend durch Truppen aus Kanada und Australien, verstärkt worden war, am 8. August 1918. Diesen 8. August müssen wir festhalten. Ludendorff bezeichnete ihn als den »schwarzen Tag des deutschen Heeres«.

Es geschah nämlich zum ersten Mal, daß den Alliierten glückte, was ihnen vorher nie gelungen war – und was die Deutschen im Frühjahr 1918 geschafft hatten –: im ersten Schwung der Offensive einen wirklich großen operativen Sieg zu erringen. Auch der führte noch nicht zu einer strategischen Entscheidung, einem Durchbruch, aber er war für die Deutschen eine völlig neue und traumatische Erfahrung. Die Engländer, Kanadier und Australier, übrigens jetzt durch Panzer verstärkt, die zum ersten Male eine größere Rolle in diesem Krieg spielten, brachen in die deutschen Stellungen ein, erzwangen einen fluchtartigen Rückzug der Ersten Linie und machten – auch das war bis dahin nicht vorgekommen – sehr viele Gefangene. Und sie konnten diesen Sieg auch ausbauen.

Ludendorff hat in seinen Erinnerungen berichtet, daß ihm gemeldet worden sei, die zum Ersatz vorrückenden deutschen Einheiten seien von zurückflutenden Fronttruppen mit dem Ruf »Streikbrecher« begrüßt worden. Ob das wirklich stattgefunden hat oder nur eine Legende ist – auf Ludendorff jedenfalls machte diese Geschichte einen tiefen Eindruck. Er schrieb in seinen Erinnerungen, daß ihm danach klargeworden sei, daß das Instrument, mit dem der Krieg geführt wurde, die deutsche Armee, nicht mehr zuverlässig sei: »Der Krieg war zu beendigen.«

Was war mit der deutschen Armee zwischen März und August geschehen? Im März hatte sie, erschöpft, unterernährt, mit schon schwindender letzter Kraft, doch noch einmal mit vollem Siegeswillen und mit momentan großem Erfolg offensiv gefochten. Im August war sie offenbar nicht mehr bereit, auch nur defensiv das Letzte einzusetzen. Man muß dabei einen Umstand beachten, der sich besonders deutlich in den folgenden Monaten, während der langen Rückzugsschlachten von August bis November 1918, herausstellen sollte. Die deutsche Armee zerfiel damals, moralisch gesehen, in zwei unterschiedliche Teile. Ein Teil der Truppen kämpfte so hart wie je, ja er wurde durch die drohende Niederlage geradezu fanatisiert. Es hat noch heroische Abwehrkämpfe gegeben – aber, wie gesagt, nur bei einem Teil der Truppen. Beim anderen, größeren Teil zeigte sich, daß die deutsche militärische Moral jetzt angeschlagen war. Diese Soldaten hatten im Grunde genommen innerlich aufgegeben, sie sahen keine Siegeschance mehr, sondern nur noch die unabwendbare Niederlage vor sich und hatten einfach keine Lust, in diesem Schlußakt eines verlorenen Krieges noch ihr Leben einzusetzen. Vom militärischen Standpunkt aus war die bis zum Fanatismus, bis zur Verzweiflung gesteigerte Abwehrbereitschaft des einen Teils der Armee selbstverständlich höher einzuschätzen; man muß aber auch dem anderen Teil gerecht werden.

Das waren keine Feiglinge und keine Deserteure, es handelte sich vielmehr um den mitdenkenden Teil der Armee. Die Massenheere des Ersten Weltkrieges waren ja denkende Heere. Die alten Berufsarmeen waren reine Maschinen gewesen, fest gedrillt auf Befehl und Gehorsam: »Das Denken überlassen wir den Pferden, die haben größere Köpfe.« Mit diesem Kadavergehorsam der stehenden Heere konnte man bei den »Letztes-Aufgebot«-Armeen der späteren Weltkriegsjahre nicht mehr rechnen. Sie waren denkende Bürgerarmeen. Um ihre volle Kampfkraft zu entfalten, brauchten sie außer militärischer Disziplin das, was man heute Motivation nennt. Sie mußten das Gefühl haben, daß sie für etwas kämpften, wofür sich zu kämpfen lohnte. Ich denke dabei gar nicht an idealistische Kriegsziele, sondern einfach an die Möglichkeit des Sieges.

Diese Möglichkeit gab es objektiv seit Juli oder vielleicht schon seit April 1918 nicht mehr. Die Deutschen hatten ihren letzten Pfeil verschossen; er hatte nicht ins Ziel getroffen; von nun an kämpften sie nur noch, um die unaufhaltsame Niederlage hinauszuschieben. Bei dem Gedanken, sich opfern zu müssen, ohne daß dabei noch irgend etwas herauskommen konnte, mußten sich psychologisch wie materiell Erschöpfungserscheinungen einstellen.

Ludendorff hatte auch darin vollkommen recht, daß der Verfall der Kriegsfähigkeit sich in der Armee selbst abspielte – noch nicht im Volke, nicht im Hinterland, wo man immer noch ziemlich blind an die Möglichkeit des Sieges glaubte; übrigens auch irregeführt durch übertrieben optimistische Heeresberichte. Es war wirklich die Armee, die im Frühjahr und Sommer 1918 eine Niederlage erlitten hatte. Eine Niederlage, die sich auf der Kriegskarte kaum erkennen ließ, weil sie moralischer Natur war. Die siegesgewillte deutsche Armee von 1914 gab es danach nicht mehr. Auch wenn manche Truppenteile noch mit vollem Einsatz weiterkämpften, war die Moral der deutschen Armee, aufs Ganze gesehen, wenn auch nicht gebrochen, so doch schwer angeschlagen. Ludendorff hatte vollkommen recht, wenn er daraus schon im August 1918 den Schluß zog, daß der Krieg zu beenden sei.

Aber wie? Denn mittlerweile waren die Westmächte überzeugt, daß sie den kritischen Moment überwunden hatten, so daß sie es sich leisten konnten, sofort zum Gegenangriff überzugehen, ohne noch lange auf die Amerikaner zu warten. Und dabei machten sie jetzt die ungewohnte Erfahrung, daß ihr Gegenangriff erfolgreich war. Seit August fiel die deutsche Armee, immer noch kämpfend, aber doch nicht mehr so entschlossen kämpfend wie zuvor, ständig von einer Stellung zur anderen zurück. Ende September hatte sie die sogenannte Hindenburglinie erreicht, die letzte voll ausgebaute, schon weit hinter der alten Front liegende Verteidigungsstellung; und gerade da erneuerten die Alliierten nach einer kleinen Pause ihre Gegenoffensive mit aller Kraft. Jetzt drohte der alliierte Durchbruch durch die Hindenburgstellung und damit der militärische Zusammenbruch an der Westfront.

In dieser Situation entschloß sich Ludendorff, das Handtuch zu werfen. Am 28. September einigte er sich mit Hindenburg, daß ein Waffenstillstandsgesuch erforderlich sei. Es sollte mit einem Friedensangebot auf der Basis der sogenannten »14 Punkte« des amerikanischen Präsidenten Wilson verbunden sein. Wenn Hindenburg und Ludendorff diese 14 Punkte genau gelesen hätten, wäre ihnen klar gewesen, daß sie bereits die volle deutsche Niederlage voraussetzten, denn unter diesen 14 Punkten war nicht nur die Rückgabe Elsaß-Lothringens an Frankreich, sondern auch die Wiederherstellung eines Polen einschließlich der preußisch-polnischen Gebiete und mit einem Zugang zum Meer, also dem zukünftigen polnischen »Korridor«. Ich glaube nicht, daß Ludendorff die 14 Punkte genau studiert hat, er warf sie sozusagen in den Ring, um es den Amerikanern schwerzumachen, das Waffenstillstands- und Friedensgesuch der Deutschen abzulehnen.

Am nächsten Tag, dem 29. September, geschah noch etwas, das für den weiteren Verlauf der Ereignisse sehr wichtig werden sollte. Ludendorff hatte sich die zivile Reichsleitung für diesen Sonntag ins Hauptquartier bestellt. Die beiden wichtigsten Männer der Regierung, der Reichskanzler Graf Hertling und der Außenminister von Hintze, reisten auf verschiedene Art an: Hintze, ein junger, kräftiger Mann, fuhr über Nacht und traf Ludendorff am Sonntagmorgen; Hertling, ein alter Herr, reiste mit dem Tagzug und kam deshalb erst am Spätnachmittag im Hauptquartier in

Spa an. Inzwischen hatte Hintze aber Ludendorff mit einer neuen Idee bekannt gemacht.

Hintzes Überlegungen liefen darauf hinaus, das Waffenstillstandsgesuch innenpolitisch zu unterbauen, um Präsident Wilsons Sympathie zu gewinnen. Man brauche eine parlamentarisch-demokratische Regierung, um den Amerikanern den Eindruck zu vermitteln, es sei ein neues, ein demokratisches Deutschland, das den Frieden suchte – auf der Grundlage des von Wilson selbst entwickelten Friedensprogramms! Man mußte jetzt also die Reichstagsmehrheit an die Regierung bringen, und außerdem mußte man die Verfassung ändern, das Reich zu einer parlamentarischen Monarchie machen, in welcher der Reichstag die Minister und den Reichskanzler durch ein Mißtrauensvotum stürzen konnte, man mußte den Eindruck erwecken, daß man nicht wegen des drohenden militärischen Zusammenbruchs, sondern aus dieser demokratischen Erneuerung heraus jetzt den Frieden suche.

Ludendorff nahm diesen Vorschlag gern auf, dachte sich aber wohl noch etwas anderes dabei. Ich bin sicher, daß er die psychologisch-diplomatischen Erwägungen, die hinter Hintzes Vorschlag standen, durchaus zu würdigen wußte. Was er aber darüber hinaus sofort erkannte, war, daß er auf diese Weise die weiße Fahne nicht selbst zu hissen brauchte, sondern sie der Reichstagsmehrheit, also seinen innenpolitischen Gegnern, in die Hand drücken konnte.

So wurde also am 29. September in Gegenwart des

gleichfalls erschienenen Kaisers – der sich aber dabei ausgesprochen passiv verhielt – im Hauptquartier beschlossen, daß sofort eine parlamentarische Regierung mit Ministern aus der Reichstagsmehrheit zu bilden sei. Diese Regierung sollte ohne offizielle Beteiligung der Obersten Heeresleitung, aber mit äußerster Beschleunigung das Waffenstillstands- und Friedensgesuch herausgeben, da nach Ludendorffs Einschätzung der Zusammenbruch der Westfront unmittelbar drohte. Dafür sollte ihr gestattet sein, die Verfassung zu ändern und das Reich zu parlamentarisieren.

Als die führenden Reichstagsabgeordneten am 2. Oktober in Berlin durch einen Abgesandten Ludendorffs von alldem erfuhren, waren sie fassungslos. Die Einsicht, daß der Krieg jetzt im Westen militärisch verloren war und daß sogar ein militärischer Zusammenbruch drohte, traf sie alle, auch die Männer der Reichstagsmehrheit, immer noch als fürchterliche Überraschung. Und mit dieser Schreckensmeldung war obendrein die Aufforderung verknüpft, nun selbst das bankrotte Geschäft zu übernehmen, den Konkurs zu erklären und für das, was sie nicht verantwortet hatten, die Verantwortung zu übernehmen.

In diesem düsteren Augenblick sprangen ausgerechnet die Sozialdemokraten in die Bresche. Diese bemerkenswerte Entwicklung hatte sich schon in der Friedenszeit vorbereitet und sollte in den kommenden Wochen und Monaten entscheidend werden. Die Sozialdemokraten, jedenfalls ihr großer Mehrheitsflügel, waren mehr als andere Parteien zur Verantwortung bereit. Wenn man uns jetzt die Verantwortung überläßt, sagte Friedrich Ebert, der Parteivorsitzende, dann müssen wir »in die Bresche springen« und vom Deutschen Reich retten, was zu retten ist. Dies um so mehr, als man der Sozialdemokratie ja nicht nur zumutete, das Waffenstillstandsgesuch herauszugeben, sondern ihr zugleich endlich das bewilligte, was sie seit Jahrzehnten erstrebt hatte: eine Parlamentarisierung der Regierung, also die Möglichkeit des Reichstages, Reichskanzler und Minister durch ein Mißtrauensvotum zu stürzen, dazu noch die überfällige Abschaffung des preußischen Drei-Klassen-Wahlrechts. Dies waren übrigens die letzten bedeutenden Punkte im sozialdemokratischen Forderungskatalog, die zu diesem Zeitpunkt noch offenstanden. Nun wurden ihnen diese Forderungen endlich erfüllt, und die Sozialdemokraten waren, mit Ebert an der Spitze, nach einiger Diskussion und einigen Bedenken, bereit, sich auf diesen Handel einzulassen.

Man bedenke, was für ein unglaublicher nachträglicher innenpolitischer Erfolg der Kaiserzeit das war. Die »Reichsfeinde« Bismarcks, die immer noch abseits stehenden und verfemten »vaterlandslosen Gesellen« Wilhelms II., waren bereit, das Reich – und zwar das Kaiserreich, denn vom Sturz der Monarchie war zu diesem Zeitpunkt überhaupt noch keine Rede – als regierende Partei zu übernehmen, mit einigen Reformen weiterzuführen und sogar die Verantwortung für seine Niederlage auf sich zu laden. Das war ein epochales Ereignis.

Unter Prinz Max von Baden, einem liberalen Aristo-
kraten und Mitglied der regierenden badischen Fami-
lie, wurde jetzt eine Regierung mit sozialdemokratischen, linksliberalen und Zentrumsministern gebildet. Diese Regierung ließ am 3. Oktober unter ihrem
Namen, ohne Anspielung auf die militärische Lage
und die Rolle der Obersten Heeresleitung, das Waf-
fenstillstands- und Friedensgesuch an den Präsidenten
Wilson abgehen. Der Kaiser selbst war es, der den
zögernden Prinzen Max dazu überredete.

Nun kamen viele Dinge zusammen. Zunächst einmal
stellte sich der militärische Zusammenbruch an der
Westfront, den Ludendorff am 28. und 29. September
erwartet hatte, nicht ein. Die deutsche Armee kämpfte
noch bis zum Waffenstillstandstag am 11. November
weiter; allerdings unter fortwährenden Rückzügen
und Geländeverlusten; eine Viertelmillion deutsche
Soldaten geriet in diesen letzten Kriegswochen in
Gefangenschaft. Aber immer noch, bis zum letzten
Kriegstag, existierte eine zusammenhängende Front,
die auf belgischem und französischem Gebiet, wenn
auch ständig weichend, weiterkämpfte.

Andererseits ereignete sich jetzt – und erst jetzt – so
etwas wie ein innerer Zusammenbruch an der Heimat-
front. Die Deutschen in ihrer Masse, und besonders
die hungernden und schon lange unzufriedenen Ar-
beiterschichten, also die Wählerschichten der Links-
parteien, erfuhren jetzt plötzlich – sozusagen mitten
im Siegen, denn wirkliche Niederlagen hatten die
Heeresberichte noch nie zugegeben –, daß der Krieg

verloren war, mindestens verloren gegeben wurde. Kein Wunder, daß diese Menschen nun ihrerseits jedes Vertrauen in eine Führung verloren, die sie an diesen Punkt gebracht hatte. In den deutschen Großstädten bereitete sich so etwas wie eine Revolution vor. Sie bereitete sich nur vor, sie brach noch nicht aus, aber die innenpolitische Landschaft in Deutschland begann sich im Oktober 1918 stark zu verändern.

Und noch etwas geschah in diesem Oktober. Wilson ging auf das deutsche Waffenstillstandsgesuch keineswegs sofort ein. Er sandte eine Note, in der er – nicht ganz zu Unrecht – bezweifelte, daß die plötzliche Demokratisierung des Deutschen Reiches wirklich ernst zu nehmen sei (der Kaiser und sämtliche Landesfürsten waren ja immer noch da), und er verlangte in drei aufeinanderfolgenden Noten weitere innerdeutsche Veränderungen. Wilson sah den Krieg in erster Linie ideologisch. Er verlangte eine wirkliche Demokratisierung in Deutschland und machte deutlich, daß er damit in erster Linie das Verschwinden des Kaisers meinte.

Nun erst, durch Wilsons Forderungen, entspann sich im Laufe des Oktober in Deutschland die »Kaiserdebatte«: Sollte man, da es nun ohnehin kein Zurück mehr gab, auch diese Forderung erfüllen, sollte der Kaiser abdanken? In den Kreisen der neuen Reichsregierung bildete sich eine Partei, die dafür plädierte, wenigstens den Kaiser als Figur, wenn auch nicht die Monarchie als solche zu opfern. Dem stellte sich eine andere Gruppierung entgegen, die ihre Anhänger besonders in der Heeresleitung und der Marineleitung hatte, worauf ich mit Bedacht schon jetzt hinweise. Ludendorff machte im Oktober eine seltsame Wandlung durch. Er hatte seinen Staatsstreich, so kann man es wohl nennen, am 29. September in einer Art Panikstimmung begangen, weil er den unmittelbaren Zusammenbruch der Westfront fürchtete. Als dieser nicht eintrat, als die Westfront weiterkämpfte, änderte Ludendorff seine Meinung erneut. Jetzt wollte er den Krieg doch wieder bis zum Äußersten fortsetzen. Wobei man ihm zugestehen muß, daß es rein militärisch wahrscheinlich noch möglich gewesen wäre, sich im Westen sozusagen in den Winter zu retten. Die alliierten Offensiven waren zwar in ständigem Vorrücken begriffen, ein wirklicher Durchbruch war aber nirgends erfolgt. Inzwischen war der Oktober gekommen, es wurde November. Wahrscheinlich wäre im Winter eine Operationspause eingetreten, man hätte vielleicht die Westfront auf der Antwerpen-Maas-Linie noch einmal konsolidieren und sich auf einen neuen Frühjahrs- und Sommerfeldzug im kommenden Jahr vorbereiten können, der allerdings bei der dann erreichten massiven amerikanischen Stärke vollkommen aussichtslos gewesen wäre und wohl zur Invasion Deutschlands geführt hätte.

Nun aber geschah noch etwas anderes, das den weiteren Widerstand im Westen sozusagen gegenstandslos machte: Die Verbündeten brachen zusammen. Eigentlich waren sie schon Anfang 1918 am Ende gewesen und hatten nur noch die letzte Chance der deutschen großen Offensive, das Ausspielen der letzten deutschen militärischen Trumpfkarte abwarten wollen. Nachdem diese Trumpfkarte nicht gestochen hatte, lösten sich Österreich, Bulgarien und die Türkei innerlich auf. In Österreich begannen Aufstände der Nationalitäten; die österreichische Armee wurde, weit mehr als die deutsche, als Kriegsinstrument unbrauchbar. Die erste Front, die vollkommen zusammenbrach, war die österreichisch-bulgarische auf dem Balkan. Der österreichische Zusammenbruch in Italien folgte. Selbst wenn die deutsche Westfront sich vielleicht in den Winter retten konnte, drohte jetzt eine neue Südfront, gegen welche die Deutschen überhaupt nichts aufzubieten hatten.

Im Rahmen dieser komplizierten Ausgangsbedingungen bewegte sich nun die deutsche Innenpolitik. Wie bereits erwähnt, standen sich in Deutschland Ende Oktober wieder die beiden alten Parteien gegenüber: die frühere Kriegszielpartei erschien jetzt als die Partei des letzten Verzweiflungskampfes; die frühere Verständigungspartei erschien als die Partei der fast bedingungslosen Kriegsbeendigung. Diese Konfrontation führte Anfang November zum Ausbruch einer deutschen Revolution, die auch jetzt noch niemand wirklich vorhergesehen hatte.

Die deutsche Revolution wurde ausgelöst durch einen Beschluß der Marineleitung – übrigens gefaßt, ohne die Reichsregierung zu informieren –, noch einmal eine große Seeschlacht mit der englischen Flotte zu wagen. Gegen diesen Plan meuterte ein Teil der deutschen Flotte, und er mußte schließlich aufgegeben werden. Viele meuternde Matrosen waren aber dabei festgenommen worden; ihnen drohte das Kriegsgericht, die Todesstrafe, und ihre Kameraden wollten das nicht mit ansehen. Am 4. November brach in Kiel, wohin sich die deutsche Flotte von ihren westlichen Basen zurückgezogen hatte, eine große Matrosenrevolte aus. Die Aufständischen übernahmen die Schiffe, hißten die rote Fahne, bildeten Matrosenräte und brachten schließlich die Stadt Kiel in ihre Gewalt.

Dieser Matrosenaufstand, der zeitlich mit der Debatte über die »Kaiserfrage« zusammenfiel, hatte keinerlei politisch artikulierte Ziele. Aber nachdem sich die Matrosen einmal der Flotte und der Stadt Kiel bemächtigt hatten, sahen sie ein, daß sie das Begonnene irgendwie zu Ende führen mußten, wenn sie nicht schließlich doch als Meuterer zu Tode kommen wollten. Sie schwärmten von Kiel aus, und binnen einer kurzen Woche, vom 4. November an, breitete sich die Revolution waldbrandartig zunächst über Norddeutschland, dann über Westdeutschland, schließlich über den größten Teil des Deutschen Reichs aus. Zusätzlich kam es zu spontanen Aufständen in anderen deutschen Landeshauptstädten, zum Beispiel am 7. November in München.

Das Ganze war ein führungsloser, aber unaufhaltsamer Vorgang, der aus den Massen hervorbrach: in der Heimatarmee wurden Soldatenräte gebildet, in den Fabriken Arbeiterräte. Diese Arbeiter- und Soldatenräte übernahmen in den Großstädten eine Art Verwaltung. Unter der Oktoberregierung begann der Boden zu schwanken. Ihr kam diese Revolution äußerst ungelegen.

Prinz Max von Baden berichtet in seinen Erinnerungen von einer Zusammenkunft mit Ebert am 7. November 1918.

»Ich sah Ebert am frühen Vormittag allein im Garten. Zunächst unterrichtete ich ihn von meiner geplanten Reise: ›Sie wissen, was ich vorhabe. Wenn es mir gelingt, den Kaiser zu überzeugen, habe ich Sie dann an meiner Seite im Kampf gegen die soziale Revolution?‹ Eberts Antwort erfolgte ohne Zögern und unzweideutig:

›Wenn der Kaiser nicht abdankt, dann ist die soziale Revolution unvermeidlich. Ich aber will sie nicht, ja, ich hasse sie wie die Sünde.‹«

Damit sprach er seine subjektive Wahrheit aus. Er hatte zusammen mit seiner Partei im Oktober innenpolitisch alles erreicht, was sie erreichen wollten. Nun planten sie, den Krieg schleunigst zu beenden und dann im Bunde mit den bürgerlichen Fortschritts- und Zentrumsparteien das Deutsche Reich gewissermaßen als Konkursverwalter des Krieges weiterzuregieren – so, wie es sich mit den Oktoberreformen inzwischen darstellte, als eine parlamentarisierte Monarchie. Deshalb war eine Revolution das allerletzte, was sie zu diesem Zeitpunkt gebrauchen konnten.

Aber die Revolution schien nicht mehr aufzuhalten. Am Sonnabend, dem 9. November, erfaßte sie auch die Hauptstadt Berlin. Es gab einen Generalstreik, die Arbeitermassen gingen auf die Straße, zogen ins Stadtzentrum vor den Reichstag und demonstrierten – eigentlich ohne etwas Bestimmtes außer dem Ende des Krieges zu fordern. Aber Scheidemann, der zweite Mann der Sozialdemokratie, glaubte ihnen entgegenkommen zu müssen, indem er vom Reichstagsgebäude aus der unten wartenden Menge die deutsche Republik proklamierte. Was Ebert ihm unendlich übelnahm. Die beiden hatten alsbald im Reichstagsrestaurant einen großen Krach. Ebert sagte, was aus dem Deutschen Reich würde, eine Monarchie oder eine Republik oder was auch immer, das werde erst eine verfassunggebende Versammlung entscheiden.

Er seinerseits war gewillt, die Monarchie zu erhalten. Deshalb versuchte er noch am Nachmittag des 9. November – eine sehr interessante Fußnote zur deutschen Geschichte –, die Ausrufung der Republik durch Scheidemann ungeschehen zu machen. Er empfing Prinz Max von Baden, der inzwischen eigenmächtig die Abdankung des Kaisers verkündet und sein Reichskanzleramt verfassungswidrig an Ebert übergeben hatte, und bat ihn, als Reichsverweser die Möglichkeit einer Weiterführung der deutschen Monarchie offenzuhalten. Aber Prinz Max wollte nicht mehr. Ihm war alles genug und übergenug gewesen, er wollte zurück ins Privatleben, er lehnte ab. So mußte auch Ebert sich mit der Faktum gewordenen deutschen Republik abfinden.

Sie war nicht nur durch Scheidemanns Rede vom

Reichstagsbalkon zum Faktum geworden. In diesen Tagen spielte sich noch etwas anderes ab. Der Kaiser, auf den ich alsbald zurückkommen werde, hatte zwar in Wirklichkeit noch gar nicht abgedankt. Immerhin floh er in der Nacht vom 9. zum 10. November nach Holland ins Exil. Fast alle anderen deutschen Fürsten aber, die Könige von Bayern, Sachsen, Württemberg, und die Großherzoge und Herzoge der anderen deutschen Staaten, hatten in diesen Novembertagen tatsächlich abgedankt, der eine etwas früher, der andere etwas später. Das war ein merkwürdiger Vorgang, denn sie waren sämtlich nicht physisch bedroht worden. Es waren einfach Abordnungen der Arbeiter- und Soldatenräte zu ihnen gekommen und hatte ihre Abdankung verlangt, und sie hatten widerstandslos nachgegeben.

Dieses lautlose Verschwinden aller deutschen Monarchien, die ja eben noch selbstverständliche, respektierte und unangefochtene Institutionen gewesen waren, war ein Vorgang, der in den Wirren dieser Novembertage *fast* unbeachtet blieb, merkwürdigerweise aber auch von der deutschen Geschichtsschreibung später kaum gewürdigt worden ist, und der bis heute keine volle Erklärung gefunden hat. Die Abdankung vollzog sich manchmal in fast gemütlichen Formen. Der König von Sachsen zum Beispiel sprach zu der Abordnung, die ihn zur Abdankung aufforderte: »Na gut, dann macht euch euern Dreck alleene.«

Ein Wort, das über diesem ganzen Vorgang stehen könnte. Die deutschen Monarchen wollten nicht mehr weiterherrschen, sie strebten zurück in ein meist behaglich gestaltetes Privatleben. Nicht einer ist verhaftet, geschweige denn hingerichtet worden, wie die französischen und englischen Könige in den französischen und englischen Revolutionen. Die deutsche Revolution, wenn man sie so nennen kann, war gutmütig. Und doch glich sie in diesen Tagen einem Erdbeben, gegen das keiner etwas auszurichten vermochte.

Ich wollte noch für einen Augenblick auf den Kaiser zu sprechen kommen. Der Kaiser hatte sich am 29. Oktober ins Hauptquartier in Spa begeben und war zunächst ganz willig, die parlamentarischen Reformen gutzuheißen und als ein parlamentarischer Monarch weiterzuherrschen. Einen preußischen Minister, der ihn in Spa aufsuchte, um ihm die Abdankung nahezulegen, kanzelte er barsch ab. Als er von der Revolution überrascht wurde, hoffte er zunächst noch, sie mit Hilfe des Feldheeres, das durch den Waffenstillstand bald frei werden würde, niederschlagen zu können. Doch dabei erlebte er am 9. November seine große Enttäuschung.

Wie bereits ausführlich erörtert wurde, war die Kampfmoral des deutschen Heeres seit dem Scheitern der großen deutschen Offensive nicht mehr dieselbe wie vorher. Seit dem Waffenstillstandsgesuch und der inneren Erschütterung in Deutschland war sie wohl noch schlechter geworden. Am 9. November lud die Oberste Heeresleitung 39 kommandierende Frontoffiziere, meist Divisionskommandeure, ins Hauptquartier, um sich darüber berichten zu lassen, ob das Heer im Falle eines Waffenstillstands bereit sei, für die Erhaltung des Thrones, für den Kaiser gegen die Revolution zu kämpfen. Das einhellige Urteil der Kommandeure lautete: Nein. Das Heer sei bereit, in Begleitung Seiner Majestät nach Deutschland zurückzumarschieren, wenn dies gewünscht werde – aber kämpfen wolle es nicht mehr, weder nach außen noch nach innen.

Daraufhin entschlossen sich Hindenburg und Ludendorffs Ende Oktober ernannter Nachfolger als Generalstabschef, General Groener, dem Kaiser zur Abdankung oder mindestens zur Flucht ins Exil zu raten. Der Kaiser gab diesem Drängen im Laufe des 9. November, wiederum merkwürdig widerstandslos, nach. Wilhelm II. begab sich ins holländische Exil und begrub damit nicht nur sein persönliches Kaisertum, sondern, wie sich zeigen sollte, zugleich alle Chancen für eine künftige Wiederherstellung der Monarchie. Seine formelle Abdankung, die erst später im November erfolgte, bedeutete praktisch kaum mehr etwas.

Zwei Entscheidungen haben also an diesem 9. November der deutschen Monarchie ein Ende bereitet: die Flucht des Kaisers nach Holland und die Weigerung des Prinzen Max von Baden (auch er ein Mann monarchischer Abkunft), die Reichsverweserschaft zur Erhaltung der deutschen Monarchie anzunehmen – womit freilich nicht unbedingt die des Hohenzollernkaisertums gemeint gewesen wäre. Ebert als der neue Reichskanzler und wirkliche Chef der neuen

Regierung blieb nun also mit der Revolution und der Notwendigkeit eines Waffenstillstands allein.

Dieser Waffenstillstand war übrigens auch unter den Alliierten während des ganzen Oktober kontrovers diskutiert worden. Der amerikanische Oberkommandierende in Europa, General Pershing, wollte ihn nicht. Er ging davon aus, daß die Deutschen ohnehin geschlagen seien. Warum jetzt noch einen Waffenstillstand gewähren, der ihnen ermöglichte, sich hinter dem Rhein neu einzugraben und weiterzukämpfen? Pershing verlangte die bedingungslose Übergabe, wie später im Zweiten Weltkrieg der amerikanische Präsident Roosevelt.

Die französischen und englischen Oberkommandierenden fanden sich eher bereit, einem Waffenstillstand zuzustimmen. Ihre Armeen waren, wie die deutsche, schwer ausgeblutet; es lag ihnen nichts mehr an einer neuen Großoffensive im Jahre 1919 – im Gegensatz zu den Amerikanern, für die das ja erst die eigentliche Bewährungsprobe gewesen wäre. Man einigte sich schließlich darauf, den Waffenstillstand zu gewähren, aber unter Bedingungen, die Deutschland eine Wiederaufnahme der Feindseligkeiten unmöglich machen würden.

Daraufhin wurde den Deutschen mitgeteilt, daß sie einen Unterhändler ins alliierte Hauptquartier entsenden konnten, dem die Waffenstillstandsbedingungen mitgeteilt werden würden. Das geschah am 6. November. Der Abgeordnete Erzberger, ein Zentrumsmann und Minister des Kabinetts Max von Baden,

wurde dazu ausersehen, die deutsche Waffenstill-
standsdelegation zu führen. Das ist sehr bemerkenswert: Nicht ein General, sondern ein Mitglied der
zivilen Regierung wurde zur Unterzeichnung der militärischen Waffenstillstandsbedingungen entsandt.
Sie stellten sich als außerordentlich hart heraus. Diese
Bedingungen besiegelten in der Tat die vollständige
Niederlage des Reiches und machten irgendeinen weiteren Widerstand unmöglich. Die Westmächte ver-
langten, daß in einer überaus kurzen Frist die noch
besetzten Gebiete und die deutschen Gebiete am linken Rheinufer samt drei Brückenköpfen am rechten
geräumt würden. Die alliierten Armeen sollten den
abziehenden deutschen Truppen folgen und die
linksrheinischen Gebiete samt den drei rechtsrheini-
schen Brückenköpfen besetzen. Weiter wurde die
Auslieferung der Flotte gefordert und verlangt, daß
ungeheure Materialmengen zurückzulassen bzw. ab-
zuliefern seien. So sahen die Hauptbedingungen der
Alliierten aus. Sie machten den Deutschen auf unmiß-
verständliche Weise klar, daß sie den Krieg verloren
hatten. Ja man könnte sogar sagen, daß die Niederlage
recht eigentlich erst durch diese Bedingungen besie-
gelt wurde. Denn erst sie machten jeden künftigen
Widerstand hinter dem Rhein unmöglich.
Am 6. November, mitten in den Revolutionstagen,
reiste Erzberger nach Compiègne zum Marschall
Foch, bekam die Waffenstillstandsbedingungen vorgelegt, handelte noch ein paar Details ab und unterbreitete sie dann der Reichsregierung, die sie wieder-

um der Obersten Heeresleitung vorlegte. Die Oberste Heeresleitung, dies bleibt festzuhalten, erklärte, daß sie angenommen werden müßten, auch wenn keine Milderung zu erreichen sei, da es unmöglich sei, den Kampf noch weiterzuführen. Daraufhin unterzeichnete Erzberger. Der Waffenstillstand trat am 11. November in Kraft.

Nun muß man sich vorstellen, wie das alles auf die Deutschen wirkte. Noch bis in den August hinein hatten sie sich mitten im Siegen gefühlt. Erst durch das Waffenstillstandsgesuch Anfang Oktober erfuhren sie, daß die Reichsregierung – nicht unbedingt die Oberste Heeresleitung, wohlgemerkt – den Kampf für aussichtslos erklärt und aufgegeben hatte. Dann wurde die Regierung am 9. November in eine rein sozialdemokratische Regierung umgewandelt, und gleichzeitig erfolgte eine Revolution, die Fürsten dankten ab, der Kaiser dankte angeblich ab, auf jeden Fall floh er.

Was hatte das alles zu bedeuten? Für die Masse der wenig informierten Deutschen stellten sich die Ereignisse aus dem rein zeitlichen Verlauf so dar: Wir standen im Begriff, den Krieg zu gewinnen, da kamen die Schlaumeier an die Regierung, die schon immer nur einen Verständigungsfrieden gewollt hatten, dann wurde das Handtuch geworfen, dann kam eine Revolution, und dann wurde ein Waffenstillstand abgeschlossen, der uns kampfunfähig machte.

Auf diesem Boden entwickelte sich später die sogenannte Dolchstoßlegende, eine Legende, die als erster

Ludendorff offen verkündete, der aber bemerkenswerterweise Ebert schon vorher den Weg bereitete.
Denn für Ebert ging es jetzt hauptsächlich darum,
innenpolitisch zu retten, was zu retten war: die Okto-
bermonarchie, wenn es denn sein mußte, als Republik
weiterzuführen und die Revolution zu unterdrücken.
Zunächst schloß Ebert einen Scheinfrieden mit der
Revolution, indem er sich am 10. November in einer
Versammlung der Berliner Arbeiter- und Soldatenräte
als Leiter eines sechsköpfigen »Rats der Volksbeauftragten« zum zweiten Mal an die Regierung rufen ließ.
In Wirklichkeit leitete er jedoch ein Bündnis mit der
verbliebenen Obersten Heeresleitung ein, das heißt
mit ihrem tatsächlichen neuen Chef, mit General
Groener.

Noch am selben Abend kam es zu dem später berühmt
gewordenen Telefongespräch zwischen diesen beiden. Ebert, der zwar kein legaler Reichskanzler, aber
einerseits durch Prinz Max von Baden, andererseits
durch den Berliner Arbeiter- und Soldatenrat revolutionär sozusagen doppelt legitimiert war, versuchte
das Bündnis von Anfang Oktober mit der Obersten
Heeresleitung zu erneuern. Er wollte das durch den
Waffenstillstand frei werdende Frontheer zur Unterdrückung der Revolution einsetzen und auf diese
Weise die Unterstützung der neuen Regierungsmacht
und der neuen Verfassung durch die Oberste Heeresleitung sicherstellen. Groener erklärte sich schon in
diesem ersten Telefongespräch dazu bereit, später
wurde die Abmachung weiter bekräftigt. Sie invol-

vierte eine Gegenrevolution, eine militärische Unterdrückung der linken Revolution, die in dem Rat der Volksbeauftragten ihre Führung hatte, an dessen Spitze ironischerweise Ebert selbst stand.

Es gibt eine spätere Darstellung dieser Absprache durch General Groener, die er im sogenannten Dolchstoßprozeß 1925 unter Eid abgab. Damals sagte Groener aus:

»Zunächst hat es sich darum gehandelt – und das war mein Gedanke und das nächste Ziel –, in Berlin die Gewalt den Arbeiter- und Soldatenräten zu entreißen. Zu diesem Zweck wurde eine Unternehmung geplant, der militärische Einzug von zehn Divisionen nach Berlin. Ein Offizier wurde nach Berlin geschickt, der die Einzelheiten darüber verhandeln sollte, auch mit dem preußischen Kriegsminister, der natürlich nicht ausgeschaltet werden konnte. Es gab da eine Reihe von Schwierigkeiten. Ich darf nur darauf hinweisen, daß von seiten der Unabhängigen Regierungsmitglieder, der sogenannten Volksbeauftragten, aber auch von seiten, ich glaube von Soldatenräten – ich kann das im einzelnen so aus dem Stegreif nicht sagen – gefordert wurde, daß die Truppen ohne scharfe Munition einrücken. Wir haben selbstverständlich dagegen sofort Front gemacht, und Herr Ebert hat selbstverständlich sofort zugestimmt, daß die Truppen mit scharfer Munition in Berlin einrücken.

Wir haben für diesen Einmarsch, der zugleich die Gelegenheit bringen sollte, wieder eine feste Regierung in Berlin aufzustellen..., ein festes Programm ausgearbeitet, für die Einzugstage. In diesem Programm war tageweise enthalten, was zu geschehen hätte: Die Entwaffnung Berlins, die Säuberung Berlins von Spartakisten usw. Das war alles vorgesehen, tageweise für die einzelnen Divisionen. Das war auch durch den Offizier, den ich nach Berlin geschickt hatte, mit Herrn Ebert besprochen worden. Ich bin Herrn Ebert dafür besonders dankbar und habe ihn auch wegen seiner absoluten Vaterlandsliebe und restlosen Hingebung an die Sache überall verteidigt, wo er angegriffen wurde. Dieses Programm war durchaus im Einvernehmen und Einverständnis mit Herrn Ebert abgeschlossen.«

Das war der Ebert-Groener-Pakt, der während des November bekräftigt und in allen Einzelheiten ausgearbeitet wurde, während sich die Armee gleichzeitig sehr schnell, aber doch einige Wochen benötigend, ins Reichsgebiet zurückzog. Ebert begrüßte die zurückkehrenden Soldaten in Berlin Anfang Dezember mit Worten, die eigentlich schon die Dolchstoßlegende vorwegnahmen: »Kein Feind hat euch überwunden. Erst als die Übermacht der Gegner an Menschen und Material immer drückender wurde, haben *wir* den Kampf aufgegeben... Erhobenen Hauptes könnt *ihr* zurückkehren.«

Der Ebert-Groener-Pakt scheiterte zunächst. Am 16. Dezember sollte in Berlin ein Reichsrätekongreß tagen; diesem Kongreß sollten die zurückgekehrten 10 Divisionen durch einen Gegenstaatsstreich zuvorkommen. Es stellte sich aber heraus, wie Groener

ebenfalls 1925 unter Eid ausgesagt hat, daß die Soldaten einfach nicht mehr zu halten waren. Das war eben
nicht mehr die alte deutsche Armee der vier Kriegsjahre! Die Soldaten strebten spontan nach Hause; ihre
Zahl hatte sich bereits am Abend nach ihrem Einzug in
Berlin stark vermindert, und in den nächsten Tagen
lösten sich die Einheiten fast völlig auf. Als der
Reichsrätekongreß am 16. Dezember zusammentrat,
waren von den 10 Divisionen, die in Berlin eingerückt
waren, nur noch ganze 800 Mann zur Stelle. Dies war
ein Ergebnis jener stillen moralischen Revolution, die
im Heer seit dem Sommer reißend fortgeschritten war
und die man von der späteren Heimatrevolution deutlich unterscheiden muß, obwohl natürlich zwischen
beiden eine Wechselbeziehung bestand. Die Front-
armee war jedenfalls als Instrument des innenpolitischen Machtkampfes nicht mehr zu gebrauchen.
Darauf faßte die Oberste Heeresleitung, die jetzt in
Kassel tagte, den Beschluß, der Demobilisierung keine Hindernisse mehr in den Weg zu legen und statt
dessen Freikorps zu bilden: Freiwilligen-Formatio-
nen aus jenen Truppenteilen, die die innere Revolution in der Armee nicht mitgemacht hatten, die vielmehr bis zum Schluß fanatisch gekämpft hatten, gegen
die Heimatentwicklungen feindlich eingestellt waren,
kaisertreu, ludendorfftreu und bereit, das, was im
November passiert war, mit Gewalt wieder rückgängig zu machen. Und auch mit diesen Freikorps ging
die Regierung Ebert, besonders der neue Reichswehr-
minister Noske, nunmehr ein Bündnis ein.

Das Jahr 1918 endete mit der ersten großen Straßen-
schlacht, in Berlin beim Marstall, bei der die revolutionäre Volksmarinedivision über die Reste der alten
Armee siegreich blieb. Das neue Jahr begann mit der
sogenannten »Spartakuswoche« in Berlin, in der die
ersten Freikorps einen neuen Anlauf der Revolution
blutig niederschlugen.

Damit sind wir schon über das Jahr 1918 hinaus. Ich
möchte aber gleich hinzufügen, daß solche Ereignisse,
wie sie im Dezember und Januar in Berlin abrollten,
sich in der ersten Hälfte des Jahres 1919 in vielen
deutschen Großstädten wiederholten. Eine Art
schleichender Bürgerkrieg fand statt, in dem die Freikorps mit voller Deckung der Regierung Ebert-Noske
und später, als Ebert Reichspräsident geworden war,
der Regierung Scheidemann-Noske die noch verbliebenen Reste von Arbeiter- und Soldatenräte-Herr-
schaft in vielen deutschen Großstädten blutig niederschlugen. Die Reichstagsmehrheit mit den Sozialdemokraten an der Spitze machte im Bündnis mit den
konterrevolutionären Kräften der alten Armee die
Revolution vom November 1918 tatsächlich ungeschehen. Nur *ein* Ergebnis dieser Revolution blieb
erhalten: das Ende der Monarchie.

Ich möchte aber noch etwas anfügen. Wir haben
gesehen, wie sich die Ereignisse dieses unübersichtli-
chen Jahres in der Stimmung namentlich des deutschen Bürgertums niederschlugen. Unter diesen deutschen Bürgern war auch ein gescheiterter Künstler,
ein Österreicher, der sich als Kriegsfreiwilliger in der

deutschen Armee bewährt hatte. Das Kriegsende erlebte er als Gasversehrter in einem pommerschen Lazarett – und in diesem Augenblick entschloß er sich, Politiker zu werden, um all das Furchtbare, das seiner Meinung nach 1918 geschehen war, den scheinbaren Nervenzusammenbruch der Heimat, das scheinbare Aufgeben der sicheren Siegeschance, rückgängig zu machen. Dieser Mann, von dem damals keiner etwas wußte, hieß Adolf Hitler und wurde in den folgenden zehn Jahren allmählich zu einer Schlüsselfigur der deutschen Politik.

# Weimar und Versailles

Die Nationalversammlung, die im Januar 1919 gewählt wurde, tagte in Weimar, nicht im unruhigen
Berlin. Man ging nach Weimar, weil es ein stiller Ort
war, weil man es militärisch gut absichern konnte – ein
wenig vielleicht auch wegen der geistesgeschichtlichen
Berühmtheit dieses Städtchens, an die das neue
Deutschland anknüpfen wollte. Aber die Verabschie-
dung der Weimarer Verfassung war gar nicht die
wichtigste und auch nicht die schwerste Entscheidung, welche die Weimarer Nationalversammlung zu
treffen hatte. Das war vielmehr die Entscheidung für
oder gegen die Unterzeichnung des Versailler Frie-
densvertrages, der Deutschland im April 1919 als
fertiges Vertragswerk in ultimativer Form vorgelegt
wurde.

Als der Versailler Vertragsentwurf im Mai 1919 bekannt wurde, traf er die Deutschen, und zwar das
Volk ebenso wie die Nationalversammlung und die
Regierung, wie ein Keulenschlag: Gebietsabtretungen
im Osten, Westen und Norden, die als ungeheuer
empfunden wurden; fast völlige Entwaffnung, riesige
Reparationslasten, keine Kolonien mehr, und im gan-

zen Ton des Vertrages eine Behandlung Deutschlands nicht wie eines besiegten, aber immer noch zur Staatengemeinschaft gehörenden Kriegsgegners, sondern wie eines Angeklagten, der sein Strafurteil empfing. Die erste Reaktion im Volk, in der Nationalversammlung und in der Regierung war: nicht unterschreiben.

Was wäre geschehen, wenn man nicht unterschrieben hätte? In diesem Fall, daran war damals und ist auch heute in der Rückschau kein Zweifel, hätten die Westalliierten die Feindseligkeiten wieder aufgenommen, wären in Deutschland eingerückt, hätten keinen, jedenfalls keinen erfolgreichen militärischen Widerstand gefunden und hätten Deutschland besetzt, zunächst bis zur Weser, wie die damaligen alliierten Pläne vorsahen. Unter dem Druck des militärischen Ultimatums unterzeichnete man schließlich, nach furchtbaren Kämpfen und einer Regierungsumbildung.

Denn für den Fall einer alliierten Besetzung befürchtete die deutsche Regierung und die Mehrheit der Nationalversammlung ein Auseinanderfallen des Reiches. Die Alliierten hätten, so nahm man an, im Westen mit den bestehenden süddeutschen Staaten und mit irgendwelchen im preußischen Norden neugeschaffenen Staatsgebilden Sonderverträge abgeschlossen, und damit wäre das Reich in zwei Teile zerfallen: einen vom Westen besetzten westlichen Teil, und im Osten und Nordosten das alte Preußen und Sachsen. Heute, mit den Ergebnissen des Zweiten Weltkrieges vor Augen, fragt man sich, ob das wirklich so furchtbar gewesen wäre.

178

Es wäre auf das hinausgelaufen, was schließlich als Folge des Zweiten Weltkrieges herauskam: einen deutschen Weststaat, der sich früher oder später dem Westen hätte anschließen müssen, und einen – damals noch um alle preußischen Ostprovinzen unverkürzten – deutschen Oststaat, dessen Schicksal schwer vorauszusehen war. Denn über den alliierten Einmarsch bis zur Weser hinaus zu spekulieren war und ist sehr schwer.

Konnte man überhaupt so sicher sein, daß die süddeutschen Regierungen und das, was da in Nordwestdeutschland entstände, dann ihrerseits unterschreiben würden? Hätten die Alliierten nicht vielleicht schließlich doch, wenn eine deutsche Regierung in Berlin übriggeblieben wäre, auch den Ostteil Deutschlands besetzen müssen? Und wäre das dann nicht eine sogar sehr viel günstigere Lösung gewesen als die nach dem Zweiten Weltkrieg, nämlich gewissermaßen ein 1945 ohne Russen und ohne Amputation der Ostprovinzen, ein gänzlich von den Westmächten besetztes Gesamtdeutschland? Und da die Alliierten schließlich doch wieder eine deutsche Regierung hätten finden müssen, wäre auch dieser Zustand wohl kaum von Dauer gewesen.

Das waren ganz offene Fragen. Die Deutschen hätten vielleicht mit der Nichtunterschrift 1919 ebenso eine Chance gehabt, das Reich zu erhalten, wie mit der Unterschrift. Aber auch mit der Unterschrift hatten sie auf mittlere und längere Sicht eine viel bessere machtpolitische Chance, als ihnen damals klar war.

Denn die Pariser Gesamtfriedensordnung, von der Versailles ja nur einen Teil, den Deutschland direkt betreffenden Teil darstellte, war, bei Lichte und mit ruhigem Blut betrachtet, für Deutschland als Großmacht gar nicht ungünstig.

Gewiß, Deutschland wurden mit der Entwaffnung und den Reparationsforderungen zwei schwere Hypotheken auferlegt, die irgendwann abgetragen werden mußten. Im übrigen aber stellte sich allmählich heraus, daß die deutsche Stellung in Europa, die Stellung eines im Westen, Osten und Norden verkleinerten, aber immer noch intakten Deutschen Reiches, keineswegs schwächer war als vor 1914, sondern stärker.

Vor 1914 war das Deutsche Reich, wie der damals gängige Ausdruck lautete, »eingekreist«. Es lag zwischen den vier Großmächten England, Frankreich, Österreich-Ungarn und Rußland. Drei von ihnen, England, Frankreich und Rußland, waren im Ersten Weltkrieg gegen das Deutsche Reich verbündet.

Von diesen vier Großmächten hatte eine sich inzwischen vollkommen aufgelöst: Österreich-Ungarn gab es nicht mehr. An seiner Stelle standen schwache Nachfolgestaaten, die allein von ihrer Größe her niemals bedeutende Mächte werden konnten, sondern früher oder später unter den Einfluß der nächstgelegenen Macht geraten mußten, und das war Deutschland.

Rußland existierte jetzt als Sowjetunion außerhalb des europäischen Systems; es war ebenso wie Deutschland – dieser harte Ausdruck ist nicht unzutreffend – geächtet. Dieses Rußland aber war dazu geneigt, sich mit dem anderen Geächteten, nämlich Deutschland, als mit den Westmächten zu verbinden.

Das Reich hatte also, wie man im Schachspiel sagt, jetzt eine stärkere Position als vor dem Krieg, weil sich um Deutschland herum so vieles zu seinen Gunsten verändert hatte. Und diese positionelle Stärkung Deutschlands war durch den Kriegsausgang, aber auch durch die Friedensregelung selbst, unwiderruflich, außer allenfalls durch einen neuen Krieg; die Schwächung Deutschlands durch Entwaffnung und durch Reparationen war dagegen ihrem Wesen nach vorübergehend. Zehn oder gar zwanzig Jahre nach dem Krieg würde niemand mehr einen neuen Krieg führen, um Deutschland an der Wiederaufrüstung zu hindern oder es zur Fortzahlung der Reparationen zu zwingen. Auf längere Sicht war die deutsche Position durch die Ergebnisse des Ersten Weltkrieges also tatsächlich gestärkt, nicht geschwächt.

Die Westmächte andererseits waren von Anfang an alles andere als einig; sie hatten sich nur mit großer Mühe auf den Abschluß der Friedensverträge verständigen können. Danach fiel die stärkste unter ihnen aus: Amerika ratifizierte den Versailler Vertrag nicht, zog sich aus den europäischen Angelegenheiten zurück und weigerte sich auch, eine Garantie aufrechtzuerhalten, die es für den französischen Besitzstand versprochen hatte. Das heißt, daß der Versailler Vertrag nur noch von zwei Mächten getragen wurde, nämlich von England und Frankreich. Diese beiden aber konnten sich, wie der Verlauf des Ersten Weltkrieges gezeigt hatte, nur mit äußerster Mühe zusammen gegen Deutschland behaupten. Deutschland auf Dauer niederhalten konnten sie nicht.

Und auch zwischen ihnen ergab sich sehr bald ein Interessengegensatz. England war mit dem Versailler Vertrag befriedigt. Die deutsche Flotte war schon unter den Waffenstillstandsbedingungen an England ausgeliefert worden, eine neue große Flotte wurde durch den Versailler Vertrag verboten, die Kolonien blieben Deutschland vorenthalten und wurden unter die englischen Dominions, zum Teil auch an England selbst verteilt. England hatte seine Kriegsziele erreicht.

Frankreich aber, das ist sehr wichtig, hatte seine Kriegsziele *nicht* erreicht. Frankreich mit seinen – damals – vierzig Millionen fühlte sich nach einem eben erst unter äußersten Blutopfern bestandenen Kriege weiterhin mit einem Siebzig-Millionen-Deutschland konfrontiert, das unzerteilt, unzerstückelt geblieben war. Und das auf die Dauer, wenn es sich erholte, und wenn es sich von den Hypotheken des Versailler Vertrages befreien konnte, wieder überlegen sein würde.

Frankreich war daher ebenso wie Deutschland nach 1919 eine revisionistische Macht. Der Versailler Vertrag hatte ihm nicht Genüge getan, und es mußte in seinem eigenen Lebensinteresse versuchen, ihn zu seinen Gunsten und auf Kosten Deutschlands zu revidieren. Ebenso war Deutschland von Anfang an entschlossen, eine Revision des Versailler Vertrags anzustreben und vor allen Dingen die beiden großen Hypotheken loszuwerden, die er einer Wiedererstarkung des Reichs in den Weg legte: die Entwaffnung und die Reparationslasten.

Dabei waren in Deutschland, bei allgemeiner Einigkeit darüber, daß der Vertrag innerlich nicht angenommen werden konnte, daß er revidiert werden mußte, die Prioritäten der Revision von vornherein umstritten. Sollte man zuerst versuchen, die Entwaffnungsbestimmungen zu umgehen und wieder eine Militärmacht zu werden, oder sollte man zuerst versuchen, die Reparationen abzuschütteln, um die deutsche Wirtschaft wieder aufzubauen und auf diesem Wege wieder eine Macht zu werden?

Das erste war die Politik der Reichswehr und besonders des damaligen Befehlshabers General von Seeckt. Sie setzte sich zunächst durch. Seeckt strebte eine geheime Wiederbewaffnung an, die im Grunde, das war sehr deutlich, nur zusammen mit Rußland zu erreichen war. Schon ganz früh, Anfang der zwanziger Jahre, bildete sich eine geheime militärische Zusammenarbeit zwischen Reichswehr und Roter Armee heraus. Die Sowjetunion stellte der Reichswehr in Rußland Gelände zur Verfügung, auf dem sie mit den in Versailles verbotenen Waffen, Panzern, Luftwaffe und chemischen Kampfstoffen, üben konnte. Im Austausch bot die Reichswehr der noch im Aufbau befindlichen Roten Armee Ausbildung und Einweihung in die deutschen Generalstabsmethoden. Ein deutscher Militärbevollmächtigter in der Sowjetunion, General Köstring, berichtete 1935 nach einem besonders glänzend beurteilten sowjetischen Manöver: »Wir können mit diesem Lob zufrieden sein. Es sind doch die Leiter und Führer unsere Schüler.«

Darüber hinaus schien sich schon ganz früh noch eine andere Chance der militärischen Zusammenarbeit mit Sowjet-Rußland zu bieten. Im Jahre 1920 war auf einen polnischen Angriff hin zwischen Polen und Rußland Krieg ausgebrochen, der zunächst für Rußland günstig verlief; die Russen drangen bis Warschau vor. Seeckt erwog damals schon, daß die Deutschen, wenn die Russen siegten, ihrerseits Polen angreifen und mit Rußland in einer Weise wieder aufteilen sollten, die den Deutschen mindestens alles 1919 im Versailler Vertrag Verlorene zurückgab.

Nun, daraus wurde nichts, denn der polnisch-russische Krieg ging schließlich doch zugunsten Polens aus. Die Russen annektierten keine polnischen Gebiete, sondern die Polen ganz erhebliche weißrussische und ukrainische, und dabei blieb es bis 1939. Aber auch diese Entwicklung war für Deutschland günstig. Sie befestigte eine Dauerfeindschaft zwischen Polen und Rußland, die der Seeckt-Richtung in der Reichswehrführung dauernde Gelegenheit gab, auf ein deutschrussisches Bündnis und einen deutsch-russischen Krieg gegen Polen irgendwann in der Zukunft hinzuarbeiten. Vorübergehend gewann die Reichswehr dabei sogar einen Verbündeten in der offiziellen deutschen

Außenpolitik, die an sich auf anderen Wegen wandelte. So kam es zur ersten Nachkriegssensation, nämlich 1922 zum Vertrag von Rapallo zwischen dem Deutschen Reich und der Sowjetunion. Er platzte mitten in eine internationale Wirtschaftskonferenz in Genua hinein und rief im Westen ein tiefes Mißtrauen gegen Deutschland hervor, den sogenannten Rapallokomplex, der bis heute nicht ganz ausgestorben ist.

Seinem äußeren Inhalt nach war dieser Vertrag ein ganz bescheidener und vernünftiger nachträglicher Friedensvertrag zwischen Deutschland und der Sowjetunion. Der Vertrag von Brest-Litowsk war ja durch Versailles hinfällig geworden, und das neue Deutschland und das neue Rußland beschlossen nun, offizielle diplomatische Beziehungen aufzunehmen – die zwischen den Westmächten und der Sowjetunion damals noch nicht bestanden –, auch Handelsbeziehungen bei gegenseitiger Meistbegünstigung einzugehen und überhaupt ein normales zwischenstaatliches Verhältnis wiederherzustellen. Dagegen wäre an sich wenig einzuwenden gewesen. Aber es steckte natürlich mehr dahinter.

Denn nach Rapallo befestigte sich die vorher schon lose eingeleitete deutsch-russische militärische Zusammenarbeit zu einem Dauerzustand, der bis 1933 angehalten hat. Auch der Gedanke eines irgendwann künftig gemeinsam zu führenden Krieges gegen Polen blieb in den beiden Militärführungen lebendig. So war die Priorität der Reichswehr bis zu einem gewissen Grade durch die deutsch-russische Zusammenarbeit schon verwirklicht worden: eine Umgehung der Militärbestimmungen des Versailler Vertrages.

Im deutschen Außenamt und in der deutschen Gesamtpolitik hatte man aber eine andere Priorität gesetzt: nicht Wiederaufrüstung sollte an der Spitze der deutschen Ziele stehen, sondern zunächst einmal der Versuch, die Reparationslasten abzuschütteln und dadurch der deutschen Wirtschaft eine Wiederaufbauchance zu geben. Zu diesem Zweck nahm die deutsche Politik eine soziale Katastrophe in Kauf, die sich auf die deutsche innenpolitische Stimmung vernichtend ausgewirkt hat, nämlich eine Dauerinflation, die in den Jahren von 1919 bis 1922 eine trabende Inflation war und 1923 zu einer galoppierenden Inflation wurde.

Schon vor der grotesken Situation von 1923, auf die ich gleich zurückkommen werde, hatte sich in den Jahren zwischen 1919 und 1922 eine vollkommene Entwertung aller deutschen Geldvermögen ergeben. Am Ende des Krieges stand die deutsche Mark noch in einem vernünftigen Verhältnis zum Dollar, etwa 1 : 10. Im Jahre 1922 kostete ein Dollar schon über 20.000 Mark, das heißt, alle deutschen Geldvermögen waren verloren. Eine ungeheure Umverteilung der deutschen Vermögen zu Lasten der Geldsparer und Geldbesitzer und zugunsten der Sachwertbesitzer hatte sich vollzogen – die übrigens auch ihre momentanen wirtschaftlichen Vorteile hatte.

Denn von 1919 bis 1923 herrschte in Deutschland Vollbeschäftigung, allerdings bei sinkenden Reallöhnen. Die deutsche Industrie konnte auf Kosten der deutschen Geldsparer die Massenarbeitslosigkeit vermeiden, die sich in anderen Ländern aus der Demobilisierung der Massenheere ergeben hatte. Sie exportierte – allerdings zu ständig sinkenden Preisen – eine Unmenge Güter und blieb in Betrieb.

Es waren also nicht so sehr die Arbeiter, die unter der Inflation in Deutschland als erste zu leiden hatten, sondern der geldsparende Mittelstand. Er wurde praktisch enteignet. Das schuf eine ungeheure Bitterkeit. Stefan Zweig hat später geschrieben, nichts habe das deutsche Bürgertum so für Hitler reif gemacht wie die Inflation von 1919 bis 1923.

So ganz unberechtigt war die Bitterkeit der Bürger nicht. Denn die Reichsregierung nahm die Inflation nicht nur tatenlos hin, sondern verfolgte sogar einen wichtigen Zweck damit. Dadurch, daß Deutschland keine international annehmbare Währung mehr besaß, in der es zahlen konnte, versuchte sie die Reparationslasten abzuschütteln.

Hier begegnete sich der deutsche Revisionismus mit dem französischen. Die Deutschen ließen die Inflation traben, um sich zahlungsunfähig zu machen und dadurch den Reparationen zu entgehen. Die Franzosen versuchten, die Nichterfüllung der deutschen Reparationsverpflichtungen zu benutzen, um den Vertrag von Versailles territorial zu ihren eigenen Gunsten zu revidieren. Ihren Höhepunkt fanden diese beiderseitigen Revisionsbestrebungen im sogenannten Ruhrkrieg 1923.

Frankreich hatte auch in den Vorjahren schon gewisse Sanktionen gegen deutsche Verfehlungen in der Erfüllung der Reparationsleistungen verhängt. So hatte man über das linksrheinische Gebiet hinaus gelegentlich rechtsrheinische Städte besetzt. Endgültig aber entschloß sich Frankreich im Jahre 1923 zu einem großen Schlag: Es besetzte das Ruhrgebiet, die damals wichtigste und für die wirtschaftliche Lebensfähigkeit Deutschlands unentbehrliche Industrielandschaft. Frankreich versuchte nun mit militärischen Mitteln, dieses Gebiet wirtschaftlich und dann auch politisch von Deutschland zu trennen.

Deutschland antwortete mit dem sogenannten passiven Widerstand: Die Produktion im Ruhrgebiet wurde eingestellt. Aber irgendwie mußten ja die Arbeiter und auch die Industriellen des Ruhrgebiets am Leben gehalten werden, und das geschah durch eine nunmehr ganz hemmungslose Ingangsetzung der Notenpresse.

Die Notenpresse reichte nicht einmal mehr aus. Im Jahre 1923 wurde die reine Herstellung der jetzt notwendigen Papiergeldmengen ein wirkliches Problem. Man mußte private Druckpressen zum Druck von Banknoten heranziehen. Auch ein Verkehrsproblem entstand: Ganze Güterzüge mußten für den rechtzeitigen Transport dieser neuen Banknoten in Gang gesetzt werden. Es existieren hochgroteske Schilderungen dieser Zeit; hier soll das Thema nicht vertieft werden.

Jedenfalls ergab sich im Jahre 1923 aus dem passiven

Widerstand im Ruhrgebiet und seiner Finanzierung ein Zustand, in dem in Deutschland die Geldwirtschaft praktisch zum Erliegen kam. Der Dollarkurs wurde in diesem phantastischen Jahr der ganzen deutschen Bevölkerung geläufig; sie benutzte ihn wie ein Fieberthermometer. Anfang 1923 kostete ein Dollar noch 20.000 Mark; im August erreichte der Dollar den Millionenstand, drei Monate später schon den Milliardenstand. Ende 1923 war der Betrag, den man für einen Dollar ausgeben mußte, auf 4,2 Billionen Mark angewachsen. Es gab in Deutschland praktisch kein Geld mehr.

Doch während die Inflation in den Jahren vor 1923 nur die Geld*vermögen* hingerafft hatte, wurden jetzt auch die in Geld ausgezahlten *Einkommen* entwertet. Jetzt traf die Inflation mit voller Wucht auch die Arbeiter, nicht nur wie bisher die geldsparenden Bürger. Es gab im Grunde genommen für Arbeit kein Geld mehr – jedenfalls nur Geld, das eine Stunde später schon nichts mehr wert war. Es herrschten absurde Zustände in Deutschland. Sie führten im Herbst 1923 auch zu einer politischen Existenzkrise. Im Herbst 1923 stand das Deutsche Reich am Rande seiner politischen Existenz. Der passive Widerstand an der Ruhr mußte jedenfalls eingestellt werden. Er hatte aber doch ein für Deutschland sehr glückliches Ergebnis gehabt: Die anderen Reparationsgläubiger, England und Amerika, waren jetzt zu der Überzeugung gekommen, daß es so nicht mehr weiterging. Frankreich wurde unter Druck gesetzt, sein Ruhrabenteuer zu beenden, und in Deutschland mußte nun endlich das durchgeführt werden, was eigentlich schon 1919/1920 fällig gewesen wäre, nämlich eine Währungsreform.

Auf der Grundlage einer neuen stabilen Währung konnte dann eine Regelung getroffen werden, in der Deutschland zunächst ratenweise, ohne Festlegung einer Endsumme, moderate Reparationen von etwa 2 Milliarden Mark im Jahr zu zahlen hatte. Dafür mußte es gewisse Einkünfte verpfänden, hauptsächlich Zolleinkünfte, auch Eisenbahnen. Im übrigen aber mußte zwischen Deutschland, England, Amerika und Frankreich eine endgültige Regelung der Westgrenzen getroffen werden, die künftige Übergriffe Frankreichs ebenso ausschloß wie territoriale Revisionsforderungen Deutschlands.

Das alles zusammen führte 1924/25 zu einem neuen Frieden im Westen. Er bestand aus zwei Teilen, dem Londoner Abkommen von 1924, das die Reparationsfrage fürs erste regelte, und dem Locarno-Vertrag von 1925, in dem Deutschland endgültig und freiwillig auf die Rückgewinnung Elsaß-Lothringens verzichtete, außerdem zugestand, daß das jetzt besetzte linksrheinische Gebiet nach dem Ende der alliierten Besetzung demilitarisiert bleiben würde. Dafür tauschte es aber etwas sehr Günstiges ein, nämlich eine englisch-italienische Garantie der nunmehr zwischen Frankreich und Deutschland endgültig vereinbarten deutschen Westgrenze.

Locarno bedeutete, daß sich Frankreich im Grunde

genommen von seinen osteuropäischen Bündnispart-
nern lossagte. Wenn die deutsche Westgrenze von
Italien und England garantiert wurde, dann durfte
Frankreich sie auch dann nicht mehr überschreiten,
wenn Deutschland im Osten mit Frankreichs Verbündeten Polen oder der Tschechoslowakei in einen Krieg
geriet.

Frankreich zog aus dieser nicht ausgesprochenen,
aber dem Vertrag von Locarno sinngemäß innewoh-
nenden Konsequenz die Folgerung, daß es sich auf
reine Selbstverteidigung umstellte. In den Jahren nach
Locarno baute es die Maginot-Linie und kündete
damit aller Welt an, daß es sich von jetzt an nicht mehr
als europäische Vormacht und als Garant der neuen
mittel- und osteuropäischen Nationalstaaten betrach-
tete, sondern nur noch als ein auf seine eigene Sicherheit und sonst nichts bedachtes Land, das sich mit
Deutschland im übrigen irgendwie einrichten wollte
und mußte.

Frankreich hatte zunächst versucht, dieser Situation
dadurch zu entgehen, daß es auf ein Ost-Locarno
drängte, also auf eine Garantie auch der Ostgrenze
Deutschlands, besonders der polnisch-deutschen
Grenze durch England, Italien und Frankreich selbst.
Das aber wurde nicht nur von Deutschland, sondern
auch von England und Italien abgelehnt. Und nicht
ohne Grund. Denn daß die Westmächte im Ernstfalle
eines deutschen Ostkriegs die Grenzen Polens militärisch nicht wirklich garantieren konnten, hat sich im
Zweiten Weltkrieg deutlich herausgestellt und war

auch zuvor schon absehbar. Für ein Ost-Locarno wäre die Sowjetunion nötig gewesen – aber die Sowjetunion war ja damals vom europäischen Mächteverkehr ausgeschlossen und dachte übrigens auch gar nicht daran, gegen Deutschland irgendwelche polnischen Grenzen zu garantieren, zumal sie selbst erhebliche Gebietsforderungen an Polen hatte.

Es ergab sich also nach Locarno folgende Lage: Die Deutschen arbeiteten im Osten stillschweigend, aber ganz effektiv mit der Sowjetunion zusammen, um die militärischen Klauseln des Versailler Vertrages zu unterlaufen; und sie hatten im Westen mit Frankreich, England und Italien eine Art neuen Frieden, ein Versailles nachgeschaltetes neues Friedenssystem, das einen Krieg zwischen Frankreich und Deutschland ausschließen sollte.

Reparationen mußte das Reich zunächst weiter zahlen, freilich nur in mäßigem Umfange und ohne Festsetzung einer Gesamtsumme. Außerdem hatte sich inzwischen Amerika auf eine Weise in die europäische Wirtschaft eingeschaltet, die am ehesten Deutschland zugute kam.

Frankreich und England waren ja nicht nur Reparationsgläubiger Deutschlands, sie waren auch Kriegsschuldner Amerikas. Sie hatten den Krieg sehr weitgehend mit amerikanischen Krediten finanziert. Die Amerikaner bestanden auf der Rückzahlung dieser Kredite; und Frankreich und England zahlten, wenn auch widerwillig. Es bestand also jetzt eine Art wirtschaftlicher Kreisverkehr: Deutschland zahlte Reparationen an England und Frankreich, England und Frankreich zahlten Kriegsschulden an Amerika, und um das Ganze zu ermöglichen, pumpte Amerika Kredite nach Deutschland. So entwickelten sich die Jahre 1924 bis 1929 in Deutschland zu einer Phase des Wiederaufbaus, ja eines gewissen bescheidenen Wohlstands, der hauptsächlich auf amerikanischen Kreditzahlungen beruhte. Sie übertrafen die deutschen Reparationszahlungen erheblich. Man hat ausgerechnet, daß die Deutschen in diesen Jahren im ganzen, sehr rund gerechnet, etwa 10 Milliarden Reparationen zahlten und etwa 25 Milliarden amerikanische Kredite bekamen. Außerdem konnten sie durch das Wiederaufblühen der deutschen Wirtschaft auch sehr gut exportieren.

Der deutsche Außenminister Stresemann präsidierte über alle diese Regelungen und erreichte damit eine schon deutlich verbesserte Version des Versailler Vertrages, ohne sich indessen damit zufriedenzugeben. Er hat sich selten offen über seine weiteren Revisionsziele ausgesprochen, aber sie doch einige Male so weit angedeutet, daß man sie ungefähr angeben kann.

Was Stresemann als Nahziel anstrebte, war eine Räumung des immer noch von Frankreich und England besetzten linksrheinischen Gebietes. Das hat er übrigens auch erreicht, ohne es freilich selbst noch zu erleben. Denn die Räumung wurde im Jahre 1929 zugestanden, in dem Stresemann starb; erst 1930 wurde sie ausgeführt.

Stresemanns zweites Ziel war eine Mobilisierung der

sogenannten Auslandsdeutschen, also vor allem der Deutschen in Österreich, in der Tschechoslowakei, in Polen und auf dem Balkan. Er hoffte, daß sie in ihren Ländern deutsche Außenposten bilden, diese Länder wirtschaftlich und politisch zur Orientierung auf das Deutsche Reich drängen, ja auch Anschlußbestrebungen an das Deutsche Reich fördern könnten. Auch das ist schon in seiner Amtszeit ziemlich erfolgreich gewesen, sehr viel mehr dann in den dreißiger Jahren unter Hitler. Nach dem Zweiten Weltkrieg freilich hat es sich an diesen »Auslandsdeutschen« furchtbar gerächt.

Als drittes Ziel, das aber schon ein Fernziel war, strebte Stresemann eine territoriale Revision im Osten an, hauptsächlich die Abschaffung des sogenannten polnischen Korridors. Aber auch den polnisch gewordenen Teil Oberschlesiens wollte er durch Druck, nicht unbedingt durch Krieg, zu einem günstig erscheinenden Zeitpunkt zurückgewinnen. Das schien auch nicht ganz aussichtslos, da ja Frankreich inzwischen durch den Locarno-Vertrag in Osteuropa die Hände gebunden waren.

Als vierten und entferntesten Punkt zielte Stresemann auf die Vereinigung des Deutschen Reiches mit der Österreichischen Republik, die man damals Deutsch-Österreich nannte. Dieser »Anschluß« wurde damals auch von den Österreichern ganz offiziell durchaus gewünscht; er blieb allerdings in Stresemanns Konzept einer fernen, noch nicht absehbaren günstigen diplomatischen Lage vorbehalten.

Deutschland blieb also revisionistisch, verfolgte aber auf nahe Sicht nur ein Ziel, nämlich die vorzeitige Räumung des Rheinlandes, die dann mit einer Endregelung der Reparationen gekoppelt sein sollte. Durch den sogenannten Young-Plan wurde eine solche Vereinbarung 1929 denn auch angebahnt. Der Young-Plan setzte die deutschen Reparationszahlungen zunächst noch einmal herab, sah dafür indessen sehr langfristige deutsche Reparationsleistungen bis in die achtziger Jahre hinein vor. Immerhin, bei florierender Wirtschaft konnte Deutschland diese Leistungen aus seinen Exportüberschüssen ohne weiteres erbringen.

Gestört wurde die Regelung von 1924/25, die zunächst einige relativ ruhige und glückliche Jahre herbeiführte, durch die Weltwirtschaftskrise, die 1929 von Amerika ihren Ausgang nahm. Für Deutschland hatte sie eine sehr böse Folge: Die amerikanischen Kredite hörten auf zu fließen; soweit sie kurzfristig waren, wurden sie zum Teil sogar zurückgerufen. In Deutschland kam es sofort zu einem ziemlich starken Rückgang der bis dahin einigermaßen hohen Beschäftigung, und in der Wirtschaft deutete sich eine Welle von Bankrotten an.

Diese Entwicklung bot der deutschen Regierung, die inzwischen gewechselt hatte, zum zweiten Mal die Chance, die Reparationslasten einschließlich der gerade erst getroffenen Neuregelung unter dem Young-Plan abzuschütteln. Und zwar sollte das diesmal nicht durch eine Masseninflation wie in den frühen zwanziger Jahren, sondern durch eine bewußte Deflationspolitik geschehen, die Deutschland so arm machte, daß es zu weiteren Reparationszahlungen einfach nicht mehr imstande war. Auch seine Gläubiger sollten ihm das schließlich zugestehen müssen.

Diese Deflationspolitik war die zweite große soziale Katastrophe, die Deutschland in der Weimarer Periode auf sich nahm, um die Reparationen abzuschütteln – und diesmal war diese Politik erfolgreich. Die Weltwirtschaftskrise traf ja nicht nur das Deutsche Reich, sie traf wirklich die ganze westliche Welt (nicht Rußland). Und in allen betroffenen Staaten, besonders auch in Amerika selbst, fand man nunmehr zu der Einsicht, daß in dieser Lage die sogenannten politischen Zahlungen, also einerseits die Schuldenzahlungen der europäischen Westalliierten an die USA und andererseits die Reparationszahlungen Deutschlands an die westeuropäischen Alliierten, nicht auch noch als eine Komplikation auf der mehr und mehr zusammenbrechenden Weltwirtschaft lasten durften. Im Jahre 1931 verlangte der amerikanische Präsident Hoover die Einstellung aller dieser politischen Zahlungen und setzte sich mit dem sogenannten »Hoover-Moratorium« auch durch, zunächst für ein Jahr. Aber nach Ablauf dieses Jahres folgte dann 1932 in Lausanne tatsächlich der Dauerverzicht Frankreichs, Englands und der übrigen Gläubiger auf weitere deutsche Reparationen. Vereinbart wurde noch eine Schlußzahlung von 3 Milliarden Mark, die nie geleistet und nie ernstlich verlangt worden ist. Das heißt, der Reichskanzler, Heinrich Brüning, hatte mit seiner Politik, durch absichtliche Verarmung Deutschlands den Reparationen zu entkommen, sein Ziel erreicht, auch wenn er selbst kurz davor bereits gestürzt worden war.

Ich möchte noch kurz darauf hinweisen, daß die Verarmung der Jahre 1930 bis 1933 heute noch immer vielfach als eine unvermeidliche Folge der Weltwirtschaftskrise angesehen wird. Das war sie aber nur zum Teil, genau wie die deutsche Inflation von 1919 bis 1923 nur teilweise einfach eine Folge des mit Anleihen finanzierten und dann verlorenen Krieges gewesen war. Aber eben nur zum Teil, im einen wie im anderen Fall. Eine rechtzeitige Währungsreform nach dem Kriege hätte Deutschland die totale Enteignung aller Sparvermögen erspart, und eine andere Wirtschaftspolitik hätte die Folgen der Weltwirtschaftskrise in Deutschland erheblich mildern können, statt sie zu verschärfen. Eine solche Wirtschaftspolitik wurde damals nicht nur von dem englischen Wissenschaftler Keynes, sondern auch schon von deutschen Wirtschaftswissenschaftlern, zum Beispiel von Wagemann, empfohlen: eine Politik, die durch große öffentliche Ausgaben – sei es auch auf Kosten der Balance des Reichshaushalts –, durch »deficit spending«, wie es genannt wurde, der Wirtschaft wieder Auftrieb gab. Brüning betrieb genau die umgekehrte Politik, er verschärfte die Folgen der Weltwirtschaftskrise, er ließ die deutsche Wirtschaft absichtlich vollkommen verfallen, um den Reparationen zu entgehen. Er hatte damit, wie gesagt, Erfolg. Freilich wurde dieser Erfolg, wie im nächsten Kapitel darzustellen ist, innenpolitisch damit erkauft, daß er die verarmten Deutschen in Massen Hitler zutrieb.

Im gleichen Jahr erlebte Deutschland noch einen anderen großen Erfolg seiner Revisionspolitik. In diesem Jahr 1932 tagte eine internationale Abrüstungskonferenz in Genf. Die Westmächte hatten im Friedensvertrag von Versailles die Entwaffnung Deutschlands als Vorbedingung einer allgemeinen Abrüstung dargestellt. Diese Sprachregelung wurde für die deutsche Politik jetzt zum Hebel: Die Deutschen argumentierten, entweder müßten die Westmächte jetzt auch bis zu jenem Grade abrüsten, zu dem sie das Reich abzurüsten gezwungen hatten, oder aber sie müßten Deutschland das Recht zugestehen, gleichfalls wieder aufzurüsten. Mit dieser Argumentation hatten die Deutschen Erfolg. Die Weltstimmung war umgeschlagen, teils durch die Weltwirtschaftskrise, teils einfach durch den Abstand vom Kriege. Es war nicht mehr die Stimmung von 1919. Im Dezember 1932 gestanden die Westmächte auf der Genfer Abrüstungskonferenz der deutschen Regierung, die damals schon nicht mehr von Brüning, sondern von Schleicher geführt wurde, die Gleichberechtigung in der militärischen Rüstung zu.

Das heißt, am Ende des Jahres 1932 hatte Deutschland auf manchen Umwegen die beiden Haupthypotheken, die seit 1919 auf der Wiederherstellung seiner Macht geruht hatten – die Verpflichtung zu großen Reparationszahlungen und die Verpflichtung, seine -

Verteidigungskräfte sehr klein zu halten –, abgeschüttelt. Es stand jetzt wieder als Großmacht unter anderen Großmächten da, es war sogar, wie sich jetzt endgültig herausstellte, und wie schon durch Locarno bekräftigt worden war, in Ost- und Südosteuropa bereits eine Art latenter Vormacht geworden. Das waren entscheidende Erfolge des deutschen Revisionismus, die alle noch in der Zeit der Weimarer Republik erzielt wurden. Aber sie kamen nun einem ganz veränderten Deutschland zugute.

Denn bis zum Jahre 1932 – davon wird das nächste Kapitel handeln – hatte die Weimarer Republik sich innerlich verbraucht, sie war bereits in sich zusammengesunken. Es ging inzwischen innenpolitisch nicht mehr um ihre Aufrechterhaltung, sondern um ihre Nachfolge. Diese Nachfolge fiel ganz kurz nach den abschließenden großen Erfolgen des Jahres 1932 im Januar 1933 Hitler zu. Und das Deutschland, das nun wieder in seine alte Stellung als Großmacht, ja als halbe Hegemonialmacht zumindest in Ost-Mitteleuropa einrückte, war das Deutschland Hitlers.

# Hindenburgzeit

Wir haben uns im vorigen Abschnitt hauptsächlich mit Versailles und weniger mit Weimar beschäftigt, das heißt, die Außenpolitik der Weimarer Republik und ihr Revisionismus wurden ausführlich besprochen, aber um die Innenpolitik haben wir uns wenig gekümmert. Es war aber die Innenpolitik, die schließlich den Übergang von Weimar zu Hitler bewirkt hat. Wir müssen da also etwas nachholen.

Obwohl die Weimarer Republik nur 14 Jahre bestanden hat, zeigt sie drei ganz deutlich voneinander geschiedene Perioden. In ihren ersten Jahren, von der Gründung bis ins Jahr 1924, sah es so aus, als würde die Republik von Anfang an scheitern. Dann kam überraschenderweise eine Periode scheinbarer Konsolidierung, die »goldenen« zwanziger Jahre, 1925 bis 1929. Darauf folgte ziemlich plötzlich die Periode der Auflösung und die Vorbereitung der Hitlerischen Machtübernahme, 1930 bis 1932.

Die erste Periode soll hier nicht ausführlich dargestellt werden. Die Jahre von 1920 bis mindestens 1923, zum Teil auch noch 1924, waren eine außerordentlich verwirrte Zeit mit wiederholten Putschen von rechts und links, mit sehr vielen politischen Morden nur von rechts, mit ständig wechselnden Regierungen. Das alles spielte sich auf dem Hintergrund der Inflation ab, dieser ersten der zwei sozialen Katastrophen, die sich die Republik, wie im vorigen Abschnitt beschrieben, absichtlich einbrockte, um die Reparationen loszuwerden.

Ich will das im einzelnen nicht erzählen – keiner der vielen dramatischen Vorgänge dieser Jahre hat Epoche gemacht –, sondern mich darauf beschränken, zwei durchgehende Tatbestände herauszustellen, die mir grundlegend scheinen.

Der erste: Die Weimarer Republik wurde damals nur von insgesamt drei Parteien getragen. Das waren die Parteien der alten Reichstagsmehrheit von 1917, die sich in der Nationalversammlung von 1919, wo sie eine Dreiviertelmehrheit hatten, zur sogenannten Weimarer Koalition zusammenschlossen: Sozialdemokratie, Deutsche Demokratische Partei und Zentrum. Nur diese Parteien stimmten für die Weimarer Verfassung. Nur sie akzeptierten überhaupt die Republik an Stelle der Monarchie, an die die Deutschen ja gewöhnt gewesen waren. Und selbst innerhalb dieser Parteien gab es viele, die sich mit der neuen Staatsform mehr abfanden, als daß sie sie wirklich gewollt hätten. Man hat von einer Republik ohne Republikaner gesprochen. Nun, ganz ohne Republikaner war sie nicht. Aber die Republik stand sozusagen auf einem Bein. Einverstanden mit ihr war nur die linke Mitte. Die kommunistische Linke wollte eine ganz andere

Republik. Und die Rechte, die in Wirklichkeit viel stärker war, als ihre Mandatszahl in der Nationalversammlung vermuten ließ, wollte ganz einfach ihren Kaiser wiederhaben.

Die Weimarer Koalition verlor bei den ersten Reichstagswahlen Mitte 1920 die Mehrheit, die sie in der Nationalversammlung gehabt hatte. Es gab einen Erdrutsch: Die Sozialdemokraten büßten fast die Hälfte ihrer Sitze ein, die beiden bürgerlichen Parteien verloren ebenfalls zahlreiche Mandate, und die Rechte wurde wieder so stark, wie sie eigentlich immer gewesen war. Das bedeutete, daß es in der ganzen Zeit, die nun folgte, nie eine stabile Regierung gab. Es gab Minderheitsregierungen der bürgerlichen Mitte, es gab manchmal Versuche großer Koalitionen von der SPD bis zu den Rechtsliberalen, die sehr schnell wieder auseinanderfielen. Es gab sogar einmal, von Ende 1922 bis zum August 1923, eine ausgesprochene Rechtsregierung von sogenannten Fachministern. Alle diese Regierungen waren improvisiert und kurzlebig. Dies ist der erste Umstand, der es in den Jahren zwischen 1920 und 1924 so erscheinen ließ, als ob die Republik von vornherein zum Scheitern verurteilt wäre.

Der zweite liegt nicht so offen zutage. Es geht dabei um die SPD, die eigentliche Führungspartei sowohl der Weimarer Koalition wie der Weimarer Republik, die einzige, die nicht zur Not auch anders konnte. Ihrem Programm nach war die SPD immer eine republikanische Partei gewesen, aber innerlich hatte auch sie sich, ohne es offen einzugestehen, unter Wilhelm II. an die Monarchie gewöhnt. 1918, als alles in die Brüche ging, war sie bereit gewesen, wie ihr Vorsitzender Friedrich Ebert es ausdrückte, »in die Bresche zu springen«. Ebert machte ja sogar noch am 9. November 1918 den Versuch, die Monarchie durch Einsetzung eines Reichsverwesers zu retten. Als das mißlang, wollten die Sozialdemokraten sozusagen die Monarchie als Republik weiterführen. Sie waren bereit, alles Gesellschaftliche beim alten zu lassen, den Unterbau der Monarchie intakt zu halten, die herrschenden Klassen weiterherrschen zu lassen, ja man kann sagen: das Kaiserreich unter sozialdemokratischem Management weiterzuführen. Ein sehr generöses Angebot, das der nunmehrige Reichspräsident Ebert an die Gesellschaft und den Staat richtete, den er vorgefunden, übernommen und vor der Revolution gerettet hatte.

Dieses Angebot aber wurde nicht angenommen. In dieser Tatsache liegt die ganz große Schwäche, die der Republik von vornherein anhaftete. Sämtliche Institutionen des Kaiserreichs, Armee, Beamtenschaft, Justiz, Kirchen, Universitäten, nicht zuletzt Großlandwirtschaft und Großindustrie, blieben ablehnend, obwohl man sie ungeschoren ließ und bereit war, ihnen ihren hergebrachten Charakter und ihr altes Personal ebenso wie ihre hervorgehobene und maßgebende Stellung weiterhin zu überlassen.

Die Ablehnung war etwas abgestuft. Die hohe Beamtenschaft, die Ministerialbürokratie, blieb mürrisch loyal. Die Ministerialräte und Regierungsräte taten ihren Dienst, machten sich nützlich, hatten gewiß nicht die Begeisterung für den neuen Staat, die sie für den alten aufgebracht hatten, aber dienten ihm doch rechtschaffen. Sie hatten sogar bei einem der Rechtsputsche dieser frühen Jahre, dem Kapp-Putsch von 1920, durch eine Art von passivem Widerstand mitgeholfen zu verhindern, daß die Putschregierung Fuß fassen konnte.

Das war aber schon die günstigste Haltung zur Republik, die sich bei den alten Eliten finden ließ. Die Reichswehr hatte zum Beispiel gerade beim Kapp-Putsch, anders als die hohe Beamtenschaft, zwischen der legalen und der illegalen Regierung eine eiskalte Neutralität bewahrt. »Truppe schießt nicht auf Truppe«, hatte der damalige Chef der Heeresleitung, General von Seeckt, erklärt. Bei einer späteren Gelegenheit, in einer anderen Krise, hatte Ebert, als Reichspräsident immerhin der nominell höchste Befehlshaber der Reichswehr, Seeckt die demütigende Frage gestellt: »Ich möchte wirklich wissen, wo steht denn eigentlich die Reichswehr?« Um darauf die patzige Antwort zu erhalten: »Die Reichswehr steht hinter mir.«

Ganz schlimm stand es für die Republik bei den Universitäten und Oberschulen. Die Studenten und Professoren, die Oberlehrer und Oberschüler waren – ich kann das selbst noch aus meiner jugendlichen Erfahrung heraus bezeugen – stramm anti-republikanisch, monarchistisch, nationalistisch und revanchistisch. Bei den Kirchen war diese Haltung etwas gemildert, aber im großen und ganzen war jedenfalls die protestantische Kirche mindestens so rechts, wie sie heute links ist. Auch die katholische Kirche stand der Republik äußerst reserviert gegenüber, obwohl das katholische Zentrum mitregierte. Ein Konkordat schloß sie erst 1933 mit Hitler ab.

Bei der Industrie lagen die Dinge komplizierter. Ganz kurz nach der Revolution, im November, hatte es ein Abkommen zwischen Arbeitgebern und Gewerkschaften gegeben, das »Stinnes-Legien-Abkommen«, eine Art Friedensschluß, der künftige Tarifverträge unter Mitwirkung der Gewerkschaften vorsah. Aber die Inflation hatte die gegensätzlichen Klasseninteressen von Unternehmern und Arbeitern dann doch wieder stark hervortreten lassen. Im großen und ganzen war es so, daß Weimar nur die Republik der Arbeiter war – soweit sie nicht Kommunisten wurden – und die Mehrheit der Unternehmer von diesem Staat sehr bald nichts mehr wissen wollte.

Die Ablehnung durch alle diese Gruppen war wohl der tiefste Grund, warum es der Republik unter der Präsidentschaft Eberts, von 1919 bis 1924, niemals gelang, sich als dauernde Staatsform des Deutschen Reiches zu konsolidieren. Demgegenüber spielte es nur eine äußerliche Rolle, daß Ebert niemals, wie es die Weimarer Verfassung eigentlich vorsah, vom Volke, sondern nur »provisorisch« von der Nationalversammlung gewählt worden war.

Und dann, in der mittleren Periode der Weimarer

Republik, zwischen 1925 und 1929, schien sich die Republik plötzlich zu konsolidieren. Ebert war im Februar 1925 gestorben. Nun fand die erste verfassungsmäßig vorgesehene Volkswahl des Reichspräsidenten statt. Im ersten Wahlgang, in dem jede Partei einen Zählkandidaten aufstellte, gab es keinen eindeutigen Gewinner; für den zweiten Wahlgang hatte dann die deutschnationale Partei, also die monarchistische Rechte, den Geistesblitz, den alten, berühmten Feldmarschall Hindenburg, den Heros des Weltkrieges, als Kandidaten aufzustellen. Und er gewann.

Hindenburgs Sieg wurde von den Republikanern zunächst als ein fürchterlicher Schlag empfunden. Hindenburg war der Feldmarschall des Ersten Weltkrieges, damals die Galionsfigur des hochreaktionären Ludendorff, Monarchist bis auf die Knochen. Wie sollte es unter ihm mit der Republik weitergehen? Überraschenderweise ging es zunächst sehr gut weiter. Die ersten fünf Jahre der Präsidentschaft Hindenburgs wurden die fünf besten Jahre der Weimarer Republik. Endlich schien sie sich zu konsolidieren. Das hatte einen sehr einfachen Grund:

Die alten Herrschaftsschichten des Kaiserreichs, die auch in der Republik die wirklichen Herrschaftsschichten geblieben waren, ohne den neuen Staat je wirklich als den ihren anzunehmen, sahen ihn jetzt plötzlich mit anderen Augen. Eine Republik unter einem Reichspräsidenten Hindenburg, also unter einer höchst respektablen Hauptfigur des Kaiserreichs, die im Ersten Weltkrieg schon einmal fast eine Art

Ersatzkaiser gewesen war – das war doch etwas ganz anderes als die Republik Eberts und der Sozialdemokraten. Diese Stimmung schlug sich sehr schnell darin nieder, daß die bis dahin völlig staatsablehnende größte Rechtspartei des Reichstages, die Deutschnationale Volkspartei, sich jetzt bereitfand, in der Regierung der Republik mitzuwirken.

In der Weimarer Republik regierte von 1925 bis 1928 mit einer kleinen Unterbrechung nicht mehr die Weimarer Koalition, sondern eine Rechtskoalition aus Zentrum, Deutscher Volkspartei und Deutschnationalen, die eine solide, wenn auch nicht große Mehrheit im Reichstag hatte. Die Republik stand plötzlich auf zwei Beinen. Sie war nicht mehr allein auf die Mitte-Links-Parteien angewiesen, sondern konnte nun auch von einer Mitte-Rechts-Koalition ganz normal regiert werden. Das stabilisierte die Republik.

Dazu kam, wie bereits im vorigen Kapitel ausgeführt wurde, daß in diese Zeit große wirtschaftliche Verbesserungen fielen: Die Inflation war schon im letzten Ebert-Jahr gestoppt worden, nun wurde auch die Währung endlich reformiert, es gab sogar eine kleine Aufwertung, und dann, dank der reichlich fließenden amerikanischen Kredite, eine kleine Wirtschaftsblüte. Auch in der Außenpolitik konnte man Erfolge verzeichnen: das Ruhrgebiet wurde wieder frei, und es kam der Locarno-Vertrag, der eine Art nachträglicher Friedensvertrag im Westen war und künftige Übergriffe der Franzosen ausschloß. Kurz und gut, plötzlich waren wieder angenehme Zeiten angebrochen.

Und bis 1928 jedenfalls sah es so aus, als könnte das so bleiben.

Dann traten zwei Dinge ein, die schon 1929, vor dem Einbruch der Weltwirtschaftskrise, die Republik wieder zu destabilisieren begannen. Das eine war, daß die Mitte-Rechts-Koalition, die bis Mitte 1928 regiert hatte, die Reichstagswahlen von 1928 verlor. Die Deutschnationalen wurden plötzlich viel schwächer, die Sozialdemokraten wurden wieder stärker, sie hatten ihr bestes Wahlergebnis seit 1919. Und jetzt stellte sich heraus, daß eine neue Regierung weder auf der Basis der Weimarer Koalition noch auf der Basis dessen möglich war, was ich die Hindenburg-Koalition nennen möchte: Die Weimarer Republik besaß eben doch nicht das, was die heutige Bundesrepublik von Anfang an hatte: ein klares rechtes und linkes Parteigruppensystem. Man mußte auf eine »große« Koalition von der SPD bis zu den Rechtsliberalen zurückfallen, und das war eine sehr schwache Regierung, weil ihre Flügel von Anfang an auseinanderstrebten. Den Jahren von Mitte 1928 bis Anfang 1930, in denen die große Koalition regierte, fehlte die politische Stabilität, obwohl es bis zum Ausbruch der Weltwirtschaftskrise wirtschaftlich noch angenehme Jahre waren. Das war das eine.

Das andere aber, das sich als viel gefährlicher erweisen sollte, hing mit der Person des Reichspräsidenten zusammen. Als Hindenburg 1925 gewählt worden war, hatte er bereits 77 Jahre gezählt; jetzt war er über 80. Er konnte nicht ewig weiterpräsidieren. Es war nicht damit zu rechnen, daß er 1932, nach dem Ablauf seiner siebenjährigen Amtszeit, mit 84 Jahren, imstande sein würde, noch einmal zu kandidieren, geschweige denn eine zweite Amtszeit durchzuhalten. Wie sollte es dann aber weitergehen? Einen zweiten Hindenburg gab es nicht. Der ganze herrliche Kompromiß, der sich in der frühen Hindenburgzeit ergeben hatte, die beinah kaiserliche Republik, die auch für die monarchistische Rechte annehmbar geworden war, ruhte auf zwei sehr alten Schultern.

Man mußte sich Gedanken darüber machen, wie dieser Kompromiß aufrechterhalten werden konnte – und ob er überhaupt aufrechterhalten werden sollte. Die Rechte wurde unruhig. Vor allem bei den Deutschnationalen, die inzwischen wieder unter einer neuen, sehr viel radikaleren Führung in der Opposition saßen, kam jetzt der Gedanke auf, daß man die Hindenburgzeit ja auch anders betrachten könnte als bisher: nicht als Stabilisierung der Republik, sondern als Übergang zu einer monarchischen Restauration. Könnte Hindenburg aus einem Reichspräsidenten nicht langsam zum Statthalter eines Monarchen werden? Vielleicht sogar zum Regenten eines wiedereingesetzten Monarchen? Das waren Pläne, die ernsthaft besprochen wurden, in der Reichswehrführung sogar sehr lebhaft. Konkretisiert wurden sie von dem damals politisch maßgebenden Mann der Reichswehr, General von Schleicher.

Im Jahre 1929, und zwar im Frühjahr, lange vor dem Ausbruch der Weltwirtschaftskrise, in einer scheinbar noch völlig ruhigen und stabilen Zeit, bestellte Schleicher den neuen, eher rechtsgerichteten Führer des Zentrums, Heinrich Brüning, zu sich nach Hause in seine Berliner Wohnung am Matthäikirchplatz. Der General trug dem Politiker umstürzlerische Ideen vor, wie wir jetzt aus Brünings Memoiren wissen. Die noch verbleibende Amtszeit des alten Reichspräsidenten, so erklärte Schleicher, müßte benutzt werden, um die Verfassung zu ändern, den Reichstag zu entmachten und endlich wieder »stabile Verhältnisse« im Sinne der unreformierten Monarchie aus der Zeit vor dem Oktober 1918 herzustellen. Das Staatsoberhaupt – von einem Monarchen war noch nicht die Rede – sollte den Reichskanzler nicht nur ernennen, sondern auch gegen den Willen des Reichstags im Amt halten können, so daß das Parlament wie im Kaiserreich von der Gestaltung der eigentlichen Politik ausgeschlossen wäre. Zu diesem Zweck müsse man den Reichstag mehrfach hintereinander auflösen, bis die Parteien müde, auch finanziell ausgelaugt seien und keine Wahlkämpfe mehr wollten. Und dann, in einer dieser reichstagslosen Perioden, könne man zu guter Letzt die Verfassung per Staatsstreich in eine reine Präsidialverfassung umwandeln, in welcher der Präsident die Rolle des früheren Kaisers spielen würde. Brüning hörte sich das an und war interessiert. Er fragte Schleicher, wie ausgedehnt er sich denn diesen Prozeß vorstelle, und Schleicher antwortete: »Na, in sechs Monaten muß man das schaffen.« Außerdem vertraute Schleicher Brüning bei dieser Gelegenheit an, daß der Reichspräsident an ihm, dem loyalen Frontoffizier Brüning, dessen Maschinengewehrkompanie bis zum Waffenstillstandstage mit Auszeichnung gekämpft hatte, Gefallen gefunden habe und ihn für die Figur des Reichskanzlers, der den Staatsstreich durchführen sollte, in Aussicht genommen habe. Brüning behandelte das zunächst dilatorisch: Die Zeit sei noch nicht reif für solche Pläne. Aber die Zeit kam schnell.

Im Oktober 1929 brach die Weltwirtschaftkrise aus. Die Regierung der großen Koalition, deren führender Kopf, Stresemann, zu allem Unglück in diesem Oktober gestorben war, kam mit der sich auch in Deutschland schnell verschärfenden Krise nicht zurecht. Sie zerbrach schließlich darüber, und im März 1930 ernannte Hindenburg, auf Schleichers Rat, wie vorgesehen Brüning zum Reichskanzler. Brüning erhielt aufgrund des Artikels 48 der Verfassung vom Reichspräsidenten die Vollmacht, ohne Rücksicht auf den Reichstag zu regieren: Dieser Artikel ermöglichte es dem Staatsoberhaupt, im Falle eines von ihm selbst nach Gutdünken zu bestimmenden Notstands, das Gesetzgebungsrecht des Reichstags durch Notverordnungen zu umgehen. Das Recht der Reichstagsauflösung besaß der Reichspräsident ohnehin; falls der Reichstag seine Notverordnungen rückgängig machte, konnte er ihn also jederzeit auflösen. Alle diese Rechte sollte nun Brüning im Namen des Reichspräsidenten ausüben dürfen. Dies sollte den Übergang bilden zu dem von den Kreisen hinter

Hindenburg geplanten Staatsstreich, der auf die Restauration der Monarchie zielte.

Welche Rolle dabei Hindenburg selbst spielte, bleibt undeutlich. Der alte Herr war kein Politiker, war es nie gewesen. Er war in mancher Hinsicht als Reichspräsident genau so eine Galionsfigur, wie er es im Kriege als Chef der Obersten Heeresleitung gewesen war. Er hatte aber durchaus seinen eigenen Kopf, hatte ihn immer gehabt und war mit dem Alter eher starrsinniger geworden. Nachdem er 1925 seinen Verfassungseid geleistet und auch gehalten hatte, zufrieden mit einer würdigen Repräsentationsstellung, fing jetzt auch er selbst wohl an, sich seiner monarchischen Gefühle zu erinnern und es als eine Art Sendung zu empfinden, den Rückübergang von der Republik zur Monarchie in die Wege zu leiten – alles möglichst, ohne seinen Verfassungseid direkt zu brechen. Der erste Schritt auf diesem Wege war der Übergang von den parlamentarischen Regierungen der zwanziger Jahre zu den Präsidialregierungen der frühen dreißiger, von denen die Brüningsche die erste und dauerhafteste war. Sie hielt sich formell noch im Rahmen der Verfassung, und so ist Brüning paradoxerweise zu dem Ruf des letzten Verteidigers der Weimarer Verfassung gekommen. Das war er nicht. Sein Auftrag war der Staatsstreich, wie er selbst in seinen Memoiren bezeugt hat, und er war auch besten Willens, diesen Auftrag auszuführen. Aber er schob den Staatsstreich zugunsten eines anderen Vorhabens auf – was schließlich zu seinem Sturz führte.

Inzwischen war ja die Weltwirtschaftskrise ausgebrochen, und Brüning sah jetzt jene große außenpolitische Chance, von der im vorigen Kapitel schon die Rede war: die Chance, die Weltwirtschaftskrise auszunutzen, um durch eine absichtlich herbeigeführte radikale Verschärfung der Wirtschaftskrise in Deutschland die Reparationen abzuschütteln. Das war ihm zunächst wichtiger als der beabsichtigte Staatsstreich. Immerhin, er löste im Juli 1930 den Reichstag auf und setzte für September 1930 Neuwahlen fest. Und nun geschah etwas Unerwartetes. In diesen Wahlen wurden die Nationalsozialisten Hitlers, in der »guten« Hindenburgzeit eine Splitterpartei, plötzlich zur zweitstärksten Partei. Sie gewannen 18 Prozent der Wähler, 6 Millionen Stimmen, 107 Mandate, und damit war auf der deutschen innenpolitischen Szene plötzlich eine neue Kraft erschienen, mit der man fortan rechnen mußte. Was machte die Nationalsozialisten plötzlich so stark?

Es waren drei Gründe, die die Nationalsozialisten 1930 zunächst zur Massenpartei und dann, 1932, zur stärksten Partei überhaupt machten.

Der erste ist in der Wirtschaftskrise zu suchen; sie führte zu einer furchtbar schnell fortschreitenden Verelendung der Arbeiterschaft und auch – das darf man nicht vergessen – der Unternehmerschaft, in der es ebenfalls viele bankrotte und ruinierte Existenzen gab. Im Jahre 1932, dem Jahr der sechs Millionen Arbeitslosen, erschien ein Plakat, auf dem in expressionistischem Stil eine große Masse von Elendsgestalten dargestellt war und sonst nichts. Darunter standen nur die Worte: »Hitler, unsere letzte Hoffnung.« Das traf ins Schwarze. Die Not war Wirklichkeit. Und Wirklichkeit war auch, daß Hitler der einzige war, der sie zu wenden versprach. Während Brüning, wie jedermann dunkel fühlte, die Not sogar absichtlich noch verschärfte – zu patriotischen außenpolitischen Zwecken, die er aber nicht offenlegen konnte und die selbst heute noch nicht allgemein erkannt sind.

Die Not war der erste Grund, der Hitler die Massen zutrieb. Sie wird noch heute gern als einzige, und damit als durchschlagende Entschuldigung der plötzlich so massenhaft auftretenden Naziwähler angeführt. Sie war ein Grund, und ein sehr starker, aber nicht der einzige.

Ein zweiter Grund lag in einem plötzlich wieder erstarkenden Nationalismus. Er ist längst nicht so greifbar wie die wirtschaftliche Not jener Jahre, und auch nicht so leicht zu erklären. Es scheint sogar widerspruchsvoll, daß gerade das Elend und die wirtschaftliche Verzweiflung von einer Art nationaler Aufbruchsstimmung begleitet waren. Aber so war es; jeder, der die Jahre 1930 bis 1933 noch bewußt miterlebt hat, kann es bezeugen. Ganz überwunden worden waren die nationalen Komplexe und Ressentiments der Zeit nach 1918, die Gefühle, die in solchen Begriffen wie »Dolchstoß« und »Novemberverbrecher« zum Ausdruck kamen, ja niemals. Aber sie waren in den Jahren 1919 bis 1924 doch im wesentlichen auf die alte Rechte, die Wähler der Deutschnationalen Volkspartei, beschränkt gewesen und hatten sich in den Jahren nach 1925, als diese Partei mitregierte, gemildert. Jetzt wurden sie plötzlich Gemeingut fast aller Parteien; sogar die Kommunisten sprachen plötzlich eine nationalistische Sprache, und die heimlichen und offenen Monarchisten, die hinter Brünings Präsidialkabinett standen, sowieso.

Aber damit ließen sie sich auf etwas ein, worin ihnen die Nationalsozialisten von vornherein uneinholbar überlegen waren. Niemand appellierte an Nationalismus, Nationalstolz und nationale Ressentiments mit solcher Überzeugung – und daher solcher Überzeugungskraft – wie sie. Niemand wagte wie sie zu behaupten, daß Deutschland den Ersten Weltkrieg eigentlich gewonnen haben müßte, ja im Grunde gewonnen habe und nur durch List und Verrat um seinen Sieg geprellt worden sei; niemand so unverblümt anzudeuten, daß dieser verlorene Sieg eines Tages nachzuholen sei. Die Deutschen – ich greife vor – waren 1939 über den Ausbruch des Zweiten Weltkrieges bei weitem nicht so begeistert, wie sie es 1914 über den Ausbruch des Ersten gewesen waren; sie hatten ihre Begeisterung 1933 verbraucht. Aber in der Begeisterung über den Sieg der »nationalen Erhebung« von 1933 steckte viel von der Kriegsbegeisterung von 1914, und eine Art Kriegsbegeisterung war schon in den Jahren davor von allen Seiten geschürt worden – und den Nationalsozialisten zugute gekommen.

Der dritte Grund für den Wahlerfolg der NSDAP lag

in der Person Hitlers selbst – das muß gesagt werden, obwohl es viele Leute heute ärgern wird. Hitler wirkte auf die Deutschen seiner Zeit nicht abstoßend, sondern anziehend, ja mitreißend. Er war einfach eine Figur viel größeren politischen Formats als alle anderen, die nach dem Tode Stresemanns in der Spätphase der Weimarer Republik auf der politischen Bühne standen.

Hitler ist immer unterschätzt worden. Es war der größte Fehler seiner Gegner, ihn klein und lächerlich machen zu wollen. Er war nicht klein und lächerlich. Hitler war ein sehr böser Mann. Die großen Männer sind oft böse. Und Hitler war auch, daran läßt sich nicht deuteln, mit all seinen furchtbaren Eigenschaften ein sehr großer Mann, wie sich in der Kühnheit seiner Vision und der Schläue seines Instinkts in den folgenden zehn Jahren immer wieder zeigen sollte. Hitler hatte als Person eine magische Wirkung, die kein anderer der damaligen Politiker ausübte.

Schon 1918 und 1919 hatten sich viele Deutsche einen solchen Mann, wie Hitler ihn jetzt darstellte, als Wunschziel ausgemalt. Es gibt aus jener Zeit ein Gedicht von Stefan George, in dem er die Hoffnung ausspricht, daß die Zeit

»Den einzigen, der hilft, den Mann gebiert...
Der sprengt die ketten, fegt auf trümmerstätten
Die ordnung, geisselt die verlaufnen heim
Ins ewige recht, wo grosses wiederum gross ist,
Herr wiederum herr, zucht wiederum zucht. Er heftet

Das wahre sinnbild auf das völkische banner.
Er führt durch sturm und grausige signale
Des frührots seiner treuen schar zum werk
Des wachen tags und pflanzt das Neue Reich.«

Viele Menschen der Nachkriegsjahre sehnten sich nach einer Führerfigur, die gleichzeitig hart und schlau war, die Ordnung schuf, ihr Volk disziplinierte, dem Parteiwesen ein Ende setzte, die alleinige Führung an sich riß und sie auch zu handhaben wußte. Und zwar besonders außenpolitisch und – ja – auch kriegerisch. Diese Vision war schon 1918/19 durchaus dagewesen, nie ganz ausgestorben, 1930 plötzlich wieder aktuell geworden; und Hitler schien ihr zu entsprechen. Hitler war in der Tat die Erfüllung eines Wunschtraumes vieler Deutscher, gerade so, wie er war: mit seiner ungeheuren Beredsamkeit, seiner Brutalität, seiner Härte, seiner Entschlossenheit, seiner Fähigkeit zu überraschen, seinem Talent, unerwartete Auswege aus schwierigen Situationen zu finden. Auch mit seinem Antisemitismus? Mindestens waren viele bereit, den in Kauf zu nehmen.

Diese drei Dinge zusammen: die Not, der wiedererwachende Nationalismus und die Figur Hitlers machten die nationalsozialistische Bewegung, nicht so sehr die Partei als solche, aber die Massenbewegung, die sich der Partei plötzlich bemächtigte und sie nährte, von einem Tag zum andern zu einer ganz starken politischen Kraft, mit der die ältere deutsche Rechte, die Oberklassenrechte, die unter Hindenburg wieder ans Ruder gekommen war, nun rechnen mußte.

Schleicher, damals noch immer der Spiritus rector der Restaurationsbewegung, merkte das sehr deutlich und drängte Brüning, Hitler sozusagen zuvorzukommen und den monarchistischen Staatsstreich durchzuführen, ehe die Hitler-Bewegung überwältigend wurde. Aber Brüning zögerte – »Brüning Cunctator« nannte ihn Schleicher damals. Er wollte erst seinen großen außenpolitischen Erfolg, die Streichung der Reparationen, erreichen. Und das brauchte Zeit. Das Jahr 1931 ging darüber hin, die Monate des Jahres 1932 verflossen einer nach dem andern. Erst im Juli 1932 wurden die Reparationen endlich gestrichen – und da war Brüning schon gestürzt.

Zuvor hatte Brüning allerdings eine Möglichkeit gefunden, halbparlamentarisch weiterzuregieren: Er fand seit Ende 1930 plötzlich wieder eine parlamentarische Mehrheit. Den Sozialdemokraten war damals der Aufstieg Hitlers furchtbar in die Glieder gefahren, und sie hatten beschlossen, Brüning fortan als kleineres Übel zu »tolerieren« – ihm also im Reichstag eine Mehrheit zu verschaffen, ohne selbst mitzuregieren. Brüning hätte, selbst wenn er es gewollt hätte, keine Sozialdemokraten in die Regierung aufnehmen dürfen. Er stand ja einem Präsidialregime vor, er sollte gar nicht parlamentarisch regieren. Aber die Tolerierung nahm er an und regierte ziemlich ruhig, im Inneren unangefochten, mit seiner quasiparlamentarischen Mehrheit und den Notverordnungen des Reichspräsidenten bis ins Jahr 1932 hinein – immer in der Hoffnung, daß er dann, mit dem großen außenpolitischen

221

Erfolg in der Tasche, die innenpolitischen Veränderungen, die sein eigentlicher Auftrag waren, in Angriff nehmen konnte.

Aber Schleicher verlor die Geduld. Er überredete Hindenburg, Brüning fallenzulassen und einen Reichskanzler zu ernennen, der einen schärferen innenpolitischen Kurs steuerte und der im Eiltempo das durchführte, was Brüning eigentlich gesollt und worin er eingewilligt hatte: den Übergang zu einer neuen autoritären Verfassung. Die Figur, die Schleicher, man kann sagen: erfand, war Franz von Papen, ein bis dahin dem größten Teil der Deutschen unbekannter rechter Zentrumsabgeordneter im preußischen Abgeordnetenhaus. Papen war auch, anders als der Mittelständler Brüning, ein typischer Vertreter der alten wilhelminischen Herrenschicht. Seine wichtigsten politischen Anknüpfungspunkte fand er im Berliner Herrenclub.

Der neue Reichskanzler stellte im Juni 1932 ein »Kabinett der Barone« zusammen, wie es sogleich genannt wurde, und kündigte »eine ganz neue Art der Regierungs- und Staatsführung« an. Papen marschierte im Gegensatz zu Brüning direkt auf einen Staatsstreich los. Zunächst löste er den Reichstag auf; Ende Juli fanden Wahlen statt, und die Nazis wurden jetzt mit 37 Prozent der Stimmen die stärkste Partei in Deutschland. Auch die Kommunisten nahmen stark zu. Der Reichstag vom Juli 1932 war der erste, in dem es keine regierungsfähige Mehrheit einer noch so großen Koalition bürgerlicher und sozialdemokratischer

Parteien mehr gab. Jetzt bildeten die beiden revolutionären, staatsverneinenden Parteien, die Nationalsozialisten auf der Rechten und die Kommunisten auf der Linken, zusammen eine Mehrheit, von der sie natürlich nicht gemeinsam Gebrauch machen konnten. Insofern fand Papen eine, wie es schien, sehr glückliche Bedingung für den beabsichtigten Staatsstreich vor: Der Reichstag war jetzt sichtbar und deutlich nicht mehr regierungsfähig.

Er wurde sofort wieder aufgelöst, freilich nicht, ohne daß er Papen vorher mit überwältigender Mehrheit sein Mißtrauen ausgesprochen hatte. Schon diese Auflösung war ein klarer Verfassungsbruch. Nach der Verfassung hätte ein mit einem Mißtrauensvotum vom Reichstag gestürzter Reichskanzler zurücktreten müssen. Papen dachte gar nicht daran, zurückzutreten.

Es war nicht der erste Verfassungsbruch, den Papen beging. Vorausgegangen war schon ein anderer. Papen hatte im Juli, sehr bald nach seiner Ernennung, den sogenannten Preußenschlag ausgeführt, das heißt, die legale preußische Regierung, übrigens immer noch eine Regierung der Weimarer Koalition, abgesetzt, die Minister durch Reichswehr aus ihren Ministerien vertreiben lassen und sich selbst zum Reichskommissar für Preußen ernannt. Dies war bereits ein kleiner Staatsstreich (und historisch betrachtet übrigens das wirkliche Ende der Selbständigkeit Preußens). Worauf es Papen jetzt ankam, war, die Zeit, in der der Reichstag aufgelöst blieb, zu benutzen, um den geplanten großen Staatsstreich durchzuführen, der die demokratische Verfassung mit Hilfe ihres Artikels 48 in eine monarchische umwandeln sollte. Papen hatte das auch wirklich vor, und Hindenburg war bereit, ihn dabei zu decken. Es war Schleicher, der jetzt von Papen abfiel.

Papens, Hindenburgs und auch Schleichers ursprüngliche Idee einer monarchistischen Revolution hatte nämlich eine nicht ganz unbedeutende Schwäche: Es war kein Thronkandidat in Sicht. Den alt gewordenen Kaiser Wilhelm II. aus seinem holländischen Exil zurückzuholen verbot sich. Die Flucht nach Holland hatte den Kaiser auch bei den Monarchisten den Respekt gekostet; ihn noch einmal auf den Thron zu setzen, was Hindenburg persönlich das liebste gewesen wäre, schien unmöglich.

Der Kronprinz war seit seiner frühen Rückkehr nach Deutschland ein Privatmann geworden; als Kaiser kam auch er nicht mehr in Frage. Seine Söhne waren jung und unbekannt. Es gab im ganzen Deutschland dieser Zeit nur einen Mann, der möglicherweise einen einleuchtenden Monarchen abgeben konnte: Kronprinz Rupprecht von Bayern. Er wäre als König von Bayern seinen Landsleuten wahrscheinlich sehr willkommen gewesen. Ihn aber zu einem neuen deutschen Kaiser zu machen hätte bedeutet, die Restauration der Monarchie auch noch mit einem Dynastiewechsel zu verbinden. Das schien unmöglich. Die Lösung, die zum Schluß erwogen wurde, bestand darin, den inzwischen – mit den Stimmen seiner früheren Gegner –

wiedergewählten Reichspräsidenten zum Reichsverweser zu machen, das heißt zum Regenten eines nachrückenden Kronprinzen-Sohnes. Aber das wäre bei dem Alter Hindenburgs keine Dauerlösung gewesen, und auch damit wagte man sich nicht an die Öffentlichkeit. Man mußte also einen Staatsstreich durchführen, der allein auf den uralten Hindenburg gestützt war, wobei unklar blieb, wie es nach seinem Ende weitergehen sollte. Und man mußte diesen Staatsstreich gegen die starke Volksbewegung der Nationalsozialisten, gegen alles, was von den Republikanern noch übriggeblieben war, und gegen die ebenfalls stark gewordenen Kommunisten durchführen. Das wäre nur unter Anwendung militärischer Gewalt möglich gewesen; man hätte mit einem Generalstreik, mit schweren Unruhen von rechts und links rechnen müssen – und hier bekam Schleicher kalte Füße. Er wollte nicht gegen alle regieren, und er hatte – wie übrigens auch Papen – erfahren, daß die mächtige nationalsozialistische Bewegung keineswegs bereit war, eine monarchistische Restauration zu akzeptieren oder auch nur zu dulden.

Hitler wollte die ganze Macht für sich; aber auch seine mittlerweile 13 Millionen Wähler wünschten keine Wiederherstellung der Monarchie und des alten wilhelminischen Systems. Sie wollten etwas Neues und Dynamisches. Man tut den meisten von ihnen wahrscheinlich kein Unrecht, wenn man ihnen unterstellt, daß sie im Grunde genau das wollten, was sie dann bekamen: die Alleinherrschaft Hitlers. Die Wahlkämpfe des Jahres 1932 – erst die Präsidentenwahl, in der Hitler gegen Hindenburg stand, dann die Reichstagswahlen vom 31. Juli, und schließlich die zweite Wahl zum Reichstag vom November – wurden von den Nationalsozialisten ganz ausdrücklich nicht mehr nur gegen die »Novemberverbrecher«, sondern fast noch mehr gegen die alt-neue Herrenklasse, gegen die »Barone«, gegen Papen geführt. Die Nationalsozialisten schillerten zu allen Zeiten zwischen rechts und links. 1932 kehrten sie vor allem ihre »linke«, populistische Seite hervor. Das ging so weit, daß sie sich bei einem Berliner Verkehrsstreik im November 1932 mit den Kommunisten verbündeten. Aus dieser Zeit stammt ein Photo, das Goebbels und Ulbricht auf derselben Rednertribüne zeigt.

Schleicher fand, einem solchen Bündnis sei die Reichswehr nicht gewachsen. Außerdem hatten sich seine Ideen inzwischen geändert. Der General hatte sich einen »Brains-Trust« von brillanten jungen Journalisten zugelegt, die ein damals vielgelesenes Monatsblatt, »Die Tat«, herausgaben. Unter ihrem Einfluß hatte er sich eine neue Konzeption zurechtgelegt, die von seinen schlicht restaurativen Vorstellungen des Jahres 1929 in wesentlichen Punkten abwich. Was ihm jetzt als künftige Regierungsgrundlage vorschwebte, war ein Bündnis nicht von parlamentarischen Parteien, sondern von Reichswehr, Gewerkschaften und bündischer Jugend. Außerdem wollte er die Nationalsozialisten spalten. Gregor Strasser, der Hauptorganisator der NSDAP, sollte in die Regierung eintreten und einen Teil der Partei mitbringen. Was Schleicher jetzt vorschwebte, war eine Art Korporations- oder Ständestaat, etwas wie ein deutscher Faschismus, der dem Nationalsozialismus Hitlers das Wasser abgraben sollte. Die monarchistische Restauration spielte bei Schleichers neuen Plänen nur noch eine ganz undeutliche Rolle. Vielleicht hatte er sie innerlich schon aufgegeben.

Jedenfalls zog Schleicher jetzt bei Papens Staatsstreichplan von Ende November nicht mehr mit und brachte Papen zu Fall. Worauf Hindenburg (sehr ungern) den Staatsstreichplan vertagte und Schleicher zum Reichskanzler ernannte.

Doch während der kurzen Kanzlerschaft Schleichers scheiterten alle seine hochfliegenden Pläne. Dieser politische General, der jahrelang der mächtigste Mann Deutschlands gewesen zu sein schien, solange er im Hintergrund operierte, erwies sich auf offener Bühne als der wohl glücklosestse Kanzler, den Deutschland je gehabt hat. Nichts gelang ihm. Die Gewerkschaften verweigerten sich, Gregor Strasser versagte, und mit der bündischen Jugend allein war kein Staat zu machen. Selbst in der Reichswehr bildete sich eine Anti-Schleicher-Gruppe. Die Nationalsozialisten, die in den Novemberwahlen 2 Millionen Wähler verloren hatten, wurden wieder stärker, und die Kommunisten waren ebenfalls sehr stark geworden. Ende Januar mußte Schleicher auf das zurückfallen, was er im November noch verhindert hatte: Er mußte Hindenburg bitten, den Reichstag aufzulösen und ihm die

Genehmigung zu einer Regierung ohne Parlament und also zum Staatsstreich zu erteilen. Aber was Hindenburg Papen zwei Monate zuvor zugebilligt hatte, schlug er jetzt Schleicher ab.

Hindenburg hatte inzwischen mit Papen, der Schleicher in seiner Gunst verdrängt hatte, ständige Verbindung gehalten, und Papen war seinerseits nicht untätig geblieben. Er hatte schon immer vorgehabt, Hitler irgendwie einzuspannen, er war sogar im August 1932 schon einmal bereit gewesen, ihn zum Vizekanzler zu ernennen, wobei er Hitler nicht nur unterschätzte, sondern vollkommen falsch einschätzte.

Papen sah Hitler aus der Herrenperspektive. Für ihn war Hitler ein begabter Plebejer, ein Aufsteiger, der froh sein würde, sozusagen als Hospitant zum »Kabinett der Barone« zugelassen zu werden. Er hatte kein Verständnis für Hitlers sehr viel größere Pläne und seinen sehr viel höheren Ehrgeiz.

Hitler hatte Papens großzügiges Angebot tatsächlich abgelehnt. Er bestand darauf, daß er selbst Reichskanzler werden müsse, und zwar mit allen präsidialen Vollmachten. Hitler wollte seinen eigenen Staatsstreich.

Papen hatte sich inzwischen überlegt – ohne deswegen seine Einschätzung Hitlers zu ändern –, daß ja auch das notfalls annehmbar wäre. Die eigentliche Macht war ja immer noch der Reichspräsident, und dessen fühlte sich Papen sicher, auch wenn nominell Hitler Reichskanzler und Papen nur Vizekanzler sein würde. Wenn man Hitler, wie er sich gern ausdrückte, »einrahmen« könnte, wenn Hitler nicht darauf bestände, gleich seine ganze Gefolgschaft in die Regierung mitzubringen, wenn er bereit wäre, mit den Deutschnationalen und vielleicht sogar mit dem Zentrum eine Art Koalition zu bilden – warum eigentlich nicht?

Als die Koalition der Nationalsozialisten mit den Deutschnationalen dann in den letzten Januartagen 1933 zustande kam, antwortete Papen einem Kritiker, der ihm erstaunt und entsetzt vorhielt: Was, Sie haben Hitler an die Macht gebracht?!, sehr selbstgefällig: »Sie irren sich, wir haben ihn engagiert.« Wie sollte er sich täuschen!

# Hitlerzeit

Die letzte Epoche des Deutschen Reiches muß man die Hitlerzeit nennen, und zwar noch in einem anderen Sinne, als man die Jahre vor dem Ersten Weltkrieg als die Kaiserzeit und die spätere Phase der Weimarer Republik als Hindenburgzeit bezeichnen kann.

Der Kaiser und Hindenburg waren gewiß repräsentative Figuren ihrer Epoche. Sie waren aber keineswegs Männer, die die innere und äußere Politik des Deutschen Reiches nach ihrem Gutdünken bestimmten. Das könnte man schon eher von Bismarck sagen. Aber nicht einmal Bismarck hat in seiner Zeit das Reich so vollständig beherrscht und so widerstandslos nach seinen eigenen Gedanken formen können, wie Hitler es in den letzten zwölf Jahren seines Bestehens getan hat.

Die Hitlersche Machtergreifung bestand nicht darin, daß er am 30. Januar 1933 zum Reichskanzler ernannt wurde. Im Gegenteil: Damals glaubten viele noch, die merkwürdige Regierung Hitler-Papen würde sich ebenso schnell wie ihre Vorgänger verbrauchen und dann würde wieder etwas ganz anderes kommen. Daß es nicht so kam, war für viele Menschen eine große

Überraschung und für die meisten von ihnen wohl eine erfreuliche.

Nachdem Hitler einmal zum Reichskanzler ernannt worden war, ergriff er die politische Macht in den nächsten vier Monaten fast vollständig, in der Zeit zwischen Februar und Juli 1933. Und dann, nach einer Pause, ergriff er eine Art von Macht, die man sich bis dahin gar nicht hatte vorstellen können, nämlich die totale Macht. Die Machtergreifung erfolgte also sozusagen in zwei Schüben.

Der erste Schub – in der ersten Hälfte des Jahres 1933 – bestand in der Abräumung des politischen Feldes. Das politische Leben, wie es sich in den vergangenen drei Jahren im Deutschen Reich herausgebildet hatte, eine Mischung von Überresten der Weimarer parlamentarischen Demokratie mit einer neuen autoritären und präsidialen Staatsführung, existierte am 30. Januar 1933 noch genauso wie zuvor. Am 14. Juli 1933 war es vollkommen von der Bildfläche verschwunden. Die Parteien existierten nicht mehr, es gab weder ein Präsidialregime noch ein parlamentarisches Regime – inzwischen regierte allein der Reichskanzler mit seiner Partei. Dazu hatte ein atemraubender Vorgang geführt, der natürlich nicht ohne zahlreiche Rechtsbrüche, nicht ohne Schrecklichkeiten und Gemeinheiten abgelaufen war.

Das entscheidende Ereignis, das bis heute nicht wirklich aufgeklärt ist, war der Brand des Reichstages am 27. Februar 1933 gewesen. Diese Brandstiftung nahm Hitler zum Vorwand, um – noch im Einvernehmen mit Papen – den Reichspräsidenten eine weitere Notverordnung unterzeichnen zu lassen, die über alle bisherigen weit hinausging. Die Verfassung wurde in großen Teilen außer Kraft gesetzt, alle Grundrechte abgeschafft, die Möglichkeit willkürlicher Verhaftungen eingeführt. Diese Verhaftungen waren auch schon vorbereitet: am nächsten Tage, am 28. Februar, setzten sie ein.

Hier wurde ein neues Element in die deutsche Politik eingeführt: der legale staatliche Terror. Zunächst wurde dieser Terror noch ziemlich selektiv angewandt. Die ersten Opfer, die sofort verhaftet wurden oder fliehen mußten, um sich der Verhaftung zu entziehen, waren kommunistische und einige andere linke Politiker und vor allen Dingen linke Publizisten und Schriftsteller, die sich bei der jetzt regierenden Gruppe besonders unbeliebt gemacht hatten. Es gab in den ersten Wochen noch keinen *allgemeinen* Terror.

Trotzdem hatte dieser Terror vom 28. Februar bereits eine entscheidende Auswirkung. Die 81 kommunistischen Abgeordneten, die eine Woche später noch gewählt wurden, zogen nicht mehr in den neuen Reichstag ein, sie befanden sich, als der Reichstag drei Wochen später eröffnet wurde, alle bereits in Konzentrationslagern, im Untergrund oder in der Emigration. Das verschob die Ergebnisse der Reichstagswahl ganz erheblich.

Denn eigentlich war diese Wahl für die Regierung enttäuschend ausgegangen. Die Nationalsozialisten besaßen zusammen mit den Deutschnationalen nur eine knappe Mehrheit von etwa 52 Prozent; die Nationalsozialisten selbst hatten nur 43,9 Prozent der abgegebenen Stimmen bekommen. Ihre Hoffnungen auf eine absolute Mehrheit hatten sich nicht erfüllt. Aber nachdem die kommunistischen Abgeordneten verschwunden waren, hatten die Nationalsozialisten nun plötzlich doch eine absolute Mehrheit, und zusammen mit den bürgerlichen Parteien vermochten sie sogar eine Zweidrittelmehrheit zu erzielen, die ihnen eine endgültige Verfassungsänderung, eine Abdankung des Reichstages bescheren konnte.

Als es am 23. März im Reichstag um die Abschaffung der parlamentarischen Verfassung ging, kam diese Zweidrittelmehrheit zustande. Alle Parteien mit Ausnahme der Sozialdemokraten stimmten dem sogenannten Ermächtigungsgesetz zu, das die Regierung instand setzte – legal, wenn man so will –, Gesetze ohne Mitwirkung des Reichstags zu machen, und zwar zunächst auf vier Jahre. Das war der zweite Staatsstreich nach dem vom 28. Februar. Von dort bis zur völligen Selbstauflösung aller bürgerlichen Parteien und zum Verbot der sozialdemokratischen und kommunistischen Partei, das im Juni und Juli erfolgte, war es nur ein kurzer Weg.

Das Bemerkenswerte an dieser Periode ist, daß die bürgerlichen Parteien tatsächlich nicht mehr mitspielen wollten, daß sie zufrieden waren, sich sozusagen ins politische Nichts zurückziehen zu dürfen. Das hängt mit dem zusammen, was man damals die »nationale Erhebung« oder auch die »nationalsozialistische Revolution« nannte, nämlich einem vollkommenen Stimmungswechsel, der sich zwischen den Reichstagswahlen vom 5. März und dem Sommer 1933 in Deutschland vollzog. Das ist etwas, das schwer zu erforschen ist, woran sich aber jeder, der es miterlebt hat, erinnert. Stimmungen lassen sich nun einmal nicht definieren, abgrenzen und festhalten; sie sind atmosphärischer, sozusagen »gasförmiger« Natur – aber sie sind sehr wichtig. Genau wie die Stimmung des August 1914 war die des Jahres 1933 von großer Bedeutung. Denn dieser Stimmungsumschwung bildete die eigentliche Machtgrundlage für den kommenden Führerstaat. Es war – man kann es nicht anders nennen – ein sehr weit verbreitetes Gefühl der Erlösung und Befreiung von der Demokratie. Was macht eine Demokratie, wenn eine Mehrheit des Volkes sie nicht mehr will? Damals zogen die meisten demokratischen Politiker den Schluß: Wir danken ab, wir ziehen uns aus dem politischen Leben zurück. Es soll uns nicht mehr geben. Die demokratischen Parteien verhielten sich im Juni und Juli 1933 genau so, wie sich die deutschen Fürsten im November 1918 verhalten hatten.

Die »nationale Erhebung« – ich habe sie noch in sehr deutlicher Erinnerung – erwuchs aus zwei Wurzeln. Erstens aus der Ermüdung an der politischen Ungewißheit der letzten Jahre vor 1933. Man wollte wieder wissen, woran man war, wünschte Ordnung, eine feste Hand, festen Willen, einen Mann an der Spitze.

Aber – und das ist die zweite Wurzel dieser Bewegung – man wollte keinen Papen oder Schleicher an der Spitze, nicht einen Vertreter der als abgelebt empfundenen, 1918 abgedankten alten monarchischen Oberklasse. Man wollte etwas wirklich Neues: eine Volksherrschaft ohne Parteien, eine populäre Führergestalt (wie man sie in Hitler erblickte), und vor allem wollte man, daß Deutschland wieder einig, groß und stark würde – wie 1914. Damals hatte der Kaiser gesagt: »Ich kenne keine Parteien mehr, ich kenne nur noch Deutsche.« Jetzt wollte man wirklich keine Parteien mehr – nur noch Deutsche. Wenn Hitler die Parteien abschaffte, stimmte ihm eine große Mehrheit der bürgerlichen Wähler zu, nicht nur derer, die am 5. März nationalsozialistisch gewählt hatten.

Diese Stimmung machte auf die Vertreter der alten bürgerlichen Parteien einen unwiderstehlichen Eindruck. Einer der letzten Minister der Weimarer Republik, inzwischen einfacher Abgeordneter der linksliberalen Demokratischen Partei, Dietrich, der nach einigen Gewissensbedenken für das Ermächtigungsgesetz gestimmt hatte, schrieb nach 1945, er habe *aus seinen Wählerkreisen* nie zuvor eine so überwältigende, zustimmende Leserpost erhalten wie nach dieser Entscheidung.

Das sieht aus wie eine Nebensächlichkeit; man kann es aber als Symptom für einen Vorgang betrachten, der sich in den Monaten März bis Juli 1933 abspielte. Trotz all des Unrechts, das in diesen Zeiten schon geschah, trotz der Einrichtung der Konzentrationslager, trotz der willkürlichen Verhaftungen, auch trotz der ersten deutlichen Zeichen einer antisemitischen Politik bildete sich in weiten Kreisen der Bevölkerung eine Überzeugung, dies sei eine große Zeit, eine Zeit, in der die Nation sich wieder einte und endlich ihren Gottgesandten fand, einen aus der Mitte des Volkes erstandenen Führer, der für Zucht und Ordnung sorgen, die Kräfte der ganzen Nation zusammenfassen und das Deutsche Reich neuen, großen Zeiten entgegenführen würde. Es war diese Stimmung, die es Hitler ermöglichte, die ganze politische Szene praktisch widerstandslos abzuräumen und eine Situation herbeizuführen, in der niemand außerhalb seiner eigenen Reihen seinem Willen mehr Widerstand leisten oder seine Pläne vereiteln konnte.

Das ist ein bis heute ungeklärter Vorgang. Wohl deshalb, weil man gar zu gern vergißt, daß im Frühjahr und Frühsommer 1933 tatsächlich so etwas wie eine nationale Sammlung stattfand; nicht unbedingt hinter der nationalsozialistischen Partei, aber hinter Hitler, hinter dem Führer, wie er jetzt schon genannt zu werden pflegte. Was damit zusammenfiel, war ein anderer außerordentlicher Vorgang: das, was man die »Gleichschaltung« hieß.

Alles, was in Deutschland außerhalb der eigentlichen Parteienlandschaft noch an politischen – oder auch unpolitischen – Organisationen existierte, von den großen Industrie- und Interessenverbänden, einschließlich der Gewerkschaften, bis hinunter zu den kleinsten Vereinen, versuchte sich in diesen Monaten

»gleichzuschalten«, das heißt, seine Führung auszuwechseln, sich einen nationalsozialistischen Anstrich zu geben, sich an die Bewegung, die nun Deutschland überschwemmte, anzuhängen und mitzugehen.

Dazu kamen in diesen Monaten ungeheuer viele Parteibeitritte von Leuten, die sich bisher vom Nationalsozialismus ferngehalten hatten und sich jetzt vor Toresschluß noch in die Partei hineinschlichen oder -drängten: die sogenannten »Märzgefallenen«. Bis die NSDAP tatsächlich ihre Tore schloß und von Mitte 1933 an vier Jahre lang keine neuen Mitglieder mehr aufnahm. Es gab noch einmal eine zweite kurze Öffnung der Partei im Jahre 1937, und noch einmal fanden sich sehr viele neue Parteimitglieder ein, darunter viele, die ihrer Gesinnung nach eigentlich gar keine Nationalsozialisten waren, sich aber »auf den Boden der Tatsachen stellen« und Karriere machen wollten. Eine Gesinnung, die man verachten kann, die aber in der menschlichen Natur liegt und die in den dreißiger Jahren die Deutschen zu einer politisch ganz überwiegend geeinten Nation machte.

Nun zum zweiten Schub der Machtergreifung. Wie sah die Lage aus, nachdem die politische Szene leergefegt und Hitler mit seiner Partei als einzige politische Macht in Deutschland übriggeblieben war? Die NSDAP war zwar die einzige *politische* Macht, aber sie war nicht die einzige Macht schlechthin. Hitlers Establishment bestand nicht allein aus der Partei; es setzte sich aus mehreren nationalsozialistischen Organisationen zusammen, von denen die damals bei weitem wichtigste der Wehrverband der Partei war: die SA.

Die SA war in dieser Zeit das eigentliche Terrorinstrument. Die ersten Konzentrationslager wurden von der SA ausgestattet und geleitet, und sie entwickelte dabei Züge eines selbständigen Terrors. Die SA verhaftete nicht nur auf Befehl von oben, sie verhaftete auch eigenmächtig nach Gutdünken, nicht zuletzt wegen persönlicher Feindschaften. Das Terrorregime, das mit sehr vielen Mißhandlungen und nicht wenigen Morden einherging, war den Händen Hitlers teilweise entglitten.

Neben der SA gab es im damaligen Deutschland noch eine andere Macht, zwar keine politische, aber dafür eine um so realere. Das war die Reichswehr. Die Reichswehr hatte anfangs die Ernennung Hitlers zum Reichskanzler unterstützt; eine neue Gruppe in der Reichswehrführung, nicht mehr unter General von Schleicher, sondern um die Generäle von Blomberg und Reichenau, war nazifreundlich und wollte die Nazibewegung für ihre eigenen Zwecke benutzen. Sie hatte Hindenburg deshalb im Januar bei seiner Entscheidung, Hitler zum Reichskanzler zu ernennen, unterstützt. Aber bei alledem blieb die Reichswehr doch der alte Staat im Staate; sie stand den Nationalsozialisten als freundlich gesinnter Bündnispartner, aber keineswegs untergeordnet gegenüber.

Nun entstand zwischen der Reichswehr und der SA ein Konflikt, der Hitler in große Verlegenheit stürzte. Die SA, eine Massenorganisation unter Führung alter

Subalternoffiziere des Ersten Weltkriegs, wünschte, nun selbst die neue nationalsozialistische Armee des neuen Reiches zu werden. Sie plante, sich in die neue Reichswehr zu verwandeln, die alte Reichswehrführung zu entmachten, sie zum Teil in sich aufzunehmen, zum andern Teil vielleicht in Pension zu schikken. Aus der SA sollte das neue, große, revolutionäre, nationalsozialistische Heer werden – was Hitler eigentlich recht sein mußte. Denn die SA war eine seiner Organisationen, er selbst war der Oberste SA-Führer, der OSAF (wenn er auch die Führung nicht von Tag zu Tag ausüben konnte). Er konnte also damit rechnen, eine Armee zu gewinnen, die von ihm politisch durchdrungen und beherrscht, nicht nur mit ihm verbündet sein würde.

Trotzdem nahm Hitler die Partei der Reichswehr. Aus zwei Gründen, wie mir scheint: Der geringere ist darin zu suchen, daß Hitler vom ersten Augenblick an eine große Aufrüstung und einen später zu führenden Krieg plante. Die erste Gruppe, die er gleich nach seiner Ernennung zum Reichskanzler Anfang Februar 1933 angesprochen hatte, war nicht von ungefähr die Generalität der Reichswehr gewesen. Für eine große Aufrüstung und einen späteren Krieg aber brauchte Hitler nicht nur ein williges, sondern vor allem ein militärisch erstklassiges Instrument. Und das war die Reichswehr. Die SA mit ihrem enthusiastischen Millionenzulauf von größtenteils sozial nicht sehr hochstehenden Mitgliedern hatte nicht den militärischen Geist und die militärische Tradition, von denen die Reichswehr durchdrungen war.

Noch wichtiger aber dürfte für Hitler ein anderer Grund gewesen sein, sich in dem Konflikt zwischen Reichswehr und SA auf die Seite der Reichswehr zu stellen.

Der alte Hindenburg lebte noch, stellte aber nicht mehr die politische Macht dar, die er in den Jahren vor Hitler gewesen war. Er war nun wirklich uralt geworden und zog sich Anfang des Jahres 1934 auf sein Gut Neudeck zum Sterben zurück. Wer würde sein Nachfolger sein? Hitler war fest entschlossen, es selbst zu werden und seine Machtergreifung zu vollenden, indem er die Ämter des Reichskanzlers und des Reichspräsidenten in seiner Person zu einem verschmolz. Das war aber nur möglich, wenn die Reichswehr sich ihm dabei nicht in den Weg stellte. Hitler mußte also versuchen, mit der Reichswehr zu einem Abkommen zu gelangen, das ihm die Reichspräsidentschaft anzutreten erlaubte. Ein solches Abkommen würde letzten Endes bedeuten, daß sich die Reichswehr dem neuen Reichspräsidenten Hitler – so wie zuvor Hindenburg – direkt unterordnete, denn schließlich war das Staatsoberhaupt nach alter deutscher Tradition der höchste Befehlshaber der militärischen Macht.

Die Reichswehr fand sich zu diesem für Hitler lebenswichtigen Geschäft bereit; allerdings unter der Bedingung, daß die SA zurückgedrängt, daß ihre Pläne, die Reichswehr zu ersetzen, zunichte gemacht wurden und daß Hitler sich fortan der SA nicht mehr als Terrorinstrument bedienen würde. Das brachte Hitler in eine sehr peinliche Lage, denn vieles spricht dafür, daß er seiner Kampftruppe Hoffnungen gemacht hatte, nach dem Tode Hindenburgs die von ihr beabsichtigte »zweite Revolution«, die militärische Revolution, durchzuführen. Aus diesem Dilemma fand Hitler nur einen Ausweg: Er mußte die SA-Führer umbringen. Und das tat er am 30. Juni 1934. Diese Geschichte hat, auch wenn man für die SA-Führung keine Sympathien empfindet, etwas außerordentlich Abstoßendes. Hitler hatte mit der SA-Führung vereinbart, daß die SA für den Monat Juli 1934, bis zum erwarteten Tode Hindenburgs, auf Urlaub geschickt wurde. Zuvor, am 30. Juni, wollte er sich mit der SA-Führung in Bad Wiessee zu einer Konferenz treffen, um alles folgende zu besprechen. Die SA-Führung fand sich also am 29. Juni in Bad Wiessee ein, um Hitler für den nächsten Morgen zu erwarten. Hitler erschien einige Stunden früher, noch in der Nacht, mit großer Polizeibegleitung, und zwar nicht um an der SA-Tagung teilzunehmen, sondern um alle in Bad Wiessee versammelten SA-Führer verhaften, nach München (oder Berlin) verfrachten und dort unangeklagt, ungehört, ungefragt kurzerhand erschießen zu lassen. Er begründete das später damit, daß die SA einen Putsch vorgehabt hätte. Wirklich geistert der Name »Röhm-Putsch« noch heute durch die deutschen Geschichtsbücher.

Aber einen Röhm-Putsch hat es nie gegeben. Röhm, der »Stabschef« der SA, glaubte im Einvernehmen mit Hitler zu sein, als er Pläne für den künftigen militärischen Staatsstreich vorbereitete. Statt dessen wurde er im Schlaf überrumpelt und zusammen mit dem größten Teil seiner Führung umgebracht. Die Ereignisse des 30. Juni 1934 wurden ein paar Tage später vom Reichskabinett als Staatsnotwehr gebilligt. Sie gaben einen ersten Vorgeschmack der mörderischen Terror- und Willkürherrschaft, die in den Jahren 1938 bis 1945 über Deutschland hereinbrechen sollte.

Die Reichswehr hielt sich an ihren Pakt mit Hitler. Hindenburg starb am 2. August, noch am selben Tag ernannte sich Hitler zu seinem Nachfolger, und die Reichswehr leistete den persönlichen Eid auf Hitler als ihren obersten Befehlshaber, der ihr abverlangt worden war. Damit hatte Hitler außer der politischen auch die militärische Szene entmachtet und sich selbst nicht nur zum politischen Alleinherrscher, sondern zu einer Art von oberstem Kriegsherrn, von neuem Kaiser gemacht.

Auch der schreckenerregende Mord an der SA-Führung wurde im großen und ganzen vom breiten deutschen Publikum und von den alten Oberschichten in Deutschland gebilligt – nicht mit der Begeisterung, mit der man die Abschaffung der Parteien zur Kenntnis genommen hatte, aber mit einer gewissen Genugtuung und Erleichterung. Die SA war nicht beliebt gewesen. In den Augen der führenden Schichten in Deutschland war sie eine Proletarier- und Rabaukengesellschaft, und auch im normalen Bürgertum fürchtete man sie wegen ihrer unvorhersehbaren und brutalen Übergriffe, zum Beispiel auch ins Geschäftsleben. Daß diesen Menschen jetzt das Handwerk gelegt wurde, daß der Führer auch hier einmal Ordnung schuf, daß endlich Normalität einkehrte, wurde begrüßt. Die fürchterlichen Methoden, die Hitler dabei angewandt hatte, wurden hingenommen. Ebenso wurde hingenommen, daß auch einige prominente Konservative, unter ihnen Hitlers Vorgänger als Reichskanzler, der General von Schleicher mitsamt seiner Frau, bei dieser Gelegenheit ermordet wurden. Wenn man eine Schuld des gesamten deutschen Volkes an Hitlers Verbrechen suchen will, dann muß man sie wohl hier suchen.

Auf diese beiden politischen Staatsstreichakte, den vom März bis Juli 1933 und den vom Juni bis August 1934, folgte eine Zeit der Beruhigung. Die Jahre vom Herbst 1934 bis ins Jahr 1938 hinein waren die »guten« Nazijahre. In diesen Jahren wurde der Terror der Frühzeit etwas eingeschränkt; es gab weiterhin Konzentrationslager, aber es wurden mehr Leute aus ihnen entlassen, als man neu einlieferte. Das Leben schien sich zu normalisieren.

Gleichzeitig setzte in diesen Jahren das Hitlersche Wirtschaftswunder ein: eine Belebung der Wirtschaft, die in den vier Jahren von 1933 bis 1937 aus der Massenarbeitslosigkeit zur Vollbeschäftigung führte – womit Hitler übrigens fast die ganze ehemalige sozialdemokratische und einen großen Teil der ehemals kommunistischen Anhänger- und Wählerschaft für sich gewann oder mindestens neutralisierte.

Kann man so etwas wirklich guten Gewissens behaupten? Es ist schließlich eine offene Frage, wie weit die

Masse des deutschen Volkes in diesen Jahren wirklich hinter Hitler stand. Eine absolute Mehrheit bei freien Wahlen hatte er nie gewonnen, und die 99 Prozent der Stimmen bei den Plebisziten und Erneuerungen des Reichstages, die periodisch im November 1933, im Frühjahr 1936 und im Frühjahr 1938 abgehalten wurden, besagen überhaupt nichts. Da gab es keine wirkliche Wahl: Man mußte zur »Wahl« gehen, um nicht aufzufallen, man hatte seinen Stimmzettel einzuwerfen, und ob man ihn nun ankreuzte oder nicht, das machte sowieso keinen Unterschied. Trotzdem war für keinen Mitlebenden zu verkennen, daß Hitler seit Ende 1933, spätestens seit Ende 1934 eine sehr große Mehrheit von Deutschen hinter sich hatte, daß sie seine Herrschaft billigten, bejahten und mit ihren Ergebnissen zufrieden waren. Wobei beim Bürgertum besonders die gelungene Aufrüstung und die immer erfolgreichen außenpolitischen Trotzgesten, bei der Arbeiterschaft hauptsächlich die von niemandem wirklich erwartete wirtschaftliche Blüte und Vollbeschäftigung maßgebend gewesen sein dürften.

Was für ein Staat war nun eigentlich das Deutsche Reich in dieser Periode? Es war kein Parteistaat, wie oft gesagt worden ist. Es war kein Staat wie etwa die heutige DDR oder die Sowjetunion, das heißt ein Staat, der von einer wohlgegliederten Partei wirklich beherrscht wird. Die nationalsozialistische Partei hatte kein Zentralkomitee, kein Politbüro, und Hitler hat niemals irgendein Parteigremium zusammengerufen, um sich mit ihm zu beraten. Die Parteitage, die jedes

Jahr im Herbst mit großem Gepränge in Nürnberg abgehalten wurden, waren nicht das, was man sonst Parteitage nennt, das heißt Zusammenkünfte eines Parteivorstandes mit Delegierten der Parteibasis, in denen Programme beraten und beschlossen wurden. Solche Beratungen fanden in Nürnberg nie statt. Die nationalsozialistischen Parteitage waren Aufmärsche der Parteimassen, aber auch anderer Organisationen. Es gab einen »Tag der SA«, einen »Tag der SS«, sogar einen »Tag des Reichsarbeitsdienstes«, nach 1934 auch einen »Tag der Wehrmacht«. Alle Organe, alle Staaten des Staates – wenn man es so nennen will – wurden zu einer großen beeindruckenden Demonstration zusammengeholt, bei der nur Hitler und immer wieder Hitler Reden hielt. Er selbst hörte sich nichts an. Nicht die Partei regierte den Staat. Hitler regierte, unter anderem durch die Partei.

Unter anderem: Denn seit dem Verschwinden aller anderen Parteien spielte auch die nationalsozialistische Partei eigentlich keine wirklich bedeutende Rolle mehr in diesem Staat. Es ist ganz eigentümlich, daß die Namen fast aller Gauleiter und Reichsleiter, der höchsten Parteifunktionäre, vollkommen vergessen sind und schon im Dritten Reich dem großen Publikum kaum mehr bekannt waren. Das Dritte Reich Hitlers war kein Parteistaat, es war ein Führerstaat.

Und es war – auch das im Gegensatz zu vielem, was man heute als selbstverständlich annimmt – kein eigentlich totalitärer Staat. Im Gegenteil. In Hitlers Staat gab es, mehr als je zuvor im Deutschen Reich, eine große Zahl von Staaten im Staate. Ein deutscher Professor, Ernst Fraenkel, schrieb in der Emigration ein Buch, »The Dual State« (»Der Doppelstaat«), worin er sehr fein herausfühlte, daß im Dritten Reich mindestens zwei Staaten existierten: ein Staat der Willkür und der Terrorherrschaft und daneben der alte, gewohnte Beamtenstaat, ja sogar Rechtsstaat. Wer damals etwa einen Mietstreit zu führen hatte oder einen Ehescheidungsprozeß, bekam sein Recht genau nach den alten Gesetzbüchern und den alten Prozeßordnungen ganz normal zugeteilt – Nationalsozialismus oder nicht, das spielte keine Rolle. So war es nicht nur im Bereich des Justizministeriums, sondern in vielen ministerialen Bereichen, wo die Dinge nach alter Ordnung abgewickelt wurden und wo besonders seit Ende 1934, nachdem der SA-Terror abgeflaut war, eine gewisse Normalität eintrat. Freilich eine Normalität, die unterbrochen werden konnte, wenn der Führer eine größere politische Aktion plante, für die er dann auch seine Werkzeuge fand.

Ein besonderer Staat im Staate blieb nach wie vor die Wehrmacht, wie sie jetzt nach der Einführung der allgemeinen Wehrpflicht hieß. Der Dichter Gottfried Benn, der damals in seinen alten Beruf als Militärarzt zurückkehrte, nannte das die aristokratische Form der Emigration.

Nun, es war keine Emigration, und man kann auch hinsichtlich des Aristokratischen verschiedener Meinung sein. Aber es war eine Form des Sichzurückziehens, heute würde man sagen: in eine Nische, in einen

Sonderstaat im Staate, wo die alten Traditionen und Gebräuche noch lange Zeit vorherrschend blieben. So grüßte man zum Beispiel noch bis ins Jahr 1944 hinein in der Wehrmacht nicht mit dem Hitlergruß, sondern nach alter militärischer Art mit der Hand an der Mütze.

Daß solche Nischen existierten, war beileibe kein Versehen Hitlers. Man hat die Nazis als eine »Bewegung« charakterisiert, aber, so seltsam es klingt, die wirkliche Bewegung war nach 1933 Hitler selbst. Hitler hat als Herrscher mehr in Bewegung gebracht als das ganze Deutsche Reich und das gesamte deutsche Volk. Er hat nie eine feste Staatsordnung geschaffen, keine Verfassung hinterlassen, die vielen Institutionen und Organisationen, die er ins Leben rief, nie koordiniert und in geordnete Beziehungen zueinander gesetzt; und er hat das bewußt unterlassen, eben um alles in Bewegung zu halten. Denn für Hitler war das Deutsche Reich nichts Endgültiges. Es galt ihm nicht als das Ererbte, zu Bewahrende. Für Hitler war das Reich nur ein Sprungbrett, nur der Ausgangspunkt für eine enorme territoriale Ausdehnung und für ein neu zu schaffendes Machtgebilde, dessen innere, verfassungsmäßige Organisation noch gar nicht vorhersehbar war. Daher also das innere Chaos des Dritten Reiches.

Wie wurde nun dieser – in viele Sonderabteilungen zerklüftete, nicht totalitäre – Staat trotzdem von Hitler so regiert, daß er ein Führerstaat blieb? Woran lag es, daß bei aller »autoritären Anarchie« (wie man es genannt hat) eben eine oberste Autorität weiterexistierte, die ihren Willen, wo und wann es ihr darauf ankam, auch jederzeit durchzusetzen vermochte? Das läßt sich mit zwei Worten beantworten: Propaganda und Terror. Diese beiden Instrumente waren und blieben bis zum Ende des Nazireichs Hitlers wichtigste Herrschaftsmittel; sie sind es, die den Hitlerstaat von den früheren Staatsformen des Deutschen Reiches unterscheiden.

Beginnen wir mit dem Terror. Während des ganzen Hitlerreichs gab es Konzentrationslager, in die man willkürlich, ohne Haftbefehl, ohne Nachprüfung, ohne Anklage eingeliefert werden konnte und in denen man ein schlimmes Schicksal zu erwarten hatte. Diese Konzentrationslager unterstanden nach der Entmachtung der SA dem andern von Hitler geschaffenen Terrorverband, der SS. Hitler hatte am 30. Juni 1934 etwas sehr Kluges getan. Er hatte die SA-Führung nicht von der Reichswehr erschießen lassen, die sich nur zu gern diesen unangenehmen Auftrag ersparen, die Hände nicht schmutzig machen wollte, sondern er hatte dazu, von der Reichswehr bewaffnet und mit den nötigen Verkehrsmitteln ausgestattet, seine andere kleine, eigentlich bis dahin nur als Sonderabteilung der SA existierende militärähnliche Organisation eingesetzt, nämlich die SS. Nun wurde die SS die neue SA – und zugleich etwas anderes als die SA. Denn die SS war im Gegensatz zur SA niemals eine überwiegend proletarische Organisation. Sie war von vornherein als eine Art Aristokratie innerhalb der nationalsozialistischen Organisationen gedacht, eine auch rassisch besonders ausgesuchte Truppe. Gardemaß! Abstammungsnachweis bis 1800! Aber auch die SS hatte ihre spezielle Funktion. Die SA hatte Wehrmacht werden wollen. Das war ihr verwehrt worden, und nachdem sie ihr Ziel nicht erreicht hatte, sank sie in eine unbedeutende Rolle zurück. Die SS unternahm etwas anderes: Die SS wollte die Polizei des Reiches werden, und das gestattete ihr Hitler, das gelang. Die Polizei, die noch in den ersten Jahren des Hitlerreichs eine Sache der Länder gewesen war, wurde jetzt zentralisiert, ihre Zentrale als Reichssicherheitshauptamt zu einer Reichsbehörde. Die SS hatte das Reichssicherheitshauptamt sehr bald vollkommen durchdrungen. Die wichtigsten Leute der SS-Führung rückten in die Polizei ein, und die übernommenen Polizeibeamten erhielten ihrer Stellung entsprechende SS-Ränge. SS und Polizei verschmolzen zu einer Einheit und wurden dadurch eine fühlbare Macht im Staate, eine Macht, die es vorher nicht gegeben hatte.

Darüber hinaus wurde die SS außerordentlich erweitert. Ihre Terrorfunktionen, die sie unabhängig von ihren – ebenfalls sehr gefürchteten – Polizeifunktionen ausübte, wurden besonderen dafür geschulten Verbänden übertragen, den sogenannten Totenkopfverbänden, die nun die SA als Leiter und Manager der Konzentrationslager ersetzten und ein neues, sehr viel geregelteres, sehr viel kälteres, nicht so unvorhersehbares und undiszipliniertes Regime wie früher in den Konzentrationslagern einführten. Aber dies war gewiß kein humaneres Regime, sondern ein eher noch härteres mit furchtbaren Disziplinarstrafen, von der routinemäßig vollzogenen Prügelstrafe für triviale Disziplinwidrigkeiten bis zu der oft willkürlich als Disziplinarstrafe verhängten Todesstrafe.

Das alles wollte vorbereitet sein. Die SS war im Jahre 1934 noch eine relativ kleine Truppe. Sie benötigte mehrere Jahre, um sich in das schreckenerregende Macht- und Terrorinstrument zu verwandeln, das sie seit etwa 1938 war. Ganz ähnlich wie die Wehrmacht Jahre brauchte, um aus der kleinen Hunderttausend-Mann-Reichswehr, die 1933 noch bestanden hatte – wenn auch heimlich schon etwas erweitert –, zu der gewaltigen Militärmacht zu werden, die Hitler für seinen Krieg benötigte.

Daß diese beiden Dinge, einerseits die militärische Aufrüstung und andererseits der Ausbau der SS, einige Jahre brauchten, gab der Periode zwischen 1934 und 1938 den Anschein einer gewissen Normalität. Die eigentlich Hitlerschen Züge, die man in den ersten Jahren sehr gespürt hatte und die sich dann seit 1938 immer mehr ausbreiten sollten, traten erst einmal in den Hintergrund zurück.

Ich sprach vorhin von zwei Herrschaftsinstrumenten Hitlers: dem Terror und der Propaganda. Für den Terror war Himmler mit seiner SS zuständig. Er war insofern die rechte Hand Hitlers. Für die Propaganda war das im März 1933 aus dem Nichts geschaffene Reichsministerium für Volksaufklärung und Propaganda zuständig, das Goebbels unterstand, den man als die linke Hand, die ebenfalls unentbehrliche linke Hand Hitlers bezeichnen kann.

Goebbels hat niemals die fast selbständige Machtposition unterhalb Hitlers besessen, zu der Himmler im Laufe der späteren Nazijahre emporwuchs. Er blieb immer ein bloßer Exekutor, ein Funktionär Hitlers, und er hat niemals Hitlers Politik – auch seine Innenpolitik nicht – beeinflussen können, so wie Himmler es manchmal konnte. Aber Goebbels lenkte einen der wichtigsten Staaten in Hitlers Staat. Denn er monopolisierte, auf legale Art von Hitler dazu ermächtigt, den gesamten Bereich, den man heute den Medienbereich nennt, also alles, was öffentliche Meinung und öffentliche Stimmung beeinflussen konnte. Das waren damals in erster Linie die Presse, der Rundfunk (Fernsehen gab es noch nicht), aber auch Theater, Film und in gewisser Weise sogar die Buchproduktion, die Literatur. Und Goebbels führte seine Aufgabe auf eine sehr geschickte Weise aus, die man unter rein technischen Gesichtspunkten nur bewundern kann.

Goebbels versuchte nämlich nicht, das gesamte deutsche Volk zu nationalsozialistischen Ideen zu bekehren, sondern er verlegte seine Anstrengungen darauf, dem deutschen Volk durch seine Medien eine heile Welt vorzuspiegeln, die unter dem Führerregime, unter nationalsozialistischen Auspizien wiederhergestellt worden war. Besonders deutlich wurde das in Goebbels' Filmpolitik.

Der Propagandaminister ließ zwar gelegentlich einige großangelegte Propagandafilme drehen – aber die kann man an den Fingern einer Hand aufzählen. Sonst bestand die gesamte deutsche Filmproduktion aus heiteren, harmlosen, übrigens technisch und künstlerisch gut gemachten Unterhaltungsfilmen, in denen es so zuging, wie es eben im Kino immer zuging: Filme, in denen kleine Mädchen sich große Männer angelten und in denen die Liebe recht behielt, in denen niemals mit »Heil Hitler!« gegrüßt wurde, in denen man nicht das geringste davon merkte, daß es ein Drittes Reich überhaupt gab. In diesen Filmen fand das deutsche Filmpublikum, was es suchte und immer gesucht hatte, nämlich die Erfüllung seiner privaten Wunschträume.

Es ist sehr beachtenswert, daß Goebbels einen großen Teil seiner Propaganda unter williger Mitwirkung von Leuten machte, die sich als Anti-Nazis empfanden, es der Gesinnung nach auch waren. Die Filmschauspieler und Regisseure des Dritten Reichs waren zum größten Teil das, was man damals »Antis« nannte. Indem sie Filme machten, in denen das Dritte Reich sozusagen ignoriert wurde, bildeten sich viele sogar ein, eine Art Widerstand zu leisten. Daß sie dabei, in aller Harmlosigkeit und ohne etwas ausgesprochen Nationalsozialistisches zu tun, Goebbels' Arbeit verrichteten und mithalfen, dem deutschen Volk etwas vorzugaukeln – nämlich, daß alles nur halb so schlimm sei und daß man im Grunde immer noch ein ganz normales Leben führte –, das machten sie sich nicht klar. Man darf ihnen das nicht vorwerfen, denn sie hatten ihr Geld zu verdienen wie jeder andere; und

auch jeder andere, der im Dritten Reich durch ehrliche
Arbeit sein Geld verdienen wollte, erledigte auf die
eine oder die andere Art die Arbeit des Dritten Reiches mit. Nur daß man sich nachträglich als Wider-
standshelfer darstellt, wie es jetzt in vielen Schauspie-
ler-Erinnerungen geschieht – das ist ein bißchen übertrieben.

Ganz ähnlich wie im Film verhielt es sich auch mit
Goebbels' Pressepolitik. Goebbels verbot die bürgerlichen Zeitungen nicht. Verboten waren alle früheren
sozialdemokratischen und kommunistischen Zeitungen. Die bürgerlichen Zeitungen ließ er weiterexistie-
ren; und man kann nicht einmal sagen, daß er sie
eigentlich nazifizierte. In die Redaktionen wurde
zwar irgendein nationalsozialistischer Journalist entsandt, als Aufpasser gewissermaßen. Aber die Rolle,
die er dort spielte, war normalerweise eine sehr unter-
geordnete; die meisten alten Redaktionen der großen
bürgerlichen Zeitungen, etwa der Deutschen Allgemeinen Zeitung, der Frankfurter Zeitung, des Berliner Tageblatts, blieben, mit Ausnahme freilich ihrer
jüdischen Mitglieder, erhalten.

Sie schrieben auch, wie sie immer geschrieben hatten;
und sie sollten so schreiben. Es gab im Dritten Reich
durchaus eine Art Pressevielfalt. Wer die Frankfurter
Zeitung las, der bekam die Dinge in ganz anderem
Ton und Stil dargestellt als jemand, der den Völki-
schen Beobachter las. Und auch der Völkische Beobachter unterschied sich noch von den natürlich
ebenfalls weiterexistierenden nationalsozialistischen

Kampfblättern, etwa dem »Schwarzen Korps«, dem Organ der SS, oder dem »Stürmer«, dem Organ des monomanisch antisemitischen mittelfränkischen Gauleiters Streicher. Der Zeitungsleser hatte durchaus die Wahl, die Dinge so dargestellt zu sehen, wie er es sich wünschte, und gemäß seiner Stimmungslage weiter bedient zu werden.

Nur auf einen relativ bescheidenen Eingriff beschränkte sich Goebbels. An jedem Tag wurde im Ministerium für Propaganda unter der Leitung eines Ministerialrats, selten von Goebbels selbst, eine Zusammenkunft abgehalten, zu der die Zeitungen einen Redakteur – normalerweise nicht den Chefredakteur – entsandten, und auf der eine sogenannte »Sprachregelung« ausgegeben wurde. Diese Sprachregelung bedeutete nicht, daß man den Zeitungen jede Kleinigkeit vorschrieb; wie gesagt, sie durften, sollten sogar ihren Stil behalten. Sie bedeutete aber, daß gewisse Nachrichten unterdrückt werden mußten oder nur sehr unauffällig gebracht werden durften und daß gewisse andere Nachrichten groß herauszustellen waren. In gewissen Fällen, nicht häufig, in kritischen Situationen, wurde den Redakteuren auch angegeben, welche Linie sie in ihren Leitartikeln zu verfolgen hatten.

Von einer totalen Gleichschaltung der Presse kann also keine Rede sein. Die Presse blieb vielfältig. Aber man zog ihr Grenzen, die sie nicht überschreiten durfte, und auf diese Weise wurde erreicht, daß auch einem nicht-nationalsozialistischen Publikum das, worauf es Goebbels und Hitler ankam, auf eine Art beigebracht wurde, die es schlucken konnte. Eine fast genial zu nennende Form der Manipulation der öffentlichen Meinung und, mehr noch, der öffentlichen Stimmung, ohne daß den Menschen Ideen aufgedrängt wurden, für die sie im Sinne der Reichsführung noch nicht reif waren.

Dazu kam, daß es der Propaganda zwischen 1934 und 1938 insofern leichtgemacht wurde, als Hitler in diesen Jahren wirklich etwas vorzuzeigen hatte. In jener Zeit wurden auch Nazigegner zu dem widerwilligen Eingeständnis genötigt: Aber der Mann kann ja, was er will. Er weiß nicht nur, was er will, er kann es, und es gelingt ihm. Man muß es ihm lassen, er hat Erfolg. Man muß es ihm lassen, er macht uns reich, groß und mächtig, und er zeigt der Welt, daß Deutschland wieder etwas gilt.

Hitler hatte in dieser Zeit drei ganz große Erfolge. Das war, erstens, die Wiederherstellung der Vollbeschäftigung, die wiederum einem Staat im Staate anvertraut wurde, ohne große persönliche Eingriffe Hitlers. Sie war vor allem Hjalmar Schacht zu verdanken, einem früheren Demokraten, der unter Hitler erst Reichsbankpräsident und dann auch Reichswirtschaftsminister wurde. Schacht brachte es zuwege, durch eine nach außen streng abgeschottete Binnenwirtschaft, auf Kredit, aber ohne sofort fühlbare inflationäre Auswirkungen, eine Wirtschaftsblüte zu erzielen. Die Jahre von 1936 bis in das Jahr 1939 hinein waren Jahre eines ungeahnten wirtschaftlichen Aufschwungs. Jahre, in denen es beiden Seiten der Wirtschaft, den

Unternehmern wie den Arbeitern, ausgesprochen gut ging, jedenfalls unendlich viel besser als in den Jahren der Wirtschaftskrise und der Brüningschen Deflationspolitik. Das war nicht zu unterschätzen. Die Wirtschaftslage bestimmt sozusagen das Wetter einer Zeit. In der mittleren Hitlerzeit herrschte schönes Wetter.

Der zweite große Erfolg, den Hitler in dieser Zeit vorweisen konnte, war die gelungene Aufrüstung. Alle Bedenken, die in der Reichswehr noch gegen Hitlers sonstige Politik obwalten mochten, konnte er auf diese Weise neutralisieren. Man darf dabei auch nicht unterschätzen, welch ungeheuren beruflichen und persönlichen Aufstieg die Aufrüstung für das Offizierskorps der alten Reichswehr bedeutete. In dem Millionenheer, das jetzt geschaffen wurde, wurden die Leutnants der Reichswehr Obersten, die Obersten Generale, Generale wurden Feldmarschälle, kurzum: es ging allen sehr gut. Und das nicht nur in materieller Hinsicht. Sie alle fühlten sich beruflich jetzt wieder sehr wohl, sie durften endlich wieder ihre volle Leistungskraft entfalten; sie dienten einem militärischen Unternehmen, das sich in kräftigem Aus- und Aufbau befand. In einer solchen Lage treibt man keine Opposition und schluckt manches, was einem eigentlich zuwider ist.

Da war zum Beispiel die Einführung des Arierparagraphen in der Reichswehr im Jahre 1935. Gewiß, es gab nicht viele jüdische Offiziere, aber dafür eine ganze Menge Offiziere, die eine jüdische Großmutter oder eine jüdische Mutter hatten, denn gerade zwischen der Militäraristokratie und der jüdischen Finanzaristokratie hatte es in den vorangegangenen Generationen zahlreiche Heiraten gegeben. Die unglücklichen Sprosse solcher Ehen mußten nun die Reichswehr verlassen. Das gab Ärger und böses Blut. Aber es wurde hingenommen, weil ja doch das Wichtigere war, daß das Heer nun wieder groß und mächtig und zu einem wirklichen Kriegsinstrument wurde, wie zu Kaisers Zeiten.

Hitlers dritter großer Erfolg, der im breiten Publikum auch dank der Verkaufstechnik Goebbels' großen Eindruck machte, war seine Außenpolitik, die Art, wie er anfing, der Welt Trotz zu bieten, ganz anders als etwa Stresemann und die republikanischen Regierungen, die ja auch eine revisionistische Politik betrieben und dabei sogar große Erfolge erzielt hatten, aber doch immer unter dem Motto der Anpassung und der scheinbaren Versöhnung. Damit war jetzt Schluß. Hitler legte Wert darauf, seine Erfolge der Welt abzutrotzen.

Das begann schon 1933, als Deutschland aus dem Völkerbund, in den es erst sieben Jahre zuvor zugelassen worden war, demonstrativ wieder austrat, sozusagen die Tür hinter sich zuschlagend. Das machte Hitler massenpsychologisch sehr geschickt zum Anlaß seines ersten Plebiszits, des ersten, in dem er an die 100 Prozent Stimmen erreichte.

Dann kam 1935 die offene Proklamierung der wiedereingeführten allgemeinen Wehrpflicht, die Erklärung,

Deutschland werde in Zukunft ein Friedensheer von 36 Divisionen haben – nichts mehr von Versailler Vertrag und von Hunderttausend-Mann-Heer! –, gleichzeitig die an die Welt gerichtete Mitteilung, daß Deutschland inzwischen wieder eine Luftwaffe besitze.

1936 folgte ein besonders kühner Streich, mit dem nicht nur der Versailler Vertrag, sondern auch der freiwillig abgeschlossene Locarno-Vertrag von 1925 von Deutschland gebrochen wurde: das Einrücken der Wehrmacht in die entmilitarisierte Zone des Rheinlands. Diesmal kam es zu der einzigen Krise, die Hitlers Außenpolitik vor 1938 auslöste. Einen Augenblick lang schien es, daß Frankreich auf den deutschen Schritt mit Mobilmachung und Gegeneinmarsch antworten würde. Manche Reichswehrgenerale hatten das von vornherein befürchtet und deshalb von dem Marsch ins Rheinland abgeraten. Hitler setzte darauf, daß Frankreich nicht handeln würde – und behielt recht. »Wir können uns jetzt wieder alles erlauben, und die anderen, die Franzosen zum Beispiel, trauen sich nicht mehr, ihre Interessen gegen uns wahrzunehmen«: Dieses Gefühl war vielleicht der durchschlagendste aller innenpolitischen, massenpsychologischen Erfolge, die Hitler mit seinen wirkungsvollen außenpolitischen Gesten errang.

Und dann kamen die ganz großen, von niemandem erwarteten Erfolge des Jahres 1938: der unwidersprochene, kampflos erreichte Einmarsch in Österreich und der darauf folgende Anschluß Österreichs, eines der Traumziele früherer Revisionspolitiker; daraufhin – allerdings nach der ersten kriegsdrohenden Krise – im Herbst 1938 das Münchner Abkommen, in dem Frankreich und England Frankreichs Verbündeten, die Tschechoslowakei, preisgaben und zwangen, die sogenannten Sudetengebiete, also ihre überwiegend deutsch besiedelten Randgebiete, ans Deutsche Reich abzutreten.

»Auf so etwas hatten wir nicht einmal zu hoffen gewagt. Dem Mann gelingt einfach alles. Er ist ein Gottgesandter.« Das war nach solchen Erfolgen die Stimmung bei den deutschen Massen; da spielte es keine große Rolle mehr, daß andere Bestandteile der Politik Hitlers nie ganz populär waren.

Auf diese Bestandteile will ich jetzt zu sprechen kommen. Hitler hat von Anfang an zwei Bevölkerungsgruppen gnadenlos verfolgt: die eine waren die Kommunisten, die andere waren die Juden. Der Anti-Kommunismus Hitlers hätte schon deshalb unpopulär sein müssen, weil die Kommunisten Anfang 1932 eine Massenpartei mit 6 Millionen Wählern waren. Man fragt sich, wo sie nach 1933 alle blieben. Sie blieben tatsächlich nirgends.

Selbst bürgerliche und sozialdemokratische Gegner der Kommunisten hatten Anfang 1933 mit einer gewissen schadenfrohen Hoffnung erwartet, daß wenigstens die Kommunisten in irgendeiner Form den Widerstand gegen Hitler zustande bringen würden, zu dem die bürgerlichen Parteien und die SPD sich nicht mehr aufraffen konnten; daß sie sich nicht kampflos und wehrlos von Hitler vernichten lassen würden, wie er es immer deutlich angedroht hatte; man erwartete irgendeine Form von Auflehnung mit vielleicht bürgerkriegsähnlichen Folgen (die freilich auch wieder gefürchtet waren).

Aber nichts dergleichen geschah. Nach dem Reichstagsbrand wurden die Mitglieder der kommunistischen Führung, soweit sie nicht ins Ausland flohen oder in den Untergrund gingen, als allererste in Konzentrationslager verbracht; die Parteibüros wurden polizeilich durchsucht, besetzt, das Personal verhaftet; die kommunistische Partei wurde sozusagen geächtet, ohne daß das ausdrücklich erklärt zu werden brauchte. Der Erfolg war hundertprozentig, es gab keinen spürbaren kommunistischen Widerstand.

Ich glaube, daß das mitentscheidend dafür war, daß ein großer Teil der bloßen Wählerschaft und losen Anhängerschaft der Kommunisten, wahrscheinlich mehrere Millionen, in den nächsten Monaten bereits wieder von der Partei abfiel. Daß die kommunistische Partei verboten blieb, war natürlich den bürgerlichen Parteien ganz recht, bis zu einem gewissen Grade auch den Sozialdemokraten, die ja ihren eigenen Bruderkrieg mit den Kommunisten zu führen gehabt hatten. Anerkennen muß man eines: Während alle bürgerlichen Parteien spurlos verschwanden und die SPD nur im Exil als Partei weiterexistierte, ist von den Kommunisten innerhalb Deutschlands unter schrecklichen Opfern eine Kaderpartei, ein Zusammenhang wenigstens der allernotwendigsten Parteiorgane, die ganze

Hitlerperiode hindurch aufrechterhalten worden. Man muß diese menschliche Leistung bewundern. Man muß allerdings im selben Atemzug sagen, daß sie während des ganzen Dritten Reiches nichts bewirkt hat. Immer wieder bildeten sich kleine kommunistische Gruppen und Grüppchen und brachten manchmal auch kleine Aktionen zustande, meist Hinterlassung von Flugblättern in Postämtern oder Telefonzellen. Doch bewirkt hat das nichts und nur eine Unmenge von Märtyrern der kommunistischen Sache geschaffen. Insgesamt hat Hitlers Antikommunismus dem massenpsychologischen Erfolg, der Hinnahme seiner Gesamtpolitik und der Bewunderung seiner Leistungen durch die große Bevölkerungsmehrheit, nur wenig Abbruch getan.

Anders stand es da mit dem Antisemitismus. Das Deutsche Reich der Hohenzollernkaiser war nie ein antisemitischer Staat gewesen, und das Preußen Hardenbergs und Bismarcks, aus dem es hervorging, erst recht nicht. Auch in der deutschen Bevölkerung gab es allenfalls einen »konventionellen« Antisemitismus: Die Juden waren nicht immer beliebt und in der Provinz oft gesellschaftlich isoliert; man hatte ein gewisses Ressentiment gegen ihre großen Erfolge in bestimmten Berufssparten (Rechtsanwälte, Ärzte, Journalisten, Verleger, Schriftsteller) – aber dieser Antisemitismus war oberflächlich und im großen und ganzen harmlos. Auch gewann er nie eine Mehrheit. In der Bevölkerung gab es drei Einstellungen zu den Juden. Die erste bejahte die jüdische Emanzipation und Gleichberechtigung vollkommen, im Sinne des Losungsworts von Hardenberg aus dem Jahre 1811: »Gleiche Rechte, gleiche Pflichten.« Die zweite Richtung machte Unterschiede zwischen getauften und ungetauften Juden, oder zwischen alteingesessenen und neu zugewanderten. Die einen wurden akzeptiert, die anderen versuchte man kurzzuhalten. Schließlich gab es die erklärten Antisemiten, die am liebsten alle Juden oder mindestens alle ungetauften und neu zugewanderten Juden zu einer Art Bürger minderen Rechts machen wollten. Die extremen Vertreter dieser Richtung gingen so weit, alle Juden unter Fremdenrecht stellen zu wollen. Es gab aber nirgends in der breiten deutschen Bevölkerung, nicht einmal unter den erklärten Antisemiten, eine Richtung, die fand, daß man die Juden ausrotten solle. Dieser Gedanke, der bei Hitler immer schon durchschien und schließlich auf so schreckliche Weise verwirklicht worden ist, war den Deutschen des vorhitlerischen Deutschen Reiches völlig fremd.

Nun ist Hitler auf diesem Gebiet scheibchenweise vorgegangen. Zuerst wurden die Juden nur aus gewissen Ämtern und Berufen entfernt. Und auch da gab es zunächst Ausnahmen für Kriegsteilnehmer oder Söhne von Kriegsgefallenen. Dann wurde das Verbot auf weitere Berufe ausgedehnt. Daraufhin erfolgte, im Jahre 1935, der erste große Schritt mit den Nürnberger Gesetzen, die den Juden die politischen Bürgerrechte absprachen, die Heirat zwischen Juden und Nichtjuden verboten und freie Liebesverhältnisse zwischen Juden und Nichtjuden unter Strafe stellten. Das war schon ein starkes Stück, und man kann nicht sagen, daß es besonders populär war. Aber es wurde in Kauf genommen. Und zwar wohl auch deswegen, weil damit nun die radikalsten Forderungen der traditionellen Antisemiten – in gesetzmäßiger Form – erfüllt waren, und man vielerorts glaubte, damit sei der Abschluß der antisemitischen Politik Hitlers erreicht.

Von nun an – so tröstete man sich – wüßten die Juden, woran sie seien, sie hatten eben keine politischen Rechte mehr, sie konnten gewisse Berufe nicht oder nur ausnahmsweise ausüben, sie durften keine nichtjüdischen Deutschen mehr heiraten oder sich mit ihnen in Liebe verbinden; nun gut, das ging alles sehr weit, aber im Vergleich zu all dem Positiven, das Hitler gebracht hatte, zur Vollbeschäftigung, zur Wiederaufrüstung, zu den Trotztriumphen seiner Außenpolitik, zu dem wiedererweckten nationalen Selbstgefühl – im Vergleich mit alldem konnte man es hinnehmen.

Dieses Hinnehmen, das schließlich zum Hinnehmen immer schrecklicherer Dinge führte, ist das, was man die Schuld der Deutschen an der Hitlerschen Judenverfolgung nennen kann. Wobei man den Deutschen immerhin zugute halten muß, daß sie nach der Abschaffung allen demokratischen politischen Lebens keine Mittel mehr gehabt hätten, ihren Widerwillen praktisch zur Geltung zu bringen und politisch durchzusetzen.

Man konnte sich als einzelner den Folgen der Hitlerschen Judengesetze widersetzen. Einen Juden in Deutschland zu heiraten war nicht mehr möglich, denn es hätte sich kein Standesamt gefunden, das die Heirat vollzog. Aber man konnte noch mit Juden zusammenleben, womit man Strafe riskierte, und man konnte später, als die eigentliche Verfolgung einsetzte, Juden verstecken oder ihnen zur Ausreise verhelfen oder in sonstiger Weise individuell behilflich sein. Das ist auch geschehen – nicht in Millionen von Fällen, aber doch wohl in einigen tausend. Man konnte jedoch nicht mehr, auch wenn man wollte, gegen solche Bestandteile der Hitlerschen Staatsführung wie seine antisemitischen Maßnahmen in einer Form ankämpfen, die Erfolg versprach.

Trotzdem blieb der Antisemitismus Hitlers ein Hauptmerkmal bei der Scheidung zwischen den loyalen Führergläubigen, zu denen die Mehrheit des deutschen Volkes in den dreißiger Jahren wurde, und der immer noch nicht unbeträchtlichen Minderheit der »Antis«, Leuten, die, wenn sie zusammenkamen, auf Hitler und noch mehr auf seine Partei schimpften, das ganze Dritte Reich zum Teufel wünschten und glaubten, ihren alten Überzeugungen treu zu sein, obwohl sie sie nicht mehr öffentlich zu äußern wagten und natürlich nicht mehr politisch vertreten und durchsetzen konnten.

Es gab immer eine ziemlich große Zahl von »Antis«, die sich später, nach Hitlers Höllensturz, gern als »innere Emigration« oder sogar als »Widerstand« bezeichneten. Mit diesen beiden Worten muß man, glaube ich, sehr vorsichtig sein.

Widerstand hat es nur in sehr kleinen Kreisen und nur zu gewissen Zeiten gegeben, und nur in Kreisen, die gleichzeitig im Apparat des Regimes mitarbeiteten, besonders im militärischen Apparat. Denn anders als im Apparat konnte man wirklichen Widerstand gar nicht effektiv zustande bringen. Der Widerstand, wie ihn zum Beispiel Teile der Kirchen leisteten und wie ihn die Kommunisten leisteten, einfach indem sie ihre eigene Sache irgendwie aufrechterhielten, mußte ohne praktisches Ergebnis bleiben, weil weder die Kirchen noch die Kommunisten einen Hebel in der Hand hatten, mit dem sie die Politik des Führerstaates hätten beeinflussen können. Einen solchen Hebel hatte eigentlich nur *eine* Gruppe in der Hand: die Generalität der Wehrmacht, insbesondere des Heeres. Zweimal hat es denn auch Offiziersverschwörungen gegeben: 1938/39, im Angesicht des drohenden Krieges, und 1943/44, im Angesicht der drohenden Niederlage. Zum Tragen gekommen ist davon nur eine, der berühmte Attentats- und Staatsstreichversuch des Grafen Stauffenberg am 20. Juli 1944. Er ist bekanntlich gescheitert, nicht zuletzt daran, daß er eben nicht von der ganzen Heeresführung getragen wurde, sondern nur von einer Minderheit. Diese Minderheit, von der nur wenige der Rache des Regimes entgangen sind, verdient hohe Achtung. Bewirkt hat auch sie nichts.

Mit der inneren Emigration ist es so eine Sache. Die

äußere Emigration, natürlich, die gab es. Sie war übrigens nicht ganz leicht, denn damals herrschte außerhalb Deutschlands noch Wirtschaftskrise, und wenige Länder waren bereit, die Emigranten aufzunehmen und ihnen Arbeit zu gestatten. Aber auch die innere Emigration ist sicher von manchen Menschen beabsichtigt worden. Sie war aber auf eine merkwürdige Weise unmöglich. Ich nenne hier als Beispiel den späteren Bundespräsidenten Heinrich Lübke.

Lübke war ein früherer Zentrumspolitiker, der seinen Anschauungen treu blieb, aber natürlich keine Gelegenheit hatte, sich nach 1933 in irgendeiner Form politisch zu betätigen. Er fiel deshalb auf seinen erlernten Beruf als Bauingenieur zurück, also einen völlig unpolitischen Beruf. Man kann das durchaus eine innere Emigration nennen. Lübke nahm einen gewissen sozialen Abstieg von einer immerhin herausgehobenen Position als aktiver Politiker zu einer ganz anonymen Mittelstandsexistenz auf sich, um innerlich seinen alten Gesinnungen treu bleiben zu können. Aber war es wirklich eine Emigration? Denn auch als Bauingenieur mußte er ja für die Interessen des Reiches arbeiten, und im Kriege mußte er zum Beispiel daran mitarbeiten, Lager für zwangsrekrutierte Fremdarbeiter zu errichten, was ihm später sehr heftig zum Vorwurf gemacht worden ist. Meiner Meinung nach zu Unrecht, denn von irgend etwas mußte er ja leben. Jedenfalls hatte Lübke mehr Recht, sich als innerer Emigrant zu fühlen, als manche »Antis«, die in Filmen oder in der Presse, im Rundfunk, im Theater oder sogar in der Literatur die von Goebbels beabsichtigten Geschäfte ausführten.

Ich komme noch einmal auf die Literatur zurück, weil sie am wenigsten gemaßregelt wurde. Ein großer Teil der Prominenz der deutschen Literatur war emigriert. Es gab aber auch im Dritten Reich eine für jeden, der eine gewisse Nase dafür hatte, deutlich erkennbare Literatur, die von »Antis« geschrieben war und die dem Dritten Reich auszuweichen strebte. Niemals sind so viele zeitlose Idyllen, Jugenderinnerungen, Naturschilderungen geschrieben und auch gedruckt worden wie während des Dritten Reiches. Jeder, der sie las, erkannte: Der Autor will kein Nazi sein, er will nicht mitarbeiten.

In Wirklichkeit aber arbeitete er trotzdem mit, indem er denen, die so etwas liebten, zeigte: Das könnt ihr ja auch im Dritten Reich haben. Jeder, der unter Goebbels arbeitete, auch wenn er sich noch so sehr als Antinazi fühlte, spielte irgendein kleines Instrument in Goebbels' Orchester, in dem auch die Idylle, auch der altmodische Snobismus, alles, was zur sogenannten Normalität gehörte und dem Dritten Reich nicht direkt zuwiderlief, mitspielen mußte, so wie im Orchester eben auch die Piccoloflöte gebraucht wird.

Zum Schluß dieses Kapitels die Frage, die so oft diskutiert und nie entschieden worden ist: Stand das Dritte Reich eigentlich in der Kontinuität des Deutschen Reiches, oder war es ein Schritt vom Wege? Die Antwort lautet schlicht, daß es Elemente der Kontinuität und Elemente der Diskontinuität gegeben hat, daß aber die Kontinuitätselemente alles in allem überwogen. Hitler übernahm, wie wir noch sehen werden, die »Weltmacht oder Niedergang«-Alternative des späten Kaiserreichs und des Ersten Weltkrieges und trieb sie auf die Spitze, blieb also in seiner Außenpolitik völlig in der Kontinuität des Deutschen Reiches, die nur durch den verlorenen Ersten Weltkrieg eine Weile gewaltsam unterbrochen worden war.

Anders in der Innenpolitik, der Realverfassung des Hitlerreichs. Hier scheint auf den ersten Blick eine völlige Diskontinuität zu herrschen: Weder die Ein-Mann-Diktatur noch die Herrschaftsmethode des staatlichen Terrors und Propagandamonopols, noch das Verbot aller politischen Parteien bis auf eine hat Vorläufer in der Geschichte des Deutschen Reiches. Merkwürdig nur, daß das alles 1933 mit einer Bereitwilligkeit akzeptiert wurde, als ob man die ganze Zeit darauf gewartet hätte. Wenn es auch keine Vorläufer hatte – hatte es sich nicht trotzdem in der Reichsgeschichte irgendwie vorbereitet? Bismarck war kein Diktator gewesen, hatte aber trotzdem die Politik »seines« Reichs in der Anfangsperiode fast so souverän gestaltet wie Hitler in seiner Endperiode. Und er hatte damit seinem Reich die Sehnsucht nach einer genialen Führerfigur bewußt oder unbewußt, absichtlich oder unabsichtlich als Vermächtnis hinterlassen, ebenso wie die Abneigung gegen die Parteien. In der zweiten Hälfte des Ersten Weltkrieges ebenso wie in der Endphase der Weimarer Republik war beides wieder durchgebrochen – beide Male mit Hindenburg als zentraler Symbolfigur für das heimlich Erhoffte. Aber Hindenburg hatte die Hoffnungen, die sich an ihm festmachten, nie erfüllt, weder in der Zeit von 1916 bis 1918 noch in der von 1930 bis 1932. Hitler schien es 1933 sofort zu tun, und jahrelang danach übertraf er die nationalen Hoffnungen sogar. Der Inhalt dieser Hoffnungen war immer nationale Einheit (und Einigkeit) und nationale Größe gewesen – beides als letztes und höchstes, beinah religiöses Ziel. »Du bist nichts, dein Volk ist alles« – die Hitlersche Devise war für eine Mehrheit schon der frühen Nationalbewegung, erst recht der Bürger des Deutschen Reichs schon immer eine heimliche Leitschnur ihres politischen Denkens und Wollens gewesen. Insofern steht Hitler doch in der Kontinuität der Reichsgeschichte, auch wenn seine Herrschaftsmethoden alles vorher Dagewesene oder Versuchte weit in den Schatten stellten.

In der Gesellschaft des Hitlerschen Reiches herrschte zwar ein gewisser Wandel, aber letzten Endes überwog auch hier die Kontinuität. Man könnte von einem Wandel in Kontinuität sprechen. Die alten Herrschaftsschichten wurden zwar politisch weitgehend entmachtet, aber nicht ihrer gesellschaftlichen Stellung beraubt. Die Großgrundbesitzer blieben Großgrundbesitzer, und die Großunternehmer blieben Großunternehmer, auch die intellektuelle und kulturelle Elite blieb, soweit sie nicht durch Emigration gelichtet wurde, das, was sie immer gewesen war. Was sich änderte, war der Zustrom in diese herrschenden

Schichten; zum Beispiel die Durchdringung der Polizei durch die SS; zum Beispiel die Aufnahme nationalsozialistischer Aufsteiger in große Wirtschaftsunternehmen; auch die Umwandlung großer Presseunternehmen mit ihrer früher oft jüdischen Führung durch neue Elemente. Die Gesellschaft der Hitlerzeit war eine Aufsteigergesellschaft, wie übrigens, auf etwas andere Art, schon die der Weimarer Republik und noch die der beiden heutigen deutschen Staaten. Der Kontinuität tut das keinen Abbruch. In der Kontinuität blieb auch, daß das Militär sein Prestige und seine Geltung in der Gesellschaft zurückerhielt, die es vorübergehend in der Weimarer Republik etwas eingebüßt hatte.

Das Hauptelement der Diskontinuität war Hitlers Antisemitismus, also der biologische Rassengedanke, der vorher im Deutschen Reich keine Rolle gespielt hatte und der für Hitler selbst vielleicht sogar wichtiger war als die eigentliche Reichsführung. Für die große Masse der Deutschen, soweit sie nicht selber als Juden oder durch enge Verbindungen mit Juden betroffen waren, blieb das ein Nebenpunkt, den man übersehen, von dem man wegsehen konnte, der sich in Kauf nehmen ließ, wenn das Deutsche Reich nur weiterhin so einig, groß und mächtig dastand wie unter Hitler. Das blieb so bis zum Ende. Ich will dieses Ende hier vorwegnehmen. Denn in das nächste Kapitel, das die Geschichte des Zweiten Weltkrieges behandeln wird, gehört Hitlers Judenverfolgung und schließlicher Judenmord nicht hinein. Der Massenmord war keine Kriegshandlung, auch wenn er während des Krieges stattfand.

Bekanntlich verschärfte Hitler die Judenverfolgung seit 1938 kontinuierlich. 1938 unternahm Hitler auch den Versuch, mit einem von oben veranstalteten reichsweiten Pogrom, bei dem die inzwischen fast kaltgestellte SA noch einmal zum Zuge kam, die öffentliche Stimmung und die Wirkung seiner antisemitischen Propaganda zu testen. Der Test fiel negativ aus.

Das verharmlosende Wort »Reichskristallnacht« sagt mit einiger Exaktheit, wie die Deutschen darauf reagierten. Denn die »Kristallnacht« war ja an dem, was stattfand, das wenigste. Es wurden ja nicht nur Schaufensterscheiben eingeworfen, sondern Synagogen verbrannt, jüdische Wohnungen verwüstet, Tausende von Juden wurden verhaftet und in Konzentrationslager gebracht, nicht wenige wurden erschlagen. Dies war keine Kristallnacht, sondern ein massives Pogrom.

Das wollte die Bevölkerung nicht wahrhaben. Sie nahm spöttischen Abstand, sie beteiligte sich nirgends, es gab auch durchaus Bekundungen des Abscheus. Gleichzeitig wollte man die Schandtaten, so gut es ging, verniedlichen: Es war eben nur eine »Reichskristallnacht«, eine zweifellos üble, aber halbwegs komische Ausschreitung, für die man selbst nicht verantwortlich war, aber auch den Nationalsozialismus in seiner Gesamtheit nicht verantwortlich machen wollte, und den Führer schon gar nicht. »Wenn das der Führer wüßte!«

Immerhin: Von Hitlers Standpunkt aus gesehen war

der Test negativ verlaufen, und er ließ die Angelegenheit nach einer Nacht und einem Tag abbrechen. Es zeigte sich, daß das deutsche Publikum, das deutsche Volk in seiner Masse – in seiner hitlertreuen Masse – bei der wirklich aktiven Judenverfolgung nicht mitmachen wollte.

Daraus zog Hitler dann, als er die »Endlösung« beschloß, eine wichtige Konsequenz, die oft übersehen wird: Die Endlösung fand nicht in Deutschland statt. Die Vernichtungslager lagen im Osten Polens. Was sich in Deutschland selbst, wie in vielen anderen Ländern auch, abspielte, war allein der Abtransport der Juden, wobei man noch zu verstehen gab, daß sie ja nur umgesiedelt würden. Der eigentliche Massenmord, die Vernichtung von Millionen Juden mit mechanischen Mitteln, wurde niemals – im Gegensatz zu allen anderen Großtaten und auch allen anderen Großverbrechen des Hitlerschen Reichs – öffentlich bekanntgegeben, geschweige denn proklamiert. Die vorzügliche Propagandamaschine wurde dafür nicht in Gang gesetzt.

In den von Goebbels gelenkten deutschen Zeitungen hat niemals gestanden: »Die Juden müssen ausgerottet werden«, geschweige denn: »Die Juden werden jetzt ausgerottet.« Eher wurde, noch bis ins Jahr 1945 hinein, immer wieder einmal die alte Leier gespielt: »Die Juden sind unser Unglück, wir müssen uns vor ihnen in acht nehmen.« Für das zeitunglesende und rundfunkhörende Publikum in Deutschland gab es keinen Holocaust.

Dieses bewußte Verstecken des Holocaust vor der deutschen Öffentlichkeit ist ein gewisser Entschuldigungsgrund dafür, daß die Deutschen nichts dagegen unternahmen. Ein anderer, durchschlagenderer ist meiner Meinung nach, daß sie ohnehin nichts dagegen unternehmen konnten, besonders unter den Bedingungen der zweiten Kriegshälfte.

Ob die Deutschen vom Massenmord an den Juden gewußt oder nicht gewußt haben, ist eine Frage, die man nur in jedem Einzelfall beantworten kann. Natürlich ist sehr vieles durchgesickert; ob es immer geglaubt wurde, weiß ich nicht. Es wurde ja auch im Ausland lange Zeit nicht geglaubt: weil man so etwas einfach für unglaublich hielt. Es wurde auch von den deutschen Juden lange Zeit nicht für möglich gehalten, sonst wären sie vielleicht doch rechtzeitig in noch größerer Zahl, als sie es seit 1938 taten, geflohen.

In einer Geschichte des Deutschen Reiches dürfen wir die Judenverfolgung und die versuchte Judenausrottung nicht verschweigen. Sie ist geschehen, und sie ist ein ewiger Schandfleck auf dieser Geschichte. Aber wir können sie andererseits nicht zu den Elementen zählen, die, wie so vieles andere im Führerstaat, in der Geschichte des Deutschen Reiches und in seiner inneren realen Verfassung von vornherein angelegt waren. Auch ohne Hitler hätte es nach 1933 wahrscheinlich eine Art Führerstaat gegeben. Auch ohne Hitler wahrscheinlich einen zweiten Krieg. Einen millionenfachen Judenmord nicht.

# Zweiter Weltkrieg

Der Krieg, den Hitler am 1. September 1939 begann, war nicht der Krieg, den er schon immer vorgehabt und geplant hatte.

Hitler hatte aus dem Ersten Weltkrieg zwei ziemlich einleuchtende Lehren gezogen. Die erste bestand darin, daß der Erste Weltkrieg im Osten gegen Rußland gewonnen worden war; Rußland hatte sich im Ersten Weltkrieg als schwächer erwiesen, als man vor dem Ersten Weltkrieg gedacht hatte. Es hatte einen Diktatfrieden unterzeichnen müssen, große russische Gebiete waren am Schluß des Krieges in deutscher Hand gewesen. Das glaubte Hitler wiederholen zu können. Wie hieß es in »Mein Kampf«? »Das Schicksal selbst scheint uns hier einen Fingerzeig geben zu wollen. Das Riesenreich im Osten ist reif zum Zusammenbruch.«

Gleichzeitig hatte Hitler erkannt, daß Deutschland den Ersten Weltkrieg im Westen hauptsächlich gegen England verloren hatte – und daß der Krieg gegen England vielleicht vermeidbar gewesen wäre. Die Vorgeschichte des Zweiten Weltkrieges erinnert an die Vorgeschichte des Ersten Weltkrieges; damals war es für Bethmann Hollweg ebenfalls darum gegangen, England in dem – wie er meinte, unvermeidlichen – Kontinentalkrieg gegen Frankreich und Rußland neutral zu halten. Auch Hitler strebte die englische Neutralität an. Noch lieber hätte er England sogar als Verbündeten auf seiner Seite gehabt. Aber Hitler glaubte auch – man darf da wieder an »Mein Kampf« erinnern – zu wissen, woran die Hoffnung auf Neutralität Englands im Ersten Weltkrieg gescheitert war. Sie war nach Hitlers Auffassung gescheitert, weil Deutschland, obwohl mit Frankreich und Rußland bereits zwischen zwei Gegnern auf dem Kontinent eingeklemmt, trotzdem versucht hatte, Weltpolitik und Flottenbau zu treiben. Das Deutsche Reich hatte damit, ohne Not, England zu einem Kampf um die Weltvorherrschaft außerhalb Europas herausgefordert. Dergleichen wollte Hitler, richtiger- und klugerweise, diesmal unterlassen: Kein Flottenbau, keine Weltpolitik, Konzentration auf den Krieg gegen Rußland, dem allenfalls ein Krieg gegen Frankreich vorzuschalten war, damit man den Rücken frei hatte. Es ist nun bemerkenswert und wohl kein Zufall, daß Hitler diese in den Jahren 1933 bis 1938 durchaus konsequent eingefädelte Politik mißlang.

Hitler hatte 1935 ein Flottenabkommen mit England geschlossen, in dem das Reich sich verpflichtete, seine Flotte auf ein Drittel der englischen zu begrenzen – was insofern kein Kunststück war, als es ja noch kaum eine deutsche Flotte gab. Aber Hitler meinte diesen Vertrag vielleicht sogar ehrlich. Er wollte keinen

Krieg mit England, er wünschte keine Herausforderung Englands, denn er wollte England dafür gewinnen, untätig zuzusehen, wenn Deutschland das bolschewistische Rußland eroberte und zu seinem Lebensraum machte. Hitler hatte Ribbentrop mit den Worten nach London geschickt: »Bringen Sie mir das englische Bündnis.«

Aber England wünschte kein Bündnis, und es war auch nicht bereit, eine Eroberung und Unterwerfung Rußlands durch Deutschland hinzunehmen. Immerhin war es bereit, Deutschland große Konzessionen zu machen, wenn sich das Reich mit seiner herkömmlichen kontinentalen Mittelstellung begnügte, das heißt, Frankreich schonte und auch Rußland in Ruhe ließ.

Im Grunde ging es bei den deutsch-englischen Verhandlungen der Jahre 1937 bis 1939 bereits um den großen Krieg Deutschlands gegen Rußland. Diesen Krieg wollte England verhindern; nicht weil es irgend etwas für die Sowjetunion übrighatte – im Gegenteil, die Beziehungen zwischen England und dem bolschewistischen Rußland waren denkbar schlecht –, sondern weil es richtig voraussah, daß eine Eroberung der Sowjetunion das Deutsche Reich auch ohne Flottenpolitik zu einem so übermächtigen Staat machen würde, daß die Weltmächte England und Frankreich demgegenüber gar nicht mehr ins Gewicht fielen. England wollte Deutschland sozusagen seinen großen Eroberungskrieg im Osten abkaufen, es weigerte sich, ihm die »freie Hand im Osten«, die Ribbentrop im Namen

Hitlers ganz offen forderte, zuzugestehen. Es stellte dem eine eigene Politik gegenüber, die Konzeption, die dann unter dem Namen »Appeasement« berühmt wurde.

Deutschland sollten mit Englands Hilfe große Zugeständnisse gemacht werden. Es sollte alle deutschsprachigen Gebiete, die es ins Reich integrieren wollte, erhalten: Österreich, die Randgebiete der Tschechoslowakei, wohl auch Danzig. Als Gegenleistung sollte es mit England und Frankreich in einem friedlichen Europa zusammenarbeiten und vor allen Dingen bei all seinen Erwerbungen Hand in Hand mit diesen beiden Mächten, besonders mit England, vorgehen.

So standen sich in den Jahren 1937 bis 1939 zwei Konzeptionen gegenüber, die Hitlersche, in der ein mindestens wohlwollend neutrales England einem großen deutschen Eroberungszug im Osten zusah, und die englische, die anstrebte, daß Deutschland vergrößert und befriedigt (»appeased«) in einem friedlichen Europa ruhte.

Das war nicht nur Idealismus. Auf dieses friedliche Europa war England dringend angewiesen. In einem kriegerischen Europa, in dem sich England auf dem Kontinent engagieren müßte, würden sich die schwachen Stellen des Empire in Ostasien, im Mittelmeer, im Nahen Osten in aller Deutlichkeit enthüllen, weil England dann nicht mehr die Kraft übrig haben würde, das Empire wie bisher gegen die beiden anderen revisionistischen und aggressiven Mächte, Japan und Italien, zu verteidigen.

Das außerordentlich Interessante an diesem diplomatischen Ringen zwischen Deutschland und England liegt in dem Umstand, daß dabei zunächst nur Deutschland etwas zu gewinnen hatte. Deutschland konnte sich in Frieden ausdehnen, im kontinentalen Ausmaß wieder eine wirkliche Großmacht werden. Hitler hatte es in der Hand, das Mitteleuropakonzept des Ersten Weltkrieges in Zusammenarbeit mit den Westmächten in die Tat umzusetzen und einen zweiten Weltkrieg zu vermeiden. Aber das war ihm nicht genug.

Der erste Höhepunkt des Ringens dieser beiden gegensätzlichen Konzeptionen war die Sudetenkrise im Herbst 1938, als es um die deutsch besiedelten Randgebiete der Tschechoslowakei ging. Äußerlich betrachtet endete diese Krise mit Hitlers größtem – und dabei friedlichen – Triumph. Obwohl England und Frankreich im Ersten Weltkrieg Gründermächte der Tschechoslowakei gewesen waren und obwohl Frankreich immer noch ein Bündnis mit der Tschechoslowakei verband, gestanden die Westmächte nach einer bis an den Rand des Krieges getriebenen Krise in einer improvisierten Gipfelkonferenz in München Hitler die »sudetendeutschen« tschechischen Randgebiete zu.

Wie gesagt, von außen betrachtet war dies der bis dahin größte Triumph Hitlers, und auch in Deutschland selbst brach nach »München« die militärische Opposition gegen Hitler, die sich in der vorangehenden Krise gerade wieder fühlbar gerührt hatte, fürs

erste einmal vollständig zusammen. Aber Hitler empfand die Münchener Konferenz und ihr Ergebnis interessanterweise als Niederlage – er hätte einen kurzen
siegreichen Einübungskrieg gegen die Tschechoslowakei vorgezogen –, und was in München triumphiert
hatte, war weniger Hitlers Planung als die englische
Appeasementpolitik. Als der damalige englische Premierminister Chamberlain aus München nach London zurückkehrte, erklärte er öffentlich, das Konfe-
renzergebnis bedeute »Frieden für unsere Zeit«.
Die englische Rechnung dabei kann man gut nachvoll-
ziehen. Sie ging davon aus, daß alle Staaten Südost-
europas sich jetzt mit Hitler zu arrangieren suchen
würden und daß Hitler, wenn er die ihm so gewissermaßen zu friedlicher Eroberung freigegebene Interes-
senzone organisieren wollte, dazu einen Zeitraum von
mindestens fünf bis zehn Jahren benötigen würde. In
dieser Zeit würde Hitler jedenfalls keine neuen, größeren Unternehmungen planen können, während der
Westen in Ruhe nachrüsten und mit Deutschland
militärisch wieder gleichziehen könnte.
Aber Hitler nahm sich diese Zeit nicht. Er hielt an
seinem Rußlandplan fest und glaubte, ihn jetzt ohne
England, wenn nötig sogar gegen England ausführen
zu können, für das er seit München eine gewisse
Verachtung hegte. So kam es zu den Krisen des Jahres
1939.
Dabei hatte dieses Jahr ganz friedlich begonnen. In
England glaubte man, mit der Politik des Appeasement Erfolg gehabt zu haben. Aber Hitler ging es

überhaupt nicht darum, das östliche und südöstliche Mitteleuropa unter deutscher Führung zu organisieren, sondern wenn er in dieser Region ein Ziel verfolgte, dann war es, eine Reihe von Hilfsvölkern für den beabsichtigten Krieg gegen Rußland zu gewinnen. Das wichtigste dieser Hilfsvölker sollte Polen sein.

Polen lag damals wie heute zwischen Deutschland und Rußland und bildete damit ein Hindernis für Hitlers Pläne. Denn wie sollte man den Krieg gegen Rußland überhaupt beginnen, wenn man nicht irgendwo eine deutsch-russische Militärgrenze herstellte? Diese Militärgrenze mußte vom deutschen Standpunkt aus natürlich so weit wie möglich im Osten liegen. Mit anderen Worten: Polen sollte als Verbündeter in den deutschen Aufmarsch gegen Rußland einbezogen werden. Dafür wurden ihm selbst Gebietsgewinne in der Ukraine zugesagt, wenn es einen fünfundzwanzigjährigen Pakt mit Deutschland schloß und durch den Anschluß Danzigs an Deutschland besiegelte, und wenn es, das war die stillschweigende Voraussetzung, sich an einem künftigen deutschen Krieg gegen die Sowjetunion aktiv beteiligte.

Dem verweigerte sich Polen. Und es war diese Verweigerung, nicht so sehr Danzig, die Hitler umdenken ließ. Wenn er Polen nicht als Verbündeten haben konnte, dann mußte es eben als besiegtes und besetztes Land zum deutschen Aufmarschgebiet werden; dem geplanten Krieg mit Rußland mußte also ein improvisierter Krieg mit Polen vorausgehen; und dieser Krieg war notfalls gegen England durchzusetzen.

Denn England hatte inzwischen eine Wandlung durchgemacht. Hitler selbst hatte sie herbeigeführt. In München waren nicht nur die Randgebiete der Tschechoslowakei Deutschland überlassen, sondern es war auch vereinbart worden – und das war vom englischen Standpunkt aus wohl das wichtigste Ergebnis des Münchner Gipfeltreffens –, daß von nun an bei allen wichtigen außenpolitischen Schritten Deutschland sich mit England absprechen sollte. Für Hitler war gerade das der Punkt, den er als Niederlage empfand. Er wollte freie Hand im Osten. Deshalb beschloß er, gerade England zum Trotz, ohne jede Absprache oder Warnung die Rumpf-Tschechoslowakei militärisch zu besetzen und gleichzeitig noch einmal zu zerstückeln; Böhmen-Mähren wurde »Reichsprotektorat«, die abgetrennte Slowakei ein verbündeter Vasallenstaat. Das war örtlich eine völlig überflüssige Aktion, denn die Rumpf-Tschechoslowakei war ohnehin bereits Wachs in Hitlers Händen. Es war eher Hitlers Rache für »München« – für das, was er an München als seine Niederlage und Englands Triumph empfunden hatte.

Dieser Vorgang hatte denn auch im März 1939 in London Alarm ausgelöst. Die Chamberlain-Regierung gab »Appeasement« zwar noch nicht auf, aber die Methode der Appeasementpolitik wurde jetzt geändert. Bisher hatte man nur mit Versprechungen und Konzessionen gelockt, von nun an arbeitete man auch mit Drohungen: Wenn Hitler in seiner Politik der eigenmächtigen Ausdehnung nach Osten weitergehe, so wurde ihm jetzt bedeutet, dann werde er England in seinem Wege finden. Das Symbol dieser Drohung war eine englische Garantie für Polen, die Ende März 1939 abgegeben wurde, nachdem Polen sich dem Hitlerschen Werben um ein Bündnis gegen Rußland versagt hatte.

Damit war Hitler in einer neuen Situation. Er selbst hat sie in den Worten zusammengefaßt, die er drei Wochen vor Ausbruch des Krieges, am 11. August 1939, an den damaligen Völkerbundkommissar in Danzig, den Schweizer Carl J. Burckhardt, richtete: »Alles, was ich unternehme, ist gegen Rußland gerichtet; wenn der Westen zu dumm und zu blind ist, um dies zu begreifen, werde ich gezwungen sein, mich mit den Russen zu verständigen, den Westen zu schlagen und dann nach seiner Niederlage mich mit meinen versammelten Kräften gegen die Sowjetunion zu wenden.«

Diese Worte enthalten den Schlüssel für den Ausbruch des Zweiten Weltkrieges. Genau dies war Hitlers improvisiertes neues Programm, und es war das Programm, nach dem der Zweite Weltkrieg in seinen ersten zwei Jahren ablief. Hitler verständigte sich zunächst mit der Sowjetunion, wandte sich erst gemeinsam mit der Sowjetunion gegen Polen, dann mit sowjetischer Rückendeckung gegen den Westen und erst danach, wie von Anfang an geplant, mit seinen »gesammelten Kräften« gegen die Sowjetunion.

Aber warum machte die Sowjetunion diese Politik mit? Denn Stalin war sich natürlich nicht im unklaren über Hitlers letzten Endes gegen die Sowjetunion gerichteten Pläne, und Hitler hatte auch nichts getan, um ihn darüber im unklaren zu lassen. Er hatte seit 1936 mit verschiedenen Staaten – Japan, Italien und einigen kleineren Staaten – »Anti-Komintern-Pakte« abgeschlossen, die in Wahrheit bereits anti-sowjetische Bündnisse waren, da sie Geheimklauseln enthielten, daß die jeweiligen Paktpartner wohlwollend neutral bleiben würden, wenn Deutschland einen Krieg gegen die Sowjetunion führte.

1939 sah Stalin die Chance, diesen Krieg abzuwenden, den Ball gewissermaßen in das Feld des Westens hinüberzuspielen und Hitler von einem Krieg gegen die Sowjetunion auf möglicherweise lange Zeit dadurch abzuhalten, daß Deutschland sich in einen Krieg mit England und Frankreich verwickelte. Unter diesen Auspizien war Stalin gern und freudig bereit, sich mit Hitler auf einer Basis zu arrangieren, die auf eine Teilung Osteuropas zwischen der Sowjetunion und Deutschland hinauslief.

Am 23. August 1939 schlossen Deutschland und die Sowjetunion einen Nichtangriffspakt ab. Seine geheimen Zusatzklauseln besagten, daß in einem Krieg gegen Polen der östliche Teil Polens, den die Sowjetunion 1921 an Polen hatte abtreten müssen, an die Sowjetunion zurückfallen würde, daß darüber hinaus die Sowjetunion auch vorherrschende Macht in den baltischen Randstaaten und in Finnland werden würde. Ähnliche, etwas vage Absprachen waren auch für Südosteuropa vorgesehen.

So begann der Krieg, den Hitler am 1. September 1939 auslöste, aus seiner Sicht mit einer falschen Frontstellung: Krieg mit Polen, und daher auch mit Frankreich und England, in einem halben Bündnis mit der Sowjetunion. Es war eigentlich nicht der Krieg, den Hitler immer geplant hatte, sondern der, der dem General Seeckt und der Reichswehr in den zwanziger Jahren vorgeschwebt hatte. Für Hitler war er, wie gesagt, nur als ein Vorspiel zu dem großen Krieg gegen die Sowjetunion gedacht, den er mit seinen »gesammelten« Kräften führen wollte, nachdem er Polen und die Westmächte besiegt hätte.

Das gelang aber nicht ganz. Zu Anfang hatte Hitler zwar riesige Erfolge. In einem überraschend kurzen Feldzug wurde Polen im September 1939 zerschlagen, und nach einer langen Pause, in der noch einmal vielerlei Verhandlungen schwebten und in der gewissermaßen nebenbei Dänemark und Norwegen besetzt wurden, konnte dann auch Frankreich im Mai und Juni 1940 – noch viel überraschender – in sechs Wochen besiegt werden. In diesem Westfeldzug wurden, wiederum gewissermaßen nebenbei, auch Holland, Belgien und Luxemburg überfallen und nach kurzem Widerstand besetzt.

Nachdem Polen und Frankreich ausgeschaltet waren, erhob sich für Hitler die Frage, wie es nun mit England weitergehen sollte. Auf einen wirklichen Krieg gegen die Briten, eine Invasion, Eroberung und Besetzung Englands, war das Deutsche Reich nicht so vorbereitet, wie es auf seine Feldzüge gegen Polen und

Frankreich vorbereitet gewesen war. Es besaß noch keine große Flotte, und obendrein hatte es einen Teil dieser Flotte in dem Unternehmen zur Besetzung Norwegens verloren. Hitler konnte also keine Armee auf den britischen Inseln landen, außer allenfalls, wenn es ihm gelang, die Luftherrschaft über England zu gewinnen.

Der Versuch dazu wurde im August und September 1940 unternommen, aber er blieb ohne Erfolg. England behielt die Herrschaft über seinen Luftraum, und damit war eine deutsche Invasion Englands für lange Zeit ausgeschlossen. Ob sie bei entsprechender Vorbereitung vielleicht 1942 oder 1943 Erfolg versprochen hätte, muß zweifelhaft bleiben; England wurde in der Zwischenzeit ebenfalls dauernd stärker, auch zu Lande.

Die Bedeutung der Niederlage der deutschen Luftwaffe in der Luftschlacht über England für den weiteren Kriegsverlauf ist oft unterschätzt worden. Denn die Luftschlacht war kein besonders dramatisches Ereignis, sie war keine deutsche Katastrophe wie etwa, zwei Jahre später, Stalingrad. Und doch markierte sie einen wichtigen Wendepunkt, denn sie bedeutete, daß Hitlers Sieg im Westen unvollständig blieb. Wenn Hitler sich trotzdem, wie geplant, gegen Rußland wenden wollte, konnte er das nicht mehr »mit seinen gesammelten Kräften« tun. Ein sehr zäher, mit großen Ressourcen gesegneter Gegner blieb ihm im Westen auf Dauer erhalten; ein Gegner, den übrigens enge Bande mit Amerika verknüpften.

Hitler bemühte sich eine Weile halbherzig weiter, England aus dem Kriege sozusagen herauszuärgern: durch Luftangriffe auf London und andere englische Großstädte, die sich durch den ganzen Winter 1940/41 und das Frühjahr 1941 hinzogen. Das blieb aber ebenso erfolglos wie später die weit größere englisch-amerikanische Luftoffensive gegen Deutschland, die ebenfalls strategisch ein Fehlschlag war.

Hitler war also weiterhin mit dem Krieg gegen England belastet, und die große Frage war, ob er sich unter diesen Umständen seinen Krieg gegen Rußland leisten konnte. Nach langem Hin-und-her-Überlegen und hektischen inneren Verhandlungen, auch zeitraubenden Verstrickungen in den italienisch-englischen Krieg, der inzwischen ausgebrochen war, kam er zu dem Schluß, daß er es könnte. Im Juni 1941 setzte er in die Tat um, was er bereits im August 1939 angekündigt hatte: er fiel zwar nicht »mit seinen gesammelten Kräften«, aber doch mit der Masse seiner Land- und Luftmacht, über Rußland her, obwohl England noch nicht aus dem Kriege ausgeschaltet war.

Rückblickend kann man sagen, daß dies der erste große strategische Fehler war, den Hitler im Kriege beging, und daß dieser Fehler allein wahrscheinlich genügt hätte, ihn den Krieg verlieren zu lassen. Denn es zeigte sich trotz enormer deutscher Anfangserfolge, daß Rußland nicht auf dieselbe Weise zu besiegen war wie Polen und Frankreich, sondern daß es nach fürchterlichen Menschen- und Gebietsverlusten, die wahrscheinlich jeden anderen europäischen Staat niedergezwungen hätten, noch imstande war, seine gesamte Volkskraft zu mobilisieren und damit stärker zu werden als das Deutsche Reich.

Hitler hatte übersehen, was in Rußland zwischen den zwanziger und den vierziger Jahren geschehen war. Als Hitler in den mittleren zwanziger Jahren in »Mein Kampf« geschrieben hatte, das Riesenreich im Osten sei reif zum Zusammenbruch, hatte er vielleicht nicht einmal vollkommen unrecht gehabt. Die junge Sowjetunion war damals nach den entsetzlichen Anstrengungen und Leiden des Ersten Weltkrieges, des Bürgerkrieges und der Interventionskriege wirklich ein Scherbenhaufen gewesen, ein riesiges, aber erschöpftes, ja zertrümmertes Land, das einem Angriff des Deutschen Reiches vielleicht wirklich nicht gewachsen gewesen wäre.

Aber inzwischen war in Rußland die Stalinzeit gekommen, eine Zeit des totalen Zusammenfassens aller Kräfte, in der das im Ersten Weltkrieg noch vorwiegend agrarische Rußland im Hetztempo zu einer bedeutenden Industriemacht heraufgepeitscht worden war. Die Sowjetunion, die Hitler 1941 angriff, war noch nicht die Supermacht, die sie heute ist, aber sie war bereits eine Industriemacht beachtlichen Umfangs. Die neue Industrialisierung, aufgepfropft auf die alten russischen Kraftquellen – den Riesenraum, die Riesenbevölkerung und die große Leidensfähigkeit und Tapferkeit dieser Bevölkerung –, hatte die Sowjetunion inzwischen zu einer weit größeren Macht werden lassen, als das alte Rußland im Ersten Weltkrieg gewesen war.

Hitler gewann große Schlachten, eroberte große Territorien, aber sein Angriff lief sich vor Leningrad, vor Moskau und vor Rostow am Don fest. Die Russen waren nach Monaten schwerer Niederlagen sogar imstande, bereits im Kriegswinter 1941/42 eine durchaus nicht erfolglose militärische Gegenoffensive zu starten.

Ausgerechnet in dem Augenblick, als diese russische Gegenoffensive begann, Anfang Dezember 1941, in einem Augenblick also, in dem sich gezeigt hatte, daß der Plan einer schnellen Niederwerfung Rußlands mißglückt war, einem Augenblick, in dem vorauszusehen war, daß Hitler noch einen langen, schweren Krieg gegen die Sowjetunion würde führen müssen, in dem sein Sieg keineswegs feststand – gerade in diesem Augenblick erklärte Hitler Amerika den Krieg.

Das ist der rätselhafteste seiner Entschlüsse im Zweiten Weltkrieg, und auch ich habe keine wirkliche Erklärung dafür. Ich habe in mehreren Büchern verschiedene Lösungsmöglichkeiten diskutiert, ich habe auch alles gelesen, was Historiker darüber geschrieben haben, soweit es mir zugänglich war; und ich muß zugeben: Nichts, weder meine eigenen Hypothesen noch die der Historiker, hat mich wirklich überzeugt. Dabei muß ich etwas zurückgreifen. Seit Präsident Roosevelt 1937 seine berühmte Quarantäne-Rede gehalten hatte – in der er forderte, daß die Aggressor-Staaten Japan, Italien und Deutschland von der übrigen Welt gleichsam in Quarantäne genommen werden sollten –, hatte er es nicht an Signalen für seine Entschlossenheit fehlen lassen, in einen Krieg, der von diesen Staaten ausging, auf der Gegenseite einzugreifen. Aber es hatte sich auch gezeigt, daß er diesen Willen innenpolitisch nicht durchsetzen konnte. Die überwiegende Meinung, sowohl im amerikanischen Volk wie im amerikanischen Kongreß, war und blieb isolationistisch. Man war bestrebt, sich aus allen Händeln der Alten Welt herauszuhalten und den Fehler nicht zu wiederholen, den Amerika, wie man meinte, im Ersten Weltkrieg begangen hatte, als es sich auf der Ententeseite in den europäischen Krieg hineinziehen ließ.

Es ist Roosevelt bis zum Dezember 1941 nicht gelungen, diesen isolationistischen Widerstand gegen die von ihm beabsichtigte Interventionspolitik zu brechen. Und es war nicht vorauszusehen, wann und ob es ihm überhaupt gelingen würde, wenn Hitler ihm nicht durch seine Kriegserklärung diese Arbeit abgenommen hätte. Selbst nach dem japanischen Angriff auf Pearl Harbor, ja gerade dann hätte Hitler hoffen können, daß Amerika auf längere Zeit nicht in den europäischen Krieg eingreifen würde. Denn nun war es in einen großen pazifischen Krieg verwickelt, der es zwar instand setzte, seine gewaltigen ruhenden Kriegsressourcen zu mobilisieren, aber zugleich zwang, sie dort einzusetzen, wo es für Deutschland am wenigsten gefährlich war, nämlich im Pazifik, gegen Japan.

Statt dessen jedoch nahm Hitler diese Gelegenheit wahr, Amerika den Krieg zu erklären, als hätte er geradezu auf sie gewartet – und ermöglichte erst damit

Roosevelt, wie gewünscht an Englands Seite Krieg gegen Deutschland zu führen. Gewiß, das erforderte noch lange Zeit, nahezu zweieinhalb Jahre. Erst im Sommer 1944 war Amerika so weit gerüstet, mobilisiert und aufmarschiert, daß es von England aus zusammen mit den Engländern den Großangriff auf den europäischen Kontinent wagen konnte. Aber abzuwenden war die Niederlage nicht mehr, nachdem Deutschland selbst Roosevelt den Gefallen getan hatte, Amerika den Krieg zu erklären. Warum also diese rätselhafte Handlung Hitlers?

Auch wenn man diese Frage nicht mit letzter Gewißheit beantworten kann, lassen sich doch einige Überlegungen dazu anstellen.

Im Juli 1941 hatte Hitler nach seinen großen anfänglichen Erfolgen geglaubt, den Sieg über Rußland schon in der Tasche zu haben. In diesem Augenblick – in dem er in Wirklichkeit schon den ersten Schritt zu Deutschlands Niederlage hinter sich hatte – faßte Hitler Pläne, die über seine ursprüngliche Zielvorstellung, Rußland als deutschen Lebensraum zu erobern, weit hinausgingen. In diesem Juli beschloß er bereits, die Heeresrüstung, die im Jahre zuvor wegen des geplanten Angriffs auf Rußland Priorität gehabt hatte, zugunsten einer gewaltigen Flottenaufrüstung einzuschränken. Die Sowjetunion schien ihm bereits besiegt, und er bereitete einen künftigen »Weltblitzkrieg« vor, in dem er mit einer großen Flotte und Luftwaffe auch Amerika lahmlegen wollte, ehe es richtig aufgerüstet war.

Das waren Pläne, in einem Augenblick des Übermuts entworfen, die nie verwirklicht worden sind und die niemals auch nur ihr Vorstadium, nämlich die Durchführung der großen Seerüstung, erreicht haben. Denn von 1942 an beanspruchte der Krieg gegen Rußland wieder alle deutschen Ressourcen. Aber gegeben hat es diese Pläne, und vielleicht lebten sie auf eine unklare Art in Hitlers Kopf bis zum Ende des Jahres 1941 fort. Vielleicht glaubte er wirklich in einem unbedachten Moment, noch im Dezember 1941 auf diese Pläne zurückfallen zu können – da Amerika durch Japan jetzt scheinbar völlig in Anspruch genommen sein würde. Aber das ist nur eine Hypothese unter anderen; und möglicherweise greift auch sie nicht.

Nur so viel ist sicher: Hitler beging im Jahre 1941 einen ungeheuren Fehler, als er mit einem nicht gewonnenen Krieg gegen England und Rußland auf dem Halse nun auch noch Amerika den Krieg erklärte, seinen Gegnern also den schon damals mächtigsten Staat der Erde hinzufügte und damit die deutsche Niederlage unausweichlich machte.

Bereits nach dem Überfall auf Polen war kein sicherer Weg mehr zu sehen gewesen, auf dem Hitler, wenn er es gewollt hätte, heil aus dem Krieg herauskommen konnte. Deutschland ja, aber nur unter einer anderen Regierung – einer Regierung, »deren Wort man trauen kann«, wie es der damalige englische Premierminister Chamberlain im Oktober 1939 proklamierte. Hitler selbst schon nicht mehr. Daß aber auch Deutschland den Krieg unbedingt verlieren mußte, ergibt sich erst aus Hitlers Entschlüssen von 1941, erst Rußland und dann auch noch Amerika zum Kriegsgegner zu machen. 1941 war das erste Jahr des wirklichen Weltkrieges; vorher hatte es nur einen begrenzten europäischen Krieg gegeben. Von diesem Jahr 1941 führt eine gerade Linie zum Jahr 1945. Über den zweiten Teil des Zweiten Weltkrieges kann man sich aus diesem Grunde kurz fassen. Das Ende stand von nun an fest, was immer Deutschland noch unternahm.

Gleichwohl hat es in den Jahren 1942 bis 1945 noch große Schlachten gegeben. Die deutsche Bevölkerung hat durch die gewaltige Luftoffensive, mit der England und Amerika eine Weile glaubten, sich eine Landoffensive in Europa ersparen zu können, schwere Leiden durchmachen und schwere Todesopfer erbringen müssen. Für die Bevölkerungen der besetzten Gebiete waren gerade die späteren Kriegsjahre die schlimmsten. Für die Bevölkerung der Sowjetunion zum Beispiel war der lange deutsche Rückzug noch furchtbarer, als der schnelle deutsche Vormarsch gewesen war: Die Deutschen wollten ja nur verbrannte Erde zurücklassen. Und nie wird die entsetzliche »Endlösung der Judenfrage« vergessen werden, die erst 1941 in den überrannten sowjetischen Gebieten, erst 1942 im ganzen besetzten Europa in Gang gesetzt wurde.

Es hat auch 1942 und 1943 noch Momente gegeben, in denen es so schien, als sei das bis zum Äußersten gepeinigte und geplagte Rußland bereit, Hitler aus dem Ostkriege auf der Grundlage eines Waffenstillstands entkommen zu lassen, wenn er sich verpflichtete, sich auf die alte Demarkationslinie oder die alten Reichsgrenzen zurückzuziehen. Darauf ist Hitler nie eingegangen, und im Grunde genommen kann man alle diese hypothetischen Möglichkeiten vergessen. Sie waren nie in greifbarer Nähe der Wirklichkeit.

Die einzige Frage, die man für den zweiten Teil des Weltkrieges wirklich noch stellen und, wenn es geht, beantworten muß, ist die, warum Hitler in einer Lage, in der es keinerlei Siegesaussichten mehr gab, in der die Gegenmächte sich, nach einigem Zögern von seiten Rußlands, schon auf die Formel der bedingungslosen Übergabe geeinigt hatten und schließlich 1945 den Krieg nach Deutschland trugen, bis zu seinem Selbstmord in den Ruinen Berlins immer noch weiterkämpfte – und immer noch fanatische Gefolgsleute fand, die seinen Willen mit einem ständig gesteigerten Terror durchsetzten.

Es gibt zwei Theorien darüber. Die eine besagt, daß Hitler wirklich bis zuletzt an den »Endsieg« glaubte. Schließlich hatte er in seiner persönlichen politischen Laufbahn schon mehrfach erlebt, daß sich in scheinbar aussichtsloser Lage doch noch wie durch ein Wunder alles für ihn zum Guten wandte. Vielleicht würden sich jetzt zum Beispiel der Westen und der Osten im Augenblick des Sieges zerstreiten? Vielleicht könnte man dann mit der einen Seite doch noch einen Frieden schließen, der es ermöglichte, auf der anderen zu siegen? Manches spricht dafür, daß Hitler dieser Hoffnung lange Zeit wirklich anhing. Er redete noch im Winter 1944/45 – nicht öffentlich, sondern in geheimen Ansprachen an seine Generale – öfters davon, daß er wie die Spinne im Netz säße, während sich zwischen den Westmächten und der Sowjetunion ein neuer Krieg anbahnte.

Er saß aber nicht wie die Spinne im Netz, sondern wie die Fliege. Was Hitler übersah, war die Tatsache, daß die großen Streitigkeiten über die Nachkriegsregelung und die tiefen ideologischen Gegensätze zwischen den Angelsachsen und den Russen nicht zum Austrag, schon gar nicht zum kriegerischen Austrag kommen konnten, solange Deutschland, auf beiden Fronten weiterkämpfend, gewissermaßen als Isolierschicht zwischen ihnen stand. Damit es zu der Ausgangsstellung eines denkbaren dritten Weltkriegs zwischen dem Westen und der Sowjetunion kommen könnte, mußte erst Deutschland besiegt und besetzt sein, die beiden großen Mächtegruppen mußten sich im Herzen Deutschlands getroffen haben, mußten sich direkt berühren und gegenüberstehen. Jede Verzögerung dieser Ausgangsstellung verhinderte den Ausbruch eines offenen Konflikts zwischen den beiden Mächtegruppen. Solange Deutschland kämpfte, existierte dieser Konflikt nur latent. Gerade durch den bis zum letzten hingezogenen deutschen Widerstand wurde also das verhindert, worauf Hitler hoffte. Hitlers Rechnung, die auf das Auseinanderfallen der Allianz spekulierte, war eine Fehlrechnung – wenn es sie wirklich gab. Denn bewiesen ist ja nicht, daß Hitler an den bis zum letzten versprochenen Endsieg selber wirklich glaubte. Man kann Hitlers Entscheidung, den Krieg bis zum Äußersten fortzutreiben, auch auf eine andere, eher psychologische Weise erklären. Und diese Erklärung hat einiges für sich.

In Hitler gab es einen balladesken, herostratischen Zug. Einer glaubwürdigen Überlieferung zufolge hatte ihm sein »Reichsmarschall« Göring im August 1939 gesagt: »Wir wollen doch das Vabanquespiel bleiben lassen«, und er hatte geantwortet: »Ich habe in meinem Leben immer va banque gespielt.« Wenn das zutrifft, hatte damit er eine Wahrheit über sich ausgesprochen. Er war ein Mensch, der immer aufs Ganze und Übergroße gehen wollte (seiner Natur nach wohl auch mußte). Wenn er Deutschland schon nicht zur Weltmacht, zu *der* Weltmacht ausbauen konnte, dann war er bereit, dafür wenigstens die größte Katastrophe der deutschen Geschichte angerichtet zu haben. Es gibt durchaus Anzeichen dafür, daß Hitler diese Katastrophe zuletzt bewußt wollte.

Bereits Ende 1941, als sich zum ersten Mal die Möglichkeit des Scheiterns abzeichnete, hatte er im Privatgespräch mit ausländischen Diplomaten geäußert: »Wenn das deutsche Volk einmal nicht mehr stark und opferbereit genug ist, sein Blut für seine Existenz einzusetzen, so soll es vergehen und von einer anderen, stärkeren Macht vernichtet werden. Ich werde dem deutschen Volk keine Träne nachweinen.« Ein Ausspruch, der im Munde eines deutschen Staatsmanns fürwahr einzigartig ist.

Am Ende des Krieges hat Hitler dann zum Entsetzen

vieler seiner Mitarbeiter tatsächlich versucht, die militärische Niederlage zu einem totalen Untergang des deutschen Volkes zu machen.

Es gibt die berühmten Nero-Befehle vom 18. und 19. März 1945, in denen Hitler anordnete, alle im Reich noch übrigen Ressourcen, selbst solche, die für das Überleben der Bevölkerung notwendig waren, zu zerstören, ehe sie dem Feind in die Hände fielen; ein Befehl, der besonders von seinem damaligen Rüstungsminister Speer ziemlich erfolgreich sabotiert worden ist. Aber für Hitlers Denken ist dieser Befehl charakteristisch. Wenn er schon nicht der Urheber des größten deutschen Sieges sein konnte, dann wollte er offenbar wenigstens der Urheber der Vernichtung Deutschlands werden.

Hitler dachte immer gern in Vernichtungskategorien. Er hatte die Juden vernichten wollen, er hatte die Sowjetunion vernichten wollen – nun war er soweit, daß er, sozusagen um des historischen Knalleffekts willen, auch Deutschlands Vernichtung erstrebte. Beweisen läßt sich das nicht, aber es läßt sich aus verschiedenen bezeugten Äußerungen Hitlers plausibel machen.

Deutschland hat in einer spätestens seit dem Sommer 1944 vollkommen verlorenen und aussichtslosen Position – wenn man will: heroisch – bis zum Ende weitergekämpft und ist zwischen den Armeen und Luftwaffen der Westmächte und der Sowjetunion buchstäblich zerrieben worden. Zum Schluß war in Deutschland kein unbesetztes Gebiet mehr übrig. Die deutsche Wehrmacht kapitulierte bedingungslos; die letzte Reichsregierung, von Hitler noch kurz vor seinem Selbstmord ernannt, wurde verhaftet; und die drei Mächte USA, USSR und VK – Frankreich kam erst etwas später dazu – erklärten sich am 5. Juni 1945 zu souveränen Herrschern in Deutschland.

Über ihre Besatzungszonen hatten sie sich vorher geeinigt. Deutschland als Ganzes wurde von einer alliierten Kontrollkommission verwaltet. Es hat in dieser Form noch einige Jahre weiterbestanden, aber es stand nunmehr unter der uneingeschränkten Verfügungsgewalt fremder Mächte, und es mußte zerfallen, wenn die vier Mächte nicht über ihre Deutschlandpolitik einig blieben.

Dieser Zerfall des Deutschen Reiches, sein Untergang, hat 1945 noch nicht stattgefunden. Damals einigten sich die drei Hauptbesatzungsmächte in der Konferenz von Potsdam noch darauf, Deutschland zunächst als wirtschaftliches Ganzes zu behandeln und ihm sogar eine gewisse politische Verwaltung unterhalb ihrer eigenen Regierung zuzugestehen, wozu es dann auf französischen Einspruch freilich nicht mehr gekommen ist. Heute noch gibt es viele Deutsche, die aus diesem Grunde eine Fortexistenz des Deutschen Reichs bis in die Gegenwart hinein behaupten. Aber auch nach 1945 haben sich noch mehrere große Veränderungen abgespielt, und diese Veränderungen lassen sich nicht ignorieren. Wenn man sie unter die Lupe nimmt, erkennt man, daß das Deutsche Reich heute wirklich nicht mehr existiert.

# Nachgeschichte des Deutschen Reiches

Das Bundesverfassungsgericht hat 1973 die These auf-
gestellt, das Deutsche Reich bestehe noch. Es sei –
obwohl nicht mehr handlungsfähig – ein Völker-
rechtssubjekt geblieben. Diese These läßt sich für das
Jahr 1945 gerade noch vertreten. Seit 1945 haben sich
aber mehr als 40 Jahre Geschichte in Deutschland
abgespielt, die ständig weiter von der auch nur schattenhaften Existenz eines Deutschen Reichs weggeführt haben. Heute kann man, glaube ich, nicht mehr
im Ernst die Behauptung aufstellen, daß es noch
irgendeine Existenzform des Deutschen Reiches gebe,
wie abstrakt auch immer.

1945 konnte man das insofern noch, als das Deutsche
Reich zwar in die Verfügungsgewalt der vier Siegermächte übergegangen war, aber als Objekt dieser
Verfügungsgewalt tatsächlich noch eine gewisse Existenz besaß. Die wesentliche Veränderung des Jahres
1945 bestand eigentlich nur darin, daß das Deutsche
Reich aus einem Subjekt des politischen Geschehens
zu einem Objekt wurde. Eine bedingungslose Kapitulation hatte nur von seiten der Wehrmacht stattgefunden. Das, was eigentlich die bedingungslose Kapitula-

tion hatte sein sollen – eine formelle Übergabe der Regierungsgewalt in Deutschland von der Reichsregierung an die (zunächst drei, dann vier) Siegermächte –, ist, gewissermaßen durch technisches Versagen, unterblieben.

Gleichwohl gab es einen Übergang der Regierungsgewalt von deutscher in alliierte Hände, wenn er auch nicht ganz nach Plan verlief. Er erfolgte, nach der Verhaftung der Rumpfregierung Dönitz am 23. Mai, durch die einseitige Übernahme der vollen deutschen Regierungsgewalt durch die Siegermächte am 5. Juni 1945. Das Deutsche Reich hat danach noch fast drei Jahre lang als Objekt der Siegermächte, sozusagen als ein Reich der vier Mächte, unter Fremdregierung weiterbestanden.

Aber die Weiterexistenz dieses Reichs hing davon ab, daß die Sieger in dem Vorsatz beständig blieben, es als Einheit zu regieren und zu verwalten, und das war nicht der Fall. Wie vorauszusehen war, hat die Allianz, die eine Anti-Hitler-Koalition war und nur durch die Bekämpfung Hitlers zusammengehalten wurde, das Ende dieses Kampfes nur knapp drei Jahre überdauert.

Immerhin ist festzuhalten, daß in diesen drei Jahren gewisse Regelungen getroffen wurden, die zum Teil noch heute fortbestehen. Unter den vier Mächten wurden sowohl die Westzonen als auch die Ostzone in Länder untergliedert; in den Westzonen wurden zu diesem Zweck sogar neue Länder gegründet: zum Beispiel Nordrhein-Westfalen, Niedersachsen,

Schleswig-Holstein. Offensichtlich sollten alle diese Länder nach dem ursprünglichen Vorsatz der Siegermächte später wieder zu einer loseren oder engeren Föderation oder Konföderation, zu einer Art Deutschem Bund zusammengeschlossen werden. Die Länder, die damals gegründet wurden, existieren, mit einer Modifikation im Südwesten, im westlichen Teil Deutschlands heute noch; es sind die Länder, aus denen die Bundesrepublik besteht. In der DDR gibt es keine Länder mehr.

Ebenfalls auf das Reich der vier Mächte gehen die Parteien zurück, die heute noch in beiden deutschen Staaten die regierenden Parteien sind. Damals waren es zunächst vier: eine kommunistische, eine sozialdemokratische, eine liberaldemokratische und eine christlich-demokratische, die in allen vier Zonen existierten; offenbar verfolgten die Siegermächte auch hier die Absicht, daß diese Parteien später das politische Leben ganz Deutschlands, in welcher Form auch immer, bestimmen sollten.

In der Bundesrepublik gibt es alle vier Parteien bis auf den heutigen Tag, die Kommunisten – nach einem vorübergehenden Verbot – allerdings nur als sehr kleine Randpartei; in der DDR gibt es keine Sozialdemokratie mehr. Dort regieren die Kommunisten, aber es gibt auch noch andere Parteien, von deren Existenz man allerdings wenig merkt. Sie sind von der kommunistischen Partei sehr stark abhängig, aber immer noch als eigene Organisationen in der Volkskammer vertreten.

Sonst jedoch ist vom Reich der vier Mächte nicht mehr viel übrig. Denn die Geschichte ist im Stadium der drei oder vier unmittelbaren Nachkriegsjahre, in denen man noch von diesem Vier-Mächte-Reich sprechen konnte, nicht stehengeblieben. Die großen Einschnitte, die diese Nachgeschichte des Deutschen Reichs bestimmen, markieren Punkte, an denen das Reich jedesmal mehr von seiner Existenz verlor, bis es zum Schluß nicht mehr vorhanden war. Es sind die Jahre 1949, 1955, 1961, 1971/72 und schließlich, für manchen Leser vielleicht überraschend, das Jahr 1975.

Was geschah 1949? Meiner Meinung nach ist dieses Jahr der tiefste Einschnitt in der Nachgeschichte des Deutschen Reiches. Damals, fast genau vier Jahre nach dem Ende des Zweiten Weltkrieges, wurden die beiden Staaten gegründet, in denen die Deutschen heute leben: im Westen die Bundesrepublik Deutschland, die aus der Vereinigung der drei westlichen Besatzungszonen hervorgegangen ist, und im Osten die DDR, die vormalige sowjetische Besatzungszone. Der Gründungsvorgang soll hier nicht näher beschrieben werden; nur auf eines sei hingewiesen.

Die Gründung der Bundesrepublik ging nicht ganz ohne Schwierigkeiten ab. Die Ministerpräsidenten der westdeutschen Länder zögerten mit der Einberufung des Parlamentarischen Rats, der die neue Verfassung – das heutige Grundgesetz der Bundesrepublik – ausarbeiten sollte; sie hatten Bedenken, einen westdeutschen Staat zu gründen, denn es war vorauszusehen, daß ein solcher Schritt die Gründung eines ostdeutschen Staates nach sich ziehen würde (die im Osten dann auch reibungslos erfolgte). Ausdruck dieser Hemmungen ist die vieldiskutierte Präambel des Grundgesetzes, in der die Gründungsväter der Nachwelt sozusagen ihr schlechtes Gewissen bezeugten. Sie wollten nicht wirklich einen neuen, westdeutschen Staat aufrichten; sie hielten innerlich daran fest, daß ein gesamtdeutscher Staat, das Deutsche Reich – und sei es auch in den engen Grenzen von 1945 –, wiederhergestellt werden müsse, und drückten diesen Wunsch in etwas gewundenen Formeln aus: Sie hätten auch für diejenigen mitgehandelt, denen mitzuwirken versagt sei, und das gesamte deutsche Volk bleibe aufgerufen, in freier Selbstbestimmung seine Einheit und Freiheit zu vollenden.

Das Bundesverfassungsgericht hat daraus zweierlei herleiten wollen: erstens ein Wiedervereinigungsgebot und zweitens eine Weiterexistenz des Deutschen Reiches. Beides scheint mir eine Überinterpretation zu sein.

In der Präambel des Grundgesetzes steht keineswegs, daß jede künftige Regierung der Bundesrepublik gehalten sei, die Wiedervereinigung Deutschlands anzustreben. Wenn die Väter des Grundgesetzes dies hätten sagen wollen, dann hätten sie es gesagt. Aber in der Grundgesetz-Präambel findet sich nur eine sehr vage Aufforderung an das deutsche *Volk*, seine Einheit und Freiheit zu »vollenden«.

Es steht auch nicht darin: Trotz allem, was wir jetzt zu tun gezwungen sind, besteht das Deutsche Reich weiter. Auch das hätte man gesagt, wenn man es hätte sagen wollen. Im Gegenteil: In der Präambel steht sogar in gewissem Sinne, daß das Reich *nicht* fortbesteht, denn es soll ja erst in unbestimmter Zukunft, durch den freien Entscheid des deutschen Volkes neugegründet – »vollendet« werden.

Und selbst dabei ist nicht vom »Deutschen Reich« die Rede. Die deutsche Einheit soll in Freiheit erreicht werden; in welcher staatlichen Form, wird nicht gesagt. Die Interpretation, daß damit nur das alte Deutsche Reich gemeint sein könne, geht meiner Meinung nach über den eigentlichen Inhalt der Präambel des Grundgesetzes hinaus – und sie spielt heute noch in der deutschen Innenpolitik eine Rolle. Was immer man davon halten mag: Daß die Gründer der Bundesrepublik tatsächlich im Westen Deutschlands einen neuen Staat gründeten, steht fest.

Die Bundesrepublik war ein neuer Staat. Nicht nur in geographischer Hinsicht war sie keine Wiederherstellung des Deutschen Reiches, sie war auch kein fragmentarischer Rest dieses Reichs. Denn sie ging aus Ländern hervor, die es zum Teil im Deutschen Reich nie gegeben hatte; sie wurde durch Parteien gegründet, deren stärkste – die CDU/CSU – es im Deutschen Reich ebenfalls nicht gegeben hatte. Und die Bundesrepublik gab sich eine Verfassung, die keiner Verfassung des ehemaligen Deutschen Reichs, auch nicht der der Weimarer Republik, nachgebildet war, sondern vollkommen neue Züge aufwies. Es war wirklich ein neuer Staat, der da entstand.

Und es war ebenfalls ein neuer Staat, der in der sowjetischen Besatzungszone entstand. Das braucht nicht ausführlich begründet zu werden, denn dieser Staat hatte von Anfang an mit keiner der Staatsformen des Deutschen Reiches irgendeine Ähnlichkeit und behauptete auch nicht, das Deutsche Reich in irgendeiner Form fortzusetzen.

Das verhinderte nicht, daß sich die beiden neuen deutschen Staaten, einer wie der andere, subjektiv als Kernstaaten eines in Zukunft wiederherzustellenden, vollständigeren deutschen Nationalstaates fühlten und dies auch deutlich zu erkennen gaben. Die DDR vertrat damals den Standpunkt, daß der Weststaat ein »Spalterstaat« sei; und die Bundesrepublik bekundete die Absicht, durch die Magnetwirkung ihres größeren Wohlstands und ihrer größeren Freiheit die Deutschen der DDR langsam an sich zu ziehen und auf diese Weise eine Art Wiedervereinigung zu erzielen. Ein damals nicht ganz unrealistischer Gedanke, denn tatsächlich gab es ja eine große Westwanderung aus der DDR in die Bundesrepublik: Die DDR hat durch »Republikflucht« in den Jahren 1949 bis 1961 Millionen Menschen verloren. Aber ihre staatliche Eigenexistenz hat sie dadurch nicht eingebüßt.

Es gab jedoch ein Zwischenspiel, in dem die Möglichkeit einer Wiedervereinigung der beiden deutschen Staaten noch einmal im politischen Bühnenhintergrund aufzutauchen schien. Im März 1952 unterbreitete Stalin den drei Westmächten den Vorschlag, die getrennten Staatsgründungen noch einmal rückgängig zu machen. Deutschland sollte bis zur Oder-Neiße-Grenze durch freie Wahlen wiedervereinigt werden. Der gesamtdeutschen Regierung sollte man einen Friedensvertrag auferlegen, in dem ihr eine eigene Armee zugestanden wurde; alle Besatzungsmächte hätten sich aus ihren Zonen binnen eines Jahres zurückzuziehen, und – nun kommt das Wichtigste – die Siegermächte sollten sich verpflichten, mit Deutschland keine Bündnisse abzuschließen, während Deutschland seinerseits die Verpflichtung einging, solche Bündnisse nicht zu suchen. Das Angebot lautete also: Wiedervereinigung gegen Neutralisierung.

Über diesen Vorschlag ist immerhin drei Jahre lang diskutiert, einmal – in Berlin 1954 – auch von den Außenministern der vier Mächte verhandelt worden. Er wurde allerdings von den Westmächten, besonders von Amerika, von vornherein mit großem Argwohn betrachtet; und er wurde interessanterweise auch von der damaligen bundesdeutschen Regierung augenblicklich verworfen. Gegen diese Haltung der Adenauer-Regierung gab es in der Bundesrepublik zwar eine gewisse nationaldeutsche Opposition, im wesentlichen im publizistischen Sektor, aber auch die war nur matt. Man solle das russische Angebot wenigstens »ausloten«, so etwa war der Tenor dieser auch von der sozialdemokratischen Partei gelegentlich vertretenen Position. Aber dieser Standpunkt hat sich nie durchgesetzt, und die Wahlen von 1953 und 1957 mit ihren großen Mehrheiten für Adenauer bewiesen, daß der erste Bundeskanzler mit seiner argwöhnischen

Politik gegenüber der Sowjetunion die Mehrheit jedenfalls der westdeutschen – damals möglicherweise
auch der ostdeutschen – Bevölkerung für sich hatte.
Selbst wenn dies auf Kosten der Wiedervereinigung
ging.

Nun, über die »März-Note« von 1952 ist nicht in
Deutschland entschieden worden, das war letzten
Endes eine Angelegenheit der Alliierten. Und die
Westmächte unter der Führung der Vereinigten Staaten wären zwar bereit gewesen, einer Wiedervereinigung Deutschlands zuzustimmen, aber eine Neutralisierung Deutschlands – auf die Stalin ja hauptsächlich
hinauswollte – kam für sie unter keinen Umständen in
Frage. Und zwar, wie man rückblickend erkennen
kann, aus verständlichen Gründen.

Eine Neutralisierung Deutschlands hätte bedeutet,
daß die NATO auf dem europäischen Kontinent im
wesentlichen nur Frankreich als Stützpunkt zurückbehalten hätte. Das wäre auch dann schon kaum
tragbar gewesen, wenn Frankreich sich in der Folgezeit unter de Gaulle nicht aus der militärischen Organisation der NATO zurückgezogen hätte. Nach Lage
der Dinge aber hätte die Neutralisierung Deutschlands auf längere Sicht den Rückzug der Amerikaner
aus Europa bewirkt, und das wiederum hätte eine
Vorherrschaft der Sowjetunion, allein durch ihr
Machtgewicht, auf dem ganzen Kontinent nach sich
gezogen.

Insofern wird man wohl nachträglich sagen müssen –
auch wenn man damals, wie ich selbst, anderer Mei-

nung war –, daß die Politik Dulles' und Adenauers, Stalins Vorschlag zurückzuweisen, ihre guten Gründe hatte. Aber, ob gute oder schlechte Gründe, Tatsache ist, daß dieser machtpolitisch für Moskau vorteilhafte und daher wahrscheinlich durchaus ernstgemeinte sowjetische Vorschlag der Zurückweisung verfiel. Und die Sowjets beharrten auch nicht auf seiner Durchführung, sondern waren offensichtlich bereit, der Teilung des Jahres 1949 nunmehr endgültigen Charakter zu verleihen und die DDR so fest in ihr Bündnissystem einzubauen, wie es die Westmächte mit der Bundesrepublik damals schon vorhatten und 1955 auch durchführten.

1955 ist deshalb das zweite wichtige Datum in der Nachgeschichte, der Vergehensgeschichte des Deutschen Reiches. 1949 war die Gründung der beiden neuen deutschen Staaten erfolgt. 1955 wurde die Zweiteilung durch ihre Einbeziehung in entgegengesetzte, sehr feste Bündnisse und Militärorganisationen zementiert.

Aber auch nach 1955 bestand in der Bundesrepublik jahrelang noch eine gewisse Hoffnung darauf, daß eine Wiedervereinigung, und zwar im Sinne der Abschaffung der DDR und ihrer Eingliederung in die Bundesrepublik, zustande kommen würde. Der einzige reale Anhaltspunkt, den diese Hoffnung noch hatte, war die Lage Berlins, das immer noch ein offenes Viermächtegebiet und damit eine Schleuse für die Bevölkerungsbewegung bildete, die in den ganzen fünfziger Jahren aus der DDR in die Bundesrepublik im Gange war. Es war allerdings vorauszusehen, daß die Ostseite diese Schwäche nicht dauernd hinnehmen würde.

Wenn man wirklich seine Hoffnungen auf Berlin bauen wollte, hätte man sich im Westen rechtzeitig Gedanken darüber machen müssen, wie diese Schwachstelle sinnvoll zu verteidigen war. Denn daß sie eines Tages angegriffen werden würde, war voraussehbar. Dieser Angriff erfolgte in der Berlin-Krise von 1958 bis 1961, und es stellte sich heraus, daß eine Verteidigung im Westen nicht vorgeplant war. Dazu kam noch folgendes: In genau diesen Jahren der Berlin-Krise, zwischen 1958 und 1961, bildete sich das heraus, was seither das Verhältnis der beiden Großmächte und ihrer Blöcke zueinander bestimmt hat, nämlich das sogenannte Atompatt. Bis dahin hatte eine klare Überlegenheit Amerikas auf dem Gebiet der neuartigen Vernichtungswaffen bestanden. Inzwischen aber hatten die Russen aufgeholt. Auch sie besaßen jetzt die Möglichkeit, Amerika mit atomaren Raketen im eigenen Lande anzugreifen. Plötzlich waren beide Mächte, Amerika und Rußland, durch diese neuartige gegenseitige Vernichtungsdrohung gelähmt; einen Krieg gegeneinander konnten sich beide nicht mehr leisten. Vor diesem Hintergrund spielte sich die Kraftprobe um Berlin ab, die 1961 schließlich ihre Lösung mit dem Bau der Berliner Mauer und der dadurch erfolgten Schließung der Berliner Fluchtschleuse fand.

1961 ist deshalb das dritte herausragende Datum in der

Nachgeschichte des Deutschen Reichs. Die letzte Hoffnung, trotz der Gründung zweier Staaten am Ende doch noch zu einem gemeinsamen Staat, und zwar zu einem westlichen Staat, zu gelangen, wurde damals beseitigt. Von 1961 an war es klar, daß die Existenz der beiden deutschen Staaten nicht mehr erschüttert werden konnte, daß sie von seiten der Großmächte auch nicht mehr ernsthaft erschüttert werden sollte. Hinfort hatten die Deutschen keine Aussicht mehr auf das, was sie bis dahin Wiedervereinigung genannt hatten. Von nun an konnte jeder Versuch, die deutschen Verhältnisse erträglicher zu gestalten, nur noch darin bestehen, die Beziehungen zwischen den beiden nicht mehr abzuschaffenden neuen deutschen Staaten zum Besseren zu verändern. Diese Erkenntnis brauchte in der Bundesrepublik noch fast 10 Jahre, bis sie Regierungspolitik wurde, und auch dann stand die »neue Ostpolitik« noch ein weiteres Jahrzehnt lang, wie einst die Weimarer Republik, sozusagen auf einem Bein: Nur die Regierung der sozialliberalen Koalition, die 1969 ans Ruder kam, bekannte sich zu ihr. Die christlich-demokratische Opposition stimmte 1972 nicht für die Ratifikation der Ostverträge und verharrte in einer ablehnenden Haltung, bis sie 1982 selbst wieder zur Regierung kam. Erst in den achtziger Jahren machte auch sie sich die Ostpolitik ihrer Vorgängerin im Namen der Kontinuität zu eigen.

Ihren Ausdruck fand diese neue Ostpolitik in den 1970 abgeschlossenen Verträgen von Moskau und

Warschau und – in unserem Zusammenhang am wichtigsten – im sogenannten »Grundlagenvertrag« von 1972 zwischen der Bundesrepublik und der DDR, in dem sich beide als souveräne Staaten anerkannten; allerdings unter Ausklammerung dessen, was in der Präambel zum Grundvertrag »die nationale Frage« genannt wurde.

Diesen Verträgen der damaligen Bundesregierung unter Willy Brandt entsprach ein weiterer, sehr wichtiger Vertrag, der im September 1971 zwischen den vier Mächten geschlossen wurde. In diesem Vier-Mächte-Abkommen wurde die letzte noch ausschließlich von ihnen abhängige Frage in Deutschland, nämlich der Status Berlins, auf eine außerordentlich vorsichtig formulierte, bewußt verschieden auslegbar gehaltene Weise pragmatisch geregelt.

Die Bedeutung des Berlin-Abkommens für die gesamtdeutsche Problematik bestand darin, daß die für Berlin immer noch zuständigen vier Mächte die Lage in Berlin einer nun als dauerhaft anerkannten deutschen Zweistaatlichkeit anpaßten. Das geschah in einem außerordentlich fein balancierten Vertragswerk. Für das Alltagsleben seiner Bewohner ist seither Ostberlin die Hauptstadt der DDR, Westberlin eine mit gewissen Besonderheiten ausgestattete Exklave der Bundesrepublik. Juristisch bleibt dagegen nach sowjetischer Auffassung Westberlin ein Sondergebiet unter der Oberhoheit der drei Westmächte, nach der Auffassung dieser drei Mächte ganz Berlin ein Sondergebiet unter Viermächteverantwortung. Keine der vier Mächte – auch die Westmächte nicht – betrachtet Westberlin als einen Bestandteil der Bundesrepublik. Alle vier – auch die Sowjetunion – bekunden ihr Einverständnis nicht nur mit dem Bestand, sondern auch mit der Weiterentwicklung seiner Bindungen (Verbindungen?) an die (oder mit der) Bundesrepublik Deutschland. Politisch bedeutet das Berlinabkommen jedenfalls, daß die Sowjetunion und die Westmächte sich darüber einig geworden sind, ihre jeweiligen Rechtspositionen nicht – nicht mehr – zum Gegenstand einer Machtprobe werden zu lassen. Was das Leben in der geteilten Stadt zweifellos erleichtert. Man könnte sagen, daß jenes Reich der vier Mächte, das durch den Zweiten Weltkrieg entstanden war und drei Jahre lang weiterexistierte, auf einen letzten Rest in Berlin zusammengeschrumpft ist. Durch das Berlinabkommen von 1971 wurde dieser Rest auf eine Weise abgekapselt und sterilisiert, daß von ihm in Zukunft weder gesamtdeutsche Verwicklungen noch gesamtdeutsche Anstöße ausgehen können. So viel zur Haltung der vier Mächte.

Aber auch die Haltung der beiden deutschen Staaten zueinander änderte sich zu Beginn der siebziger Jahre. Mit dem Grundlagenvertrag des Jahres 1972 verzichtete die Bundesrepublik auf ihre bis dahin aufrechterhaltene Nichtanerkennung der DDR sowie auf den bisher erhobenen »Alleinvertretungsanspruch« und fand sich bereit, von nun an mit der DDR – unter gewissen Vorbehalten – von Staat zu Staat zu verkehren. Dem folgte ein Jahr später der Eintritt beider deutscher Staaten in die Vereinten Nationen. Auch dies ist ein Ereignis von häufig unterschätzter Bedeutung, denn dadurch wurden erstmals beide deutschen Staaten als Mitglieder der Völkerrechtsgemeinschaft von der gesamten Staatenwelt anerkannt; seitdem bewegen sich beide in den Vereinten Nationen wie jeder andere souveräne Staat.

Schließlich folgte, als letztes markantes Ereignis in dieser Kette, die Konferenz von Helsinki, die sich von 1971 bis 1975 hinzog. Sämtliche europäische Staaten einschließlich der Sowjetunion, der USA und Kanadas – also die gesamte NATO, der gesamte Warschauer Pakt und alle europäischen Neutralen – nahmen an dieser größten internationalen Konferenz der Nachkriegsgeschichte teil. In Helsinki wurde so etwas wie eine europäische Friedensregelung ausgearbeitet und beschlossen, die man mit der Wiener Schlußakte von 1816 vergleichen kann.

Im ersten Teil der Schlußakte von Helsinki – der in unserem Zusammenhang am wichtigsten ist – erkannten alle diese 35 Staaten einander als gleichberechtigte, souveräne Staaten an und garantierten, sich nicht in die inneren Angelegenheiten der anderen Unterzeichner einzumischen. Damit wurde in Europa ein allgemein akzeptierter politischer Normal- und Friedenszustand hergestellt. Das betraf natürlich auch die Bundesrepublik und die DDR. Von irgendeiner Wiederherstellung des Deutschen Reiches oder auch nur von einer künftigen Wiedervereinigung der deutschen Staaten war in der Schlußakte von Helsinki nicht mehr die Rede; und damit konnte man den dreißigjährigen Prozeß, in dem das Deutsche Reich seit 1945 langsam dahingestorben war, als abgeschlossen betrachten.

Seit 1975 hat sich daran nichts mehr geändert. In den Beziehungen zwischen den beiden deutschen Staaten geht es erklärtermaßen nicht um Wiedervereinigung, sondern um eine weitere vorsichtige Verbesserung und Normalisierung des innerdeutschen Verhältnisses, die noch längst nicht abgeschlossen ist.

Wir wollen an dieser Stelle innehalten und uns die Frage vorlegen, ob eine Aussicht besteht, daß sich an dieser Situation in absehbarer Zukunft etwas ändern könnte. Bietet die heutige Lage einen Ansatzpunkt zu der Vermutung, daß etwas wie der russische Wiedervereinigungs- und Neutralisierungsvorschlag von 1952 noch einmal greifbar nahe rücken könnte? Wenn wir die wirkliche Lage nüchtern betrachten, lautet die Antwort wohl: nein.

1952 waren die Beziehungen der beiden Supermächte noch im Fluß. Es war noch nicht ganz entschieden, ob die Zusammenarbeit aus der Kriegszeit möglicherweise doch noch einmal wiederaufgenommen werden würde oder ob die Konfrontation, die dem Kriegsende gefolgt war, weiter bestehen blieb. Inzwischen aber steht fest, daß diese Konfrontation, ob im gespannten oder im entspannten Zustand, dauerhaft geworden ist. Und das wird wenigstens so lange so bleiben, wie das atomare Gleichgewicht des Schreckens besteht und den Austrag dieser Konfrontation durch Krieg verhindert. Denn einen solchen Krieg, der für beide Supermächte die sichere Vernichtung bedeuten würde, kann keine von ihnen riskieren. Damit sind ihrer Bewegungsfreiheit sehr enge Grenzen gesetzt, und zwar besonders dort, wo spätestens seit 1975 alles geregelt und festgezurrt ist: in Europa und gerade auch in Deutschland. Jeder Schritt, den die eine Großmacht hier zurückweichen würde, würde einen Schritt der anderen nach vorn bedeuten. Deshalb können sich beide nicht bewegen.

Noch etwas hat sich seit 1952 geändert. Damals war die DDR für die Sowjetunion und ihr Bündnissystem in Osteuropa noch durchaus entbehrlich, die DDR bildete für Moskau noch eine diplomatische Manövriermasse, ein Unterpfand. Wenn Amerika sich, was damals noch durchaus möglich schien, aus Kontinentaleuropa zurückgezogen hätte, wäre das sowjetische Einflußgebiet nicht nur bestands-, sondern wahrscheinlich sogar noch ausdehnungsfähig gewesen; auch ohne DDR. Doch heute ist die DDR angesichts der Selbständigkeitsbestrebungen im Ostblock, besonders in Polen, für die Sowjetunion unentbehrlich geworden. Natürlich gilt diese Beziehung umgekehrt erst recht: Für die DDR war das sowjetische Schutzbündnis immer unentbehrlich.

Man kann etwas Ähnliches über das Verhältnis zwischen den Vereinigten Staaten und der Bundesrepublik sagen. 1952 wäre eine verkleinerte NATO, bei der die Amerikaner nur einen schmalen europäischen Brückenkopf in Frankreich zurückbehalten hätten, vielleicht gerade noch denkbar gewesen. Doch nach dem Austritt Frankreichs aus der Militärorganisation der NATO und seinem Bestreben, selbständige Großmachtpolitik wie einst zu betreiben, würde der Verlust der Bundesrepublik das Ende der NATO bedeuten, jedenfalls soweit es Kontinentaleuropa betrifft. Daher ist auch die Bundesrepublik heute für die Vereinigten Staaten unentbehrlich geworden. Und auch dies gilt in umgekehrter Richtung. Ohne das Schutzbündnis mit den Vereinigten Staaten wäre die nuklearwaffenfreie Bundesrepublik dem Machtdruck oder Machtsog des atomar bewaffneten Ostblocks hilflos ausgeliefert.

Mit anderen Worten: Zwischen den beiden deutschen Staaten und ihren jeweiligen Gründermächten besteht heute ein viel engeres und festeres Verhältnis als zur Zeit ihrer Gründung. Ein Ausbrechen aus diesen gegenseitigen Verpflichtungen, selbst wenn es gewollt wäre, ist heute kaum mehr möglich.

Immer noch wird in manchen Kreisen in der Bundesrepublik die Illusion gepflegt, daß ein sowjetisches Angebot wie das von 1952, wenn es heute noch einmal gemacht würde, eine ganz andere Resonanz finden würde als damals, daß es heute vom Westen mit Kußhand angenommen werden würde. Das ist nicht so. Vielleicht wäre Neutralität für die Deutschen selbst mittlerweile annehmbarer, weil ein vereintes Deutschland heute, anders als damals, wieder eine ernstzunehmende Wirtschaftsmacht wäre. Aber um so weniger könnten sich die beiden Großmächte und ihre Bündnissysteme damit abfinden. Und wenn man genau hinsieht, dann kommt eine Wiedervereinigung auch für die beiden deutschen Staaten selbst heute nicht mehr wirklich in Frage – nicht aus Stimmungsgründen, sondern aus handfesten politischen Gründen.

Die Verklammerung der beiden deutschen Staaten mit den beiden großen Bündnissystemen – die ja von weit größerem Gewicht sind als die europäischen Bündnisse der Bismarckzeit, da sie nicht nur feste Militärorganisationen haben, sondern, wie man fast sagen könnte, Großreiche darstellen –, diese Verklammerung ist im Laufe der Jahre immer enger geworden, und damit ist die Aussicht auf die Wiederherstellung – oder Neugründung – eines wie auch immer gearteten gesamtdeutschen Staates, eines neuen Deutschen Reiches, schließlich dahingeschwunden.

Aber betrachten wir die Sache noch von einem zweiten Gesichtspunkt aus, nämlich dem europäischen. Es ist manchmal davon die Rede, daß die Spaltung Deutschlands mit der Spaltung Europas zusammenfällt, daß sich überall in Europa wieder nationale Selbständigkeitsbestrebungen regen – im Osten wie im Westen – und daß eine »Europäisierung Europas« längerfristig zu einer deutschen Vereinigung führen könnte und sollte.

Wenn wir uns aber ansehen, wie das Interesse der europäischen Nachbarn der beiden jetzigen deutschen Staaten sich zu dieser von manchen Deutschen erhofften Wiedervereinigung verhält, dann muß man eine niederschmetternde Feststellung treffen: Es gibt keinen europäischen Staat in West und Ost, der eine solche Wiedervereinigung wünschen oder auch nur willig hinnehmen könnte.

Alle europäischen Staaten haben mit dem einstigen Deutschen Reich schlechte, ja vielfach schreckliche Erfahrungen gemacht. Und besonders in den beiden wichtigsten Nachbarstaaten, in Frankreich und in Polen, würden sofort alle Alarmglocken schrillen, wenn sich wieder ein neuer 80-Millionen-Machtblock zwischen ihnen bilden würde. Was der Außenminister Italiens, Andreotti, ein guter Freund der Bundesrepublik, im Jahre 1984 indiskreterweise gesagt hat (»Es gibt zwei deutsche Staaten, und zwei sollten es auch bleiben.«), gibt sehr genau die innere Einstellung aller europäischen Nachbarn der Deutschen wieder.

Und schließlich: Wie würde denn eine Wiedervereinigung der beiden deutschen Staaten, wie sie sich nun in 40 Jahren entwickelt haben und wie sie heute sind, überhaupt aussehen können? Merkwürdigerweise versagt da das Vorstellungsvermögen. Eine Wiedervereinigung der Art, daß einer der beiden deutschen Staaten verschwände und in dem anderen aufginge, kann man sich gerade noch ausmalen. Freilich würde das einen Krieg voraussetzen, und eine Wiedervereinigung dieser Art könnte wohl unter heutigen Bedingungen nur noch im Massengrab stattfinden. Aber eine Wiedervereinigung, in der die beiden deutschen Staaten, so wie sie nun einmal sind und geworden sind, zu einem funktionierenden Staat verschmolzen würden, ist nicht vorstellbar, nicht einmal theoretisch.

324

Die Geschichte der letzten 42 Jahre hat vom Deutschen Reich immer weiter weggeführt. Von einer schattenhaften Existenz als Objekt der vier Siegermächte, die es im Jahre 1945 noch hatte, ist es Schritt für Schritt zur vollen Nichtexistenz, ja zur Nichtwiederherstellbarkeit zurückgeführt worden. Ein Rückblick auf seine Geschichte macht es fraglich, ob das wirklich zu beklagen ist. Diese Geschichte mit all ihren Taten und Leiden, Brüchen und Schrecken ist übrigens nur knapp doppelt so lang wie der Abstand, der uns heute von ihr trennt. Und der Abstand wächst von Jahr zu Jahr.

# Nachbemerkung
# und
# Danksagung

Alter und Krankheit sind schuld daran, daß ich dieses Buch, die Frucht jahrelanger Studien und jahrzehntelanger Zeitzeugenschaft, nicht mehr in ordentlicher Schreibarbeit abfassen konnte. Mein Freund Professor Arnulf Baring ist meiner Schwäche zu Hilfe gekommen. Er und sein Meisterschüler Volker Zastrow haben sich in elf langen Sitzungen die elf Kapitel des Buches von mir mündlich vortragen lassen und anschließend diskutiert. Die Diskussionen sollten auf Barings Wunsch privat bleiben. Mit den von Frau Gunda Ernst angefertigten Tonbandtransskripten meiner Vorträge dagegen hat sich Volker Zastrow viel weitere Mühe gemacht. Ohne den Inhalt anzutasten, hat er alle die Wiederholungen, saloppen Redensartlichkeiten und sprachlichen Unebenheiten beseitigt, die beim freien Vortrag unvermeidlich unterlaufen, und so eigentlich erst einen lesbaren Text hergestellt. Diesen Text habe ich meinerseits noch einmal gründlich überarbeitet und vielfach ergänzt oder ersetzt. Das Ergebnis ist das vorliegende Buch. Ich fürchte, man merkt ihm trotz allem noch an, daß es im Urzustand gesprochen und nicht geschrieben war.

Danksagungen gehören zu fast jedem historischen Buch. Der Dank, den ich Arnulf Baring und Volker Zastrow schulde, hat eine ganz andere Dimension: Ohne ihre »Geburtshilfe« (Barings Formulierung) wäre dieses Buch schlechterdings nicht vorhanden. Es ist trotzdem wohl oder übel mein Buch. Für nichts, was darin gesagt ist oder – oft absichtlich – ungesagt bleibt, tragen meine beiden Geburtshelfer irgendwelche Verantwortung. Und alle Irrtümer, Mängel und Schwächen fallen allein mir zur Last.

Berlin, August 1987.                                     S. H.

# Nachwort 1990

Dieses Buch erschien in Deutschland 1987 und scheint in seinen Schlußfolgerungen durch die Ereignisse des Jahres 1990 widerlegt. Ich habe diese Ereignisse nicht vorausgesehen, geschweige denn erwartet, und ich kenne auch niemand anderen, der sie 1987 vorausgesehen oder erwartet hätte. Ich erinnere daran, daß 1987 der Staatsratsvorsitzende der DDR in Bonn mit allen einem Staatsoberhaupt zukommenden Ehren empfangen wurde, von demselben Bundeskanzler, der 1990 den Beitritt der DDR zur Bundesrepublik herbeigeführt hat.

Sicher kann man heute nicht mehr, wie ich es 1987 tat, das Deutsche Reich wie durch ein Fernrohr betrachten. Man muß sich vielmehr ernstlich fragen, ob es nicht, wenn auch unter einem anderen Staatsnamen, wieder mitten unter uns ist. Eine drastische Mahnung, wie wenig sich Geschichte selbst auf kurze Sicht – vielleicht gerade auf kurze Sicht – voraussagen läßt.

Ich wage es trotzdem, mein Buch dem Publikum immer noch unverändert anzubieten. Dafür habe ich zwei Gründe:

Der erste ist, daß gerade die unerwartete Wiederherstellung des deutschen 80-Millionen-Kolosses, wenn sie denn gelingen sollte, Anlaß bietet, seine bisherige Geschichte – die Geschichte seiner Wandlungen von Bismarck zu Hitler – möglichst klar ins Gedächtnis zurückzurufen. Diese Geschichte bleibt, was sie gewesen ist, und ihre Lehre, daß Deutschland der Welt sehr schnell ein ganz verändertes Gesicht zeigen kann, ist aktueller denn je.

Der zweite Grund ist eben der, daß Geschichte auch 1990 noch unvorhersehbar bleibt – auch und gerade auf kurze Sicht. Die deutschen Festreden und Schlagzeilen zum 3. Oktober 1990 sprachen von der deutschen Einheit als mit diesem Tage »vollendet«. In Wirklichkeit aber ist die neue deutsche Einheit noch durchaus unvollendet. Sie ist vorläufig nur die rein formale Zusammenlegung eines reichen und eines armen, gerade 1990 in eine ganz neue Massenarbeitslosigkeit gestürzten Gemeinwesens. Die DDR existiert noch, auch wenn sie 1990 der Bundesrepublik beigetreten ist. Aber sie ist nicht mehr die wirtschaftlich bescheiden prosperierende, staatlich jedenfalls irgendwie funktionierende DDR von 1987. Sie ist ein wirtschaftlich ruiniertes, staatlich vernichtetes Land. Ob die Bundesrepublik diesen ihren neuen Bestandteil aus dem in weniger als zwölf Monaten angerichteten Ruin ziehen kann (und will), oder ob sie sich damit übernehmen und etwa gar selbst in den Ruin der DDR mit hineingezogen werden wird, ist eine offene Frage; mindestens so offen wie nach Bonns Sprachregelung bis 1990 die »deutsche Frage« immer noch war. Es ist vielleicht sogar, fürs erste jedenfalls, die neue »deutsche Frage«.